JN431827

성 지 / 속 / 도 시 들

BibleGate

# 바이블게이트

| 정인석 지음 |

쿰란출판사

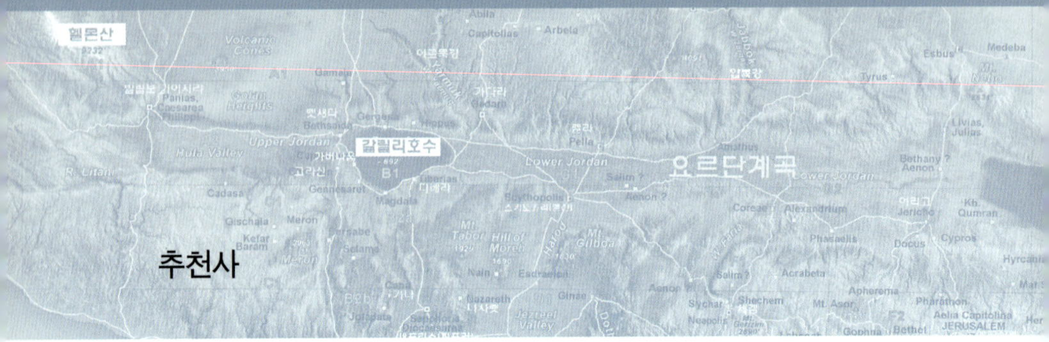


# 추천사

2001년 저는 한국에서 오순절 교회 연합 활동의 필요성과 오순절 신학의 확산과 발전을 위한 한국오순절교회협의회 창립 총회에서 정인석 박사를 처음 만났습니다. 정 박사는 미국 오럴 로버츠 대학교(Oral Roberts University) 신학대원에서 목회학 석·박사를 마치고 귀국하여 건신대학원대학교의 전신인 복음신학교의 교수로 작은 개척교회를 섬기고 있었습니다. 정 박사는 한국오순절교회협의회 창립 기념 논문 발표회에서 "치유사역의 관점에서 본 오순절 운동과 21세기 한국에서의 오순절 운동 확산을 위한 제언"이라는 논문을 발표해 한국 교계에 치유사역의 필요성과 오순절 운동의 확산에 크게 기여했습니다. 현재는 대한예수교복음교회 부총회장으로 교단을 섬기고 있습니다.

신유에 대한 성서신학적 연구자이며 치유사역자로만 알고 있던 정 박사의 성서지리에 관한 저술인 《바이블 게이트》를 대하며 성경을 폭넓게 이해할 수 있도록 해주는 책이라 생각했습니다. 정 박사는 성경에 기록된 수많은 이스라엘 도시들을 성서적, 역사적, 고고학적으로 다룸으로 성서의 기록이 역사적 사실임을 밝혀 줄 뿐 아니라 첨부된 사진들을 통하여 성서 이야기의 배경을 상상해 볼 수 있도록 하였습니다. 정 박사는 창세기에 기록된 아브라함이 가나안 땅에 이르러 처음 제단을 쌓은 세겜에서 시작하여 믿음의 조상들이 살았던 흔적을 추적하며 관련된 도시들을 기술하기 시작하였고, 이어 출애굽한 이스라엘이 가나안을 정복하는 과정을 따라 관련된 도시들을 살펴보는 등 구약에 나오는 중요한 도시들을 모두 살펴보았습니다. 또한 예수님의 행적을 역사적인 의미와 더불어 사진을 첨부하면서 설명하고 있습니다.

저는 이 책을 읽는 독자들이 성서의 배경이 되는 이스라엘의 도시들을 폭넓게 이해하게 될 것이라고 확신합니다. 특히 여러 사진과 역사적, 성서고고학적 자료들이 언급된 이 책이 성서를 믿고 따르는 많은 믿음의 식구들에게 큰 도움이 될 것을 확신하며 이 책을 추천합니다.

2016년 5월 9일

**이영훈** 박사

한국기독교총연합회 대표회장

여의도순복음교회 담임목사

## 추천사

정 박사가 내게 가칭 《바이블 게이트》라는 성지 이스라엘의 도시들에 관한 여러 가지 지도와 사진들로 가득한 책을 내밀며 추천사를 써 달라고 부탁했을 때 그의 성경공부 교재를 만들고자 하는 식을 줄 모르는 열정이 또 하나의 좋은 교재를 세상에 드러냈음을 직감할 수 있었다. 정 박사는 미국 오럴 로버츠 대학교(Oral Roberts University)에서 박사 학위를 하면서 NIV 성경 번역자인 구약성서학자 헤이든 박사(Roy Hayden) 밑에서 성서고고학을 집중적으로 공부했다. 학위를 마치고 귀국한 후에도 이스라엘을 여러 번 여행하면서 이스라엘에 대한 지식과 견문을 넓혀 왔다. 이러한 노력과 헌신이 이처럼 훌륭한 책을 만들게 된 것이다.

이스라엘은 하나님의 주권적인 구속역사에 거룩한 통로가 되는 역사의 땅이다. 현재 이스라엘은 아프리카, 아시아, 그리고 유럽의 중심에 있는 중동의 핵심지역이다. 건조한 날씨와 사막이라는 토양의 특성 덕분에 고대문명을 고스란히 간직하고 있는 땅이기도 하다. 하나님께서 구속역사를 펼치시면서 믿음의 조상인 아브라함, 이삭, 야곱에게 주신 축복의 땅이기도 하다. 이스라엘의 역사와 지리, 환경을 제대로 알지 못하면 하나님의 구속사와 계획을 내가 경험한 틀 안에서 아전인수(我田引水) 격으로 해석하는 오류를 낳기 쉽다. 정 박사는 이스라엘의 여러 도시를 연구하면서 그 도시의 역사적인 사건이나 의미, 그리고 특징들을 사진을 곁들여 설명하면서 쉽고도 흥미 있게 전개하고 있다.

이 책은 성경에 대해 잘 알지 못하는 초보자들을 위해 쓴 책이 아니다. 성경에서 메시지를 찾아내야 하는 목회자들이나 신학생들, 또는 성경을 더 깊이 연구하여 하나님의 은혜를 구하는 성도들을 위해 준비된 책이다. 이 책에 기록된 도시에 대한 설명을 읽고 성경을 보면, 성경이 더욱 재미있고 흥미로울 것이다. 아무쪼록 이 책이 하나님의 역사를 이해하는 데 귀한 지침서가 되기를 기대하며 추천하는 바이다.

2016년 5월 9일

**임열수** 박사

전 건신대학원대학교 총장

미국 Oral Roberts University 아시아 지역 대표

## 추천사

# 성서 지리를 알면 성경이 새롭게 보인다

어떤 사람이 산을 하나 갖고 있었습니다. 그는 산을 일구어 밭을 갈아 근근이 살아가고 있었습니다. 아무리 밭을 일구려고 땅을 파도 나오는 것은 돌뿐이었습니다. 거기서 제대로 농사가 되겠습니까? 그러던 어느 날 산을 사겠다는 사람이 나타났습니다. 별로 쓸모도 없는 산을 팔라고 하니 주저할 이유가 없었지요. 그는 그 산을 팔아 좋은 땅을 살 수가 있었습니다. 행복했습니다.

그런데 이상한 소문이 들려오는 것이었습니다. 그 산을 산 사람이 엄청 부자가 되었다는 것입니다. 그는 그 산을 사서 밭을 일군 것이 아니라, 산을 파고 들어갔습니다. 그리고 금맥을 발견한 것입니다. 그 산은 돌덩어리 산이 아니라 금광이었던 것입니다. 그것도 모르고 그 사람은 밭을 일구어 농사만 지었던 것입니다.

성경도 그렇습니다. 그 안에는 엄청난 보화들이 감추어져 있습니다. 그것을 캐려면 파고 들어가야 합니다. 그렇지 않고 10번 100번 읽어도 거기에 쓰여진 글자나 읽고 내용 파악 정도에 그친다고 한다면 얼마나 억울한 일이겠습니까? 마당 쓸다 동전 몇 개 줍고는 좋아하는 것이나 다름없습니다. 성경을 읽되 겉만 훑어서는 안 됩니다. 몇

번 읽었느냐가 중요한 것이 아닙니다. 성경 속에 감추어진 보화를 캐내야 합니다. 그러려면 파고 들어가야 합니다.

성경 속에 감추인 보화를 캐내려면 연장이 필요합니다. 도구가 필요합니다. 그것 없이는 깊이 파고 들어갈 수가 없습니다. 성경 속에 감추인 보화를 캐내기 위해 성경의 배경을 알아야 합니다. 성경의 문화를 알아야 합니다. 성경의 역사를 알아야 합니다. 유대인을 알아야 합니다. 그리고 성경의 지리를 알아야 합니다. 이런 도구들을 가지고 있어야 성경 속으로 파고 들어갈 수 있습니다.

이런 것을 모르고는 성경 겉만 핥다 말게 됩니다. 그리고는 왜 이렇게 돌이 많냐고 불평만 하게 됩니다. 성경의 문화나 지리를 모르면 아무리 열심히 성경을 읽고 묵상해도 거기에 쓰여진 단어만 가지고 씨름하게 됩니다. 겉 내용만 가지고 묵상하게 됩니다. 그러나 성경을 파고 들어갈 수 있는 도구가 있으면 누구보다 성경을 깊이 묵상할 수 있습니다. 묵상의 깊이가 달라집니다. 설교의 깊이가 달라집니다. 같은 본문을 다른 사람들과는 전혀 다르게 읽게 됩니다. 다른 사람들이 보지 못하는 것을 보게 됩니다.

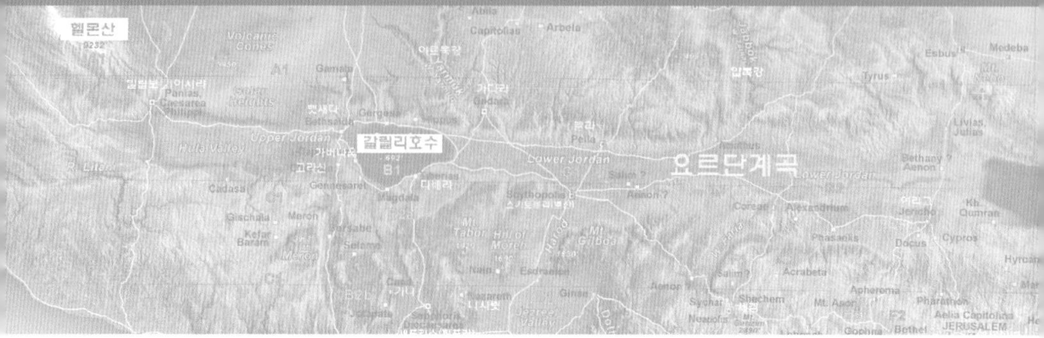


미술관에 가면 어떤 사람은 지루해합니다. 지금 보고 있는 것이 어떤 것인지 모르기 때문에 그냥 지나쳐갑니다. 30분 만에 다 보는 사람도 있습니다. 그러나 그림을 아는 사람은 한 그림 앞에서 한 시간 두 시간 머물 수도 있습니다. 아는 사람에게만 보이는 것입니다. 아는 만큼만 보입니다. 모르고 보면 봐도 모릅니다. 성경도 마찬가지입니다. 성경의 배경을 알면, 문화를 알면, 그리고 지리를 알면, 안 보이던 것들이 보입니다. 보지 못했던 것들을 보게 됩니다. 성경이 전혀 새롭게 보이기 시작합니다.

정인석 박사의 《바이블 게이트》는 바로 성경을 보는 눈을 열어주는 책입니다. 성경의 지리에 해박한 지식을 가지고 있는 저자가 이 한 권의 책을 쓰기 위해 얼마나 공을 많이 들이고 연구를 많이 하고 현장을 샅샅이 뒤지고 다녔는지 저는 잘 압니다. 성경 지리 세미나도 많이 했고, 저와도 성지 현장에서 많은 시간들을 보냈습니다.

그러기 때문에 기꺼이 이 책을 추천하는 바입니다. 지리만 알아도 성경 읽는 재미가 쏠쏠할 것입니다. 그리고 성경을 실감나게 읽을 수 있을 것입니다. 이 책을 통해 독자들은 성경을 그림을 그려가면서 읽

게 될 것입니다. 그러나 가장 좋은 방법은 성지 현장에 가보는 것입니다.

이 책을 읽은 후에 하셔야 할 일이 있습니다. 성경의 현장을 다녀오시는 일입니다. 순례 차원의 방문이 아니라 성지 학습 여행 같은 것을 다녀오면 더할 나위 없이 좋을 것입니다. 그러기 전까지는 이 책을 성경을 읽을 때마나 옆에 두면 큰 도움이 될 것입니다.

2016년 5월 24일

**이진희** 박사

《광야를 읽다》의 저자

달라스 웨슬리 교회

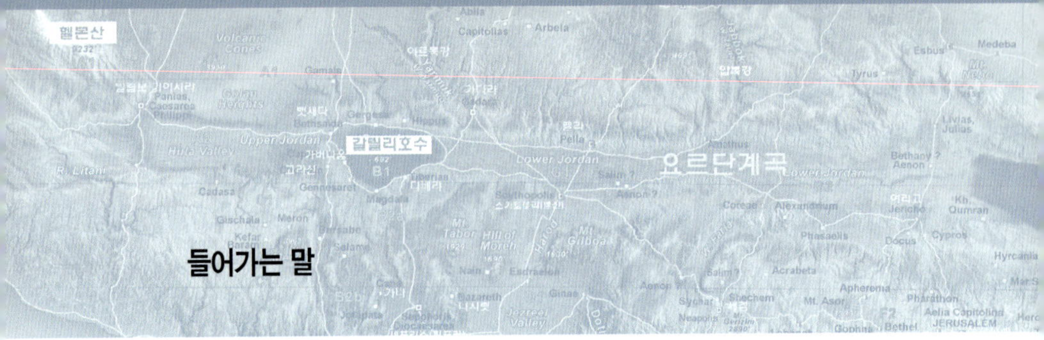


## 들어가는 말

유대인들은 출애굽기를 읽을 때 누구나 자신을 출애굽하는 이스라엘 백성 가운데 한 사람으로 여기고 읽는다고 한다. 이렇게 그들은 성서를 단순히 읽고 묵상하고 공부하는 것이 아니라 성서 속으로 자신이 직접 들어가 현장 속에서 하나님을 만나고 하나님의 음성을 들으며 깨닫는 것이다. 우리 기독교인들도 그들처럼 성경을 실감나게 읽을 수는 없을까? 그렇게만 된다면 우리도 그들과 동일한 경험을 할 수 있을지 모른다. 오히려 우리가 예수님이 복음을 전하던 사역의 현장 속에 들어가 예수님께 듣고 배우고 그가 일으키시는 기적과 이사를 보는 것같이 성서를 읽을 수 있다면 구약성서만을 경전으로 생각하는 그들보다 훨씬 더 깊이 하나님의 경륜을 이해하고 하나님의 뜻을 헤아려 알 수 있을 것이다.

그렇지만 그렇게 생각하고 성서 속으로 들어가 보려 한다 하더라도 얻을 수 있는 은혜는 많지 않을 것이다. 아니, 성서 속으로 걸어 들어갔다 하더라도 도수 높은 안경을 잃어버린 사람처럼 눈이 흐려 코앞에 있는 사물조차 제대로 분간하지 못할 것이며, 그곳의 군중은 보이지 않고 우리가 알고 있는 몇 사람들의 이야기를 겨우 들을 수 있을 뿐일 것이다. 왜냐하면 성서의 배경이 되는 팔레스타인의 지형이나 지물, 성서시대 사람들의 문화와 역사적 배경과 그들의 생활에 대해 아는 것이 매우 제한되어 있기 때문이다.

성서를 제대로 이해하기 위해서는 성서시대 사람들이 살던 도시들에 대해 살펴보는 것이 매우 중요하다. 도시나 마을이 위치한 지형과 남겨진 유적들, 관련된 역사에 대해 알면 알수록 성경 본문의 내용을 잘 이해할 수 있기 때문이다. 그렇지만 그런 정보를 얻는 일은 그리 만만치 않다. 왜냐하면 팔레스타인에는 세계에서 가장 오래된 도시 중 하나인 여리고로부터 시작하여 많은 도시와 마을들이 건설되었다 파괴되었는데, 그중에는 예루살렘처럼 현재 도시나 마을로서의 기능을 하고 있는 곳들도 있지만 지금은 사람들이 살지 않는 곳도 있고 또 수세기에 걸쳐 파괴되고 재건되기를 수십 차례 반복한 도시들도 있기 때문이다.

오늘날 팔레스타인에는 과거 그 어느 때와도 비교할 수 없을 정도로 많은 도시와 마을들이 있고, 도시들은 빠른 속도로 팽창해 가고 있다. 그럼에도 불구하고 어느 시대를 막론하고 교회가 성서를 바르고 깊이 이해하기 위해서는 성서의 배경이 되는 성지에 대한 지리적, 역사적, 그리고 문화적 정보가 요구된다. 특히 성지와 멀리 떨어져 있고, 다른 문화권에 살고 있는 우리 같은 이들에게는 더욱 그러하다 하겠다. 이제 현대는 과거와 달리 교통수단의 발달로 성지에 가

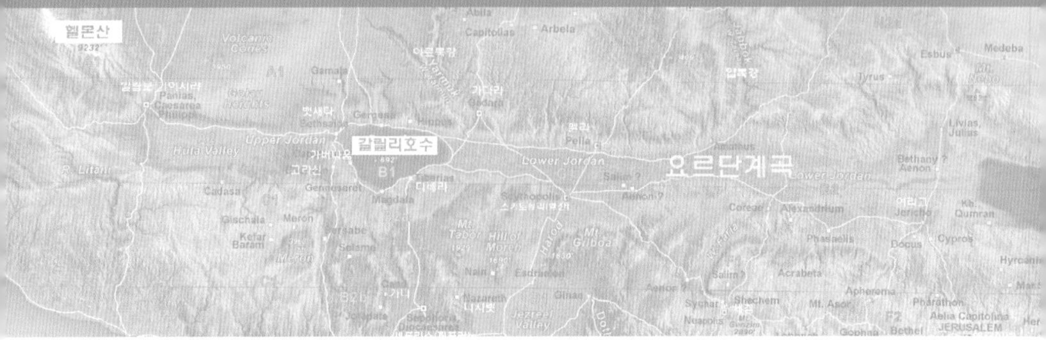


볼 수 있고, 관련된 수많은 정보를 여러 가지 채널을 통해 예전보다 쉽게 얻을 수 있는 지식정보 사회가 되었다. 하나님의 은혜로 성지에 대해 공부하고 역사의 현장을 둘러볼 기회를 얻은 설교자요 성경 연구자로서 수집하고 정리한 자료와 깨달은 은혜를 독자들과 함께 나누고자 이 책을 기술하였다.

나는 미지의 세계로 여행자들을 안내하는 영화 속 '스타게이트'(Stargate)처럼 성서의 행간을 여행할 수 있는 성서 속 도시들로 안내해 줄 바이블게이트의 목적지들을 다룸에 있어, 믿음의 거장 아브라함과 그의 후손들이 이동하며 거주했던 도시(또는 성읍)로부터 신약성서 시대까지의 성경에 언급된 중요한 도시와 마을들을 연대기 순으로 나열하였다. 이 책에서 40여 개의 도시들을 31개의 장으로 나누어 다루고 있는데, 도시에 대한 정보가 많고 시대별로 성경과의 연관성이 깊은 도시인 예루살렘은 다섯 장에 걸쳐 다룬 반면, 블레셋의 다섯 도시들은 한 장에서 다루었다.

각 장에서 성지 속 각 도시에 대해 얘기할 때 앞부분에서는 도시의 위치와 관련된 정보, 그 도시와 관련된 성서의 내용과 역사적 사실들을 기술하였다. 그리고 '고고학적 발견'이라고 제목을 붙인 부분에서는 도시에 대한 발굴 역사와 남아 있는 도시의 흔적, 발견된 의미 있는 유물에 대해 언급하고 관련된 사진을 함께 게재하였다. 몇 개 도시들 외에 대부분의 성서 도시들은 흙 속에 묻혀 있다. 그 도시들은 우리가 그토록 알고 싶어 하고, 확인하고 싶어 히는 성서시대에 일어났던 사건과 그 시대 사람들의 삶을 대변해 줄 자료들을 고스란히 감춘 채 잠들어 있다. 1838년 미국인 에드워드 로빈슨(Robinson) 목사가 그것들을 찾아내고자 한 손에 성경을, 다른 한 손에 나침반과 망원경, 줄자를 들고 탐험을 시작한 지 200여 년이 되었지만, 도시들은 많은 것을 탐구자들에게 내어주지 않은 것도 사실이다. 앞으로 많은 도시에 대한 발굴과 연구가 계속되겠지만 현재까지 남아 있는 유적지의 모습과 찾아낸 유물들에 대해서만 다루었고, 일부 도시들에 대해서는 주변 유적지에 대한 정보를 제공함으로써 도시와 관련된 사건에 대한 포괄적인 이해의 폭을 넓히는 데 목적을 두었다.

'성서 이야기' 단락에서는 도시와 관련된 주요 성경구절을 표시하고 설명을 덧붙였다. 목회자로서의 나의 관심은 어떻게 오늘 우리를 향한 하나님의 메시지를 성경에서 찾아내고 그것을 읽고 묵상하는 가운데 느낀 감동과 은혜를 설교에 담아 청중들에게 내놓을 수 있는가 하는 것이다. 그렇기 때문에 각 장의 마지막에는 '말씀 묵상'이라는 단락을 만들어 도시와 관련된 메시지에 대한 나의 대주제가 포

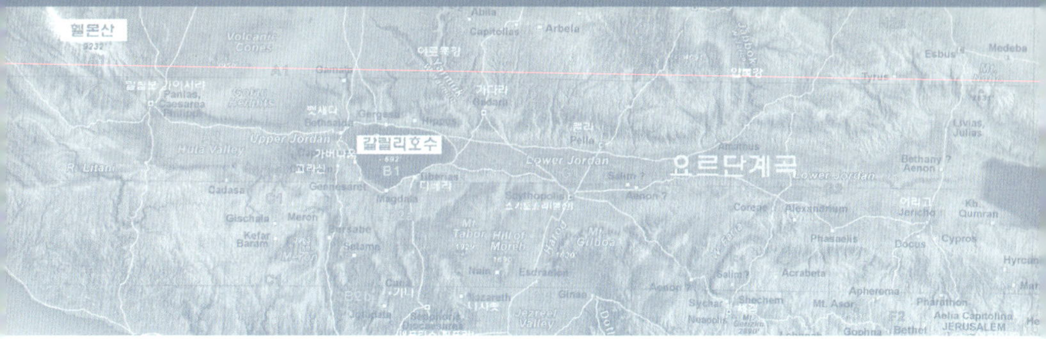


함된 설교 제목들을 예시함으로써 목회자들의 설교문 작성과 평신도 지도자들의 묵상에 도움이 되도록 하였다.

성서 속의 도시들은 모두 하나님께서 일하셨고, 지금도 일하고 계신 사역 현장이고, 한때 성경에 기록된 이야기의 사건 현장이기도 하다. 지금까지 발견된 증거들이 그리 많지 않지만, 우리가 가진 정보와 자료들을 숙지하고 성서 속으로 들어가 여행한다면 그 속에서 이전에 보거나 듣지 못했던 것이 보이고, 들리게 될 것이다. 말씀하시는 하나님이 보이고, 떠들고 있는 청중들과 주변과 그들의 목소리도 들리게 될 것이다. 그것들 사이를 비집고 다니다가 예전에 알지 못했던 하나님의 섭리와 뜻을 깨달을 수 있게 되기를 소망해 본다.

나는 이 책이 특히 독자들에게 성서에서 하나님의 은혜를 짜내는 올리브 기름틀이기를 소망한다. 성경의 도시들을 다양한 방향에서 다룸으로써 각 방향에서 언급된 무거운 돌로부터 열악한 시대적 지리적 문화적 배경이 열악한 상황에서 추출해 낼 수 있는 은혜를 짜내게 함으로써 독자들의 믿음이 강화되길 기대한다.

끝으로 이 책이 목회자들에게는 많은 성서적 설교들을 키워 내는 모판이 되었으면 좋겠다. 나의 성서 속 도시에 대한 연구와 자료들, 특히 200여 장의 사진 자료들이 컬러 시대를 사는 젊은이들에게 성경의 진리를 탐구하고 믿음을 돈독히 세우는 유용한 도구가 되었으면 좋겠다.

2016년 5월 20일

시험산이 내려다보이는 유대 광야에서

한가로이 목자가 양에게 풀을 뜯기는 모습을 그리며

정인석

## 목차

바이블
게이트

가나안의 첫 성

# 세겜

1

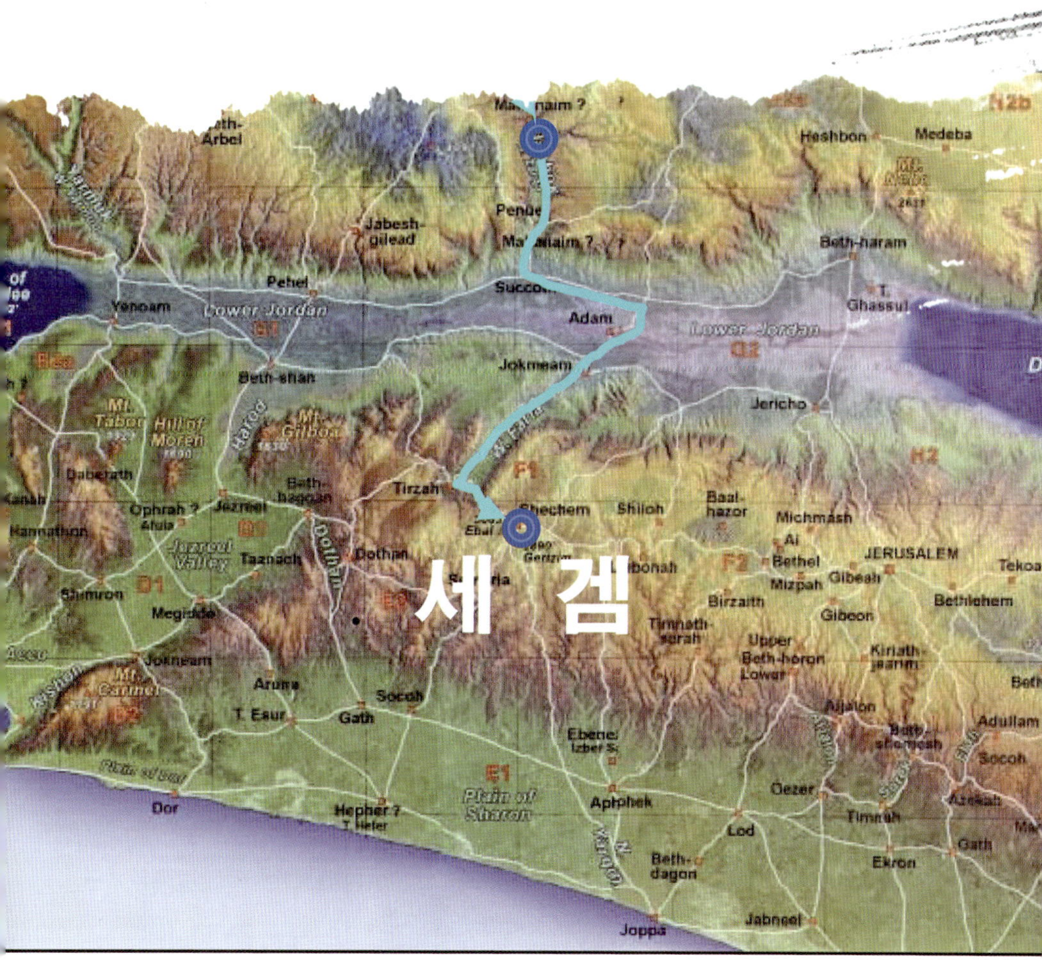
세 겜
Jabesh-gilead
Penuel
Pehel
Yenoam
Lower Jordan
Succoth
Adam
Jokmeam
Beth-shan
Heshbon
Medeba
Beth-haram
Jericho
Tirzah
Shechem
Shiloh
Baal-hazor
Michmash
Ai
Bethel
Mizpah
JERUSALEM
Gibeah
Gibeon
Bethlehem
Tekoa
Birzaith
Timnath-serah
Upper Beth-horon
Lower
Kiriath-jearim
Aijalon
Adullam
Socoh
Beth-shemesh
Azekah
Timnah
Gath
Ekron
Gezer
Lod
Jabneel
Joppa
Beth-dagon
Aphek
Plain of Sharon
Hepher ?
Dor
Jokneam
Mt. Carmel
Megiddo
Taanach
Dothan
Jezreel
Jezreel Valley
Ophrah ?
Daberath
Mt. Tabor
Hill of Moreh
Mt. Gilboa
Hannathon
Shimron
Aruma
T. Esur
Gath
Socoh

성서시대의 세겜은 오늘날 나블루스의 동쪽에 위치해 있는 텔 발라타(Tel Balatah)이다. 이곳은 팔레스타인의 중앙 산악지대에 위치한 교통의 요지로, 그리심 산(850m)과 에발 산(940m) 사이에 위치한 고대 도시로서 수자원이 풍부하고 비옥한 곡창지대(세겜 분지 또는 세겜 평야)를 끼고 있다. 또한 이곳은 팔레스타인 중앙 산악지대의 중앙을 남북으로 길게 이어 주는 길과 동서로 왕의 도로와 해변 길을 이어 주는 길이 서로 교차하는 족장의 도로에 위치한 중요한 교통 요충지 중 하나이다. 예루살렘 성에서 북쪽으로 65km 떨어진 이곳은 예루살렘에서 갈릴리로 가기 위해서는 반드시 통과해야 하는 곳이다.

이스라엘 민족의 조상 아브라함이 그의 고향 갈대아 우르를 떠나 오랜 여행 끝에 마침내 하나님이 지시하신 땅 가나안에 도착하여 정착한 곳이 히위 족속이 거주하던 세겜이었다(창 12:6~7). 아브라함은 이곳에 단을 쌓고 하나님께 제사를 지냈다. 야곱은 형 에서를 피해 밧단아람으로 피신했다가 하나님의 계시를 받고 고향 땅으로 돌아와 세겜 성읍 앞에 장막을 치고 거기에 제단을 쌓고 '하나님, 이스라엘의 하나님'이라는 뜻으로 엘엘로헤이스라엘이라고 불렀다(창 33:18~20). 가나안 땅을 정복한 여호수아는 '기름진 골짜기'로 이루어진 에브라임 산지의 곡창지대를 므낫세 지파에게 분배하였고, 세겜은 레위 자손에게 주어 도피성을 삼았다(수 21:21).

세겜은 가나안 땅에서 가장 오래된 도시 중 하나로 수천 년 전부터 사람이 거주하던 도시로, 성서 외의 자료에도 자주 등장하는 고대도시였다. 주전 19세기 이집트의 세소트리스 Ⅲ세를 기념하기 위해 세워진 이집트 장군 쿠-세벡(Khu-Sebk)의 무덤에서 발견된 비문에는 이집트가 'skmm', 즉 세겜을 정복했다고 언급되어 있다. 비슷한 시기의 점토판에는 세겜이 이집트에 저항하는 주요 도시 중 하나라

고 명시되어 있다.

주전 10세기 세겜은 솔로몬의 행정구역 중 에브라임 산지의 중심지가 되었다. 솔로몬의 뒤를 이어 왕이 된 르호보암은 온 이스라엘이 그를 왕으로 삼고자 한다는 말을 듣고 세겜으로 갔지만 거기서 그가 행한 어리석은 판단 때문에 나라가 분열되는 결과를 낳았다(왕상 12장). 이로써 유다와 베냐민을 제외한 열 지파의 지지를 받아 왕으로 추대된 여로보암은 세겜을 북왕국 이스라엘의 수도로 삼았다. 고고학적으로 10세기 포곽성벽이 건설된 흔적이 있다. 그러나 무슨 이유에서인지 여로보암은 수도를 부느엘로 옮긴다(왕상 12:25). 이로써 세겜은 도피성의 기능을 할 뿐이었다(수 20:7; 대상 6:67). 주전 722년 세겜은 북왕국 이스라엘의 멸망과 함께 앗수르에 의해 완전히 파괴되었다. 이후 세겜은 오랫동안 사람이 살지 않는 도시가 되었고, 다만 자신들을 사마리아인이라 부르는 사람들만이 그리심 산에 모여 살

뿐이었다.

주후 70년 이후 고대 도시가 있었던 세겜은 역사에서 잊혀졌고, 평지에는 로마의 네아폴리스('새로운 도시'라는 뜻)가 세워졌으며, 후에 이 도시는 나블루스라고 불리는 도시가 되어 오늘에 이른다. 세겜 분지의 그리심 산 아래로 1948년 제1차 중동전 이후 형성된 팔레스타인 난민촌 발라타 마을이 있다.

## 고고학적 발견

1913년 셀린(E. Sellin)은 1913년 텔 발라타(Tel Balatah)에서 고대 유적의 흔적을 발견하고 발굴을 시작하였지만 제1차 세계대전으로 발굴은 일시 중단되었다. 그 후 1928년, 1932년, 1934년, 그리고 1950~1960년대 초반까지 발굴이 계속되었다. 그 결과 족장시대에 세겜은 요새화된 도시였음이 알려졌다. 주전 14세기에 기록된 이집트의 아마르나 문서 중에 11개의 문서에 등장하는 이곳은 가나안의 중심도시로서 샤크무(Shachmu)라 불렸다. 세겜은 물과 양식이 모두 풍부한 곳이었으나 지형은 평지에 가까웠기 때문에 결국 세겜 사람들은 주전 20세기부터 높이 8m의 튼튼한 성벽을 쌓고 인공 언덕을 만들고 성문을 달았다. 12세기까지 계속 사용한 것으로 보이는 성문은 성문 양쪽에 각각 3개의 기둥을 세우고 가장 안쪽 기둥과 가장 바깥쪽 기둥 사이에 나무로 만든 문을 끼웠을 것으로 추정된다. 고고학적으로 세겜은 가나안 정

복 시기에 파괴된 흔적이 없다.

성 안에는 주전 20~12세기까지 지속적으로 사용된 요새화된 신전(바알브릿 신전/ 엘브릿 신전)이 있다. 신전은 벽의 두께가 5m가 넘었으며, 입구 안쪽으로 들어가면 길게 놓인 방에 두 줄 기둥이 있고, 가장 안쪽은 지성소의 역할을 했을 것으로 추정된다. 이 신전은 사사기 9장에 나오는 세겜의 신인 바알브릿 신전으로 추정된다. 여룹바알의 아들 아비멜렉은 자기 형제 70명을 한 바위 위에서 죽이고 이곳에 있는 상수리나무 기둥 곁에서 왕이 되었다. 이때 아비멜렉의 막내 요담만은 살아남았고, 요담의 저주대로 아비멜렉은 자신을 배반한 세겜 사람들을 이 신전과 함께 불살랐다. 흥미로운 사실 중 하나는 여호수아와 이스라엘 자손의 가나안 정복 전쟁에서 세겜을 정복했다는 언급이 없다. 실제로 신전과 도시는 주전 1100년경 화재로 무너진 것이 발견되었다.

〈바알브릿 신전〉

## 주변 유적지

### 에발 산의 여호수아 제단

모세는 요단 건너편에서 이스라엘 민족에게 가나안에 들어간 후에 세겜에 있는 에발 산에 '철 연장으로 다듬지 않은 돌들'로 제단을 만들 것을 명령하였고(신 27:4~8), 여호수아는 그 명령대로 하였다(수 24:14~28). 이스라엘의 고고학자 제르탈 박사는 이곳에서 여호수아에 의해 건설된 제단을 발견했다고 발표하였다. 이것이 여호수아 시

대의 것으로 추정되는 증거는 발견된 토기류의 70%가 '목이음 항아리'였기 때문이다.

야곱의 우물

세겜에서 남동쪽으로 400m 떨어진 곳에 야곱의 우물이 있다(요 4:6). 비잔틴 시대에 야곱의 우물 위에 교회를 세웠으나 529년에 파괴되었고, 십자군 시대인 1187년에 다시 건축되었으나 파괴되었으며, 1914년에 러시아 정교회가 건축을 시작하였으나 제1차 세계대전으로 중단되었고, 그리스 정교회에서 재개하여 건축하였다.

요셉의 무덤

세겜 인근에는 이스라엘 백성들이 출애굽하면서 애굽에서 메고 나온 요셉의 시신(미라)을 묻은 무덤이 있다(수 24:32).

그리심 산 제단

세겜 서쪽에 있는 그리심 산 정상에는 이스라엘 왕국이 앗수르에 의해 멸망된 이후에 사마리아인들이 세운 도시의 여러 가지 흔적과 함께 사마리아인의 제단의 유적이 남아 있다. 1988년 발굴에서는 사마리아인의 성전으로 볼 수 있는 유적도 발견되었다.

## 성서 이야기

**창 12:6~8** 하란을 떠나 남쪽으로 내려온 아브라함은 세겜 상수리나무 아래에서 하나님을 만나 이 땅을 주시겠다는 약속을 받았으며 이곳에 제단을 쌓았다.

**창 33:18~20** 밧단아람에서 돌아온 야곱은 얍복 강가에서 형 에서와 화해한 후 세겜에 정착하였다. 그는 세겜의 아버지 하몰의 아들들로부터 밭을 사들여(백 크시타) 그곳에 제단을 쌓고 '엘 엘로헤 이스라엘'(하나님 이스라엘의 하나님)이라 지칭했다.

**창 34장** 하몰의 아들 세겜이 야곱의 딸 디나를 범하였고 야곱의 아들들은 그들을 죽였다. 세겜은 더 이상 이스라엘을 위한 제의적 의미를 지닌 장소가 아니었다. 결국 하나님께서 야곱에게 "일어나 벧엘로 올라가서 거기 거주하며 네가 네 형 에서의 낯을 피하여 도망하던 때에 네게 나타났던 하나님께 거기서 제단을 쌓으라"고 명령하셨다(창 35:1).

**수 8:30~35** 여호수아는 여리고에 이어 아이를 점령하여 불태워 버린 후 세겜 땅 에발 산에 돌로 여호와를 위한 제단을 쌓고 제사를 드렸다. 그리고 모세가 기록한 율법을 이스라엘 자손의 목전에서 그 돌에 새겼다(수 8:30~32). 그리고 온 이스라엘 자손들과 장로들을 언약궤 앞에 세우되 절반은 그리심 산 앞에, 절반은 에발 산 앞에 세우고 모세가 이스라엘 백성을 축복하라고 명한 대로 하고 율법책에 기록된 모든 것대로 축복과 저주하는 율법 말씀을 낭독하였다(수 8:33~34).

**수 24장** 여호수아는 죽기 전에 이스라엘 모든 지파의 이스라엘 장로들과 수령들과 재판장들과 관리들을 불러 모았다. 그리고 그들 앞에서 가나안 정복 전쟁을 정리하면서 이스라엘 사람들이 하나님의 계약백성임을 다시 한 번 상기시키고 언약의 증표로 돌을 세웠다.

## 말씀 묵상

▶ 세겜에서 만나는 아브람의 하나님

1. 언약의 하나님
2. 인도자 되시는 하나님
3. 나의 하나님

▶ 세겜으로 가자!

1. 갈대아 우르를 떠나라(창 12:1).
2. 하란을 떠나라(창 12:4).
3. 세겜으로 올라가라(창 12:6~7).

▶ 나의 하나님을 위한 제단을 쌓자!

1. 약속의 땅 가나안에 이르러 제단을 쌓은 아브람(창 12:6~7)
2. 밧단아람에서 돌아와 제단을 쌓은 야곱(창 33:18~20)
3. 애굽에서 돌아와 제단을 쌓은 여호수아(수 8:30~31)

2

# 하늘 문 벧엘과
# 이스라엘의 치욕거리가 된 작은 성 아이

세겜에 정착해 살던 아브라함은 거기서 떠나 벧엘 동쪽 산에 장막을 치고 그곳에서 하나님께 제단을 쌓고 여호와의 이름을 불렀다(창 12:8). 이곳의 서쪽은 벧엘이요, 동쪽은 아이였다. 이후에도 벧엘은 야곱과 여호와 하나님 사이에 중요한 장소였고, 여호수아와 이스라엘 사람들의 가나안 정복 당시에도 언급되었다. 훗날 이스라엘의 분열왕국 시대에는 남왕국 유다와 북왕국 이스라엘의 경계에 위치해 있었고, 북왕국의 초대 왕이 된 여로보암이 이곳에 금송아지 제단을 만들어 이스라엘 백성들로 제사하게 한 장소이다. 아이 또한 여호수아가 정복하여 불살라 버렸다고 알려진 장소이다(수 8:28).

## 가. 벧엘

벧엘은 아브라함의 손자 야곱의 이야기와 관련된 유명한 장소로 아이와 상당히 가까운 곳에 위치해 있다. 이곳은 남북으로 세겜에서 헤브론으로 이어지는 팔레스타인의 중앙 산악지대의 중앙을 길게 이어 주는 족장의 도로가 지나며, 또한 왕의 도로에 위치한 랍바에서 시작한 도로가 암몬, 여리고를 거쳐 아이, 그리고 이곳을 지나 기브온, 벧호론을 거쳐 해변길로 이어지는 동서 도로가 교차하는 길목에 위치해 있는 성읍이다. 벧엘의 옛 이름은 '길을 잘못 들다', '떠나다' 또는 '아몬드 나무'(almond tree/ 살구나무)라는 뜻을

지닌 루스로, 가나안 족속의 성읍이었다(창 28:19; 삿 1:24).

야곱은 그의 형 에서로부터 장자권과 복을 빼앗는다. 특히 아버지 이삭의 임종을 앞두고 장자인 에서가 받아야 할 복을 가로챈 일로 분노한 형이 자신을 죽이려 한다는 것을 알고 그는 하란에 있는 외삼촌 라반에게로 도망간다. 그는 도망가는 길에 벧엘에서 돌베개를 베고 자다가 하늘이 열리고 하나님의 사자들이 오르락내리락하는 것을 본다. 잠에서 깨어난 후 그는 그곳을 하나님의 집이요, 하늘의 문으로 여기고 베개를 삼았던 돌을 가져다 기둥을 세우고, 그 위에 기름을 붓고 그곳을 벧엘 곧 '하나님의 집'이라고 부르며 하나님께 서원한다(창 28:10~22).

야곱은 가나안 땅에 돌아와 세겜에서 자리를 잡지만 그곳에서 그의 딸 디나가 그곳의 추장인 하몰의 아들 세겜에게 성폭행당하고, 이에 그의 아들들이 세겜과 그 성읍에 속한 남자들을 죽이고 재물을 빼앗은 일로 그 땅에 살고 있던 가나안 족속과 브리스 족속이 자신들에게 보복할 것을 두려워한다. 이때 하나님은 그에게 다시 나타나 벧엘로 올라가 거기서 제단을 쌓으라고 명령하신다(창 35:1). 그는 그 말씀에 순종하여 자신의 장막을 벧엘로 옮기고, 하나님께 제단을 쌓고 그곳을 '엘벧엘'(벧엘의 하나님)이라 부른다(창 35:7).

솔로몬 사후 이스라엘이 남북 왕국으로 분리될 때 두 나라의 경계에 있던 에브라임 지파에 속해 있던 벧엘은 북왕국 이스라엘의 마지막 도시라는 지형적 입지와 종교적인 이유로 다시 역사의 조명을 받게 된다(왕상 12:28~29). 이스라엘의 10지파로 이루어진 북왕국이었지만, 성전이 남왕국 유다에 있는 관계로 매년 자국 백성들이 예루살렘으로 제사드리러 가야만 하는 상황에서 여로보암은 자신의 왕권을 강화하기 위해 조상 야곱에 의해 하나님의 집이라고 불린 이곳에 금송아지 제단을 만들고 백성들로 하여금 이곳에서 제사를 지내도록 종용하였다. 이후 벧엘은 하나님의 저주 받은 장소가 되었다(암 3:14, 4:4, 5:5). 요아스의 종교개혁 때 벧엘의 제단은 파괴되고 더럽혀짐으로써(왕하 23:15) 이후 벧엘은 이스라엘 역사에서 사라졌다.

## 고고학적 발견

에드워드 로빈슨은 1838년 팔레스타인을 탐사하면서 제롬이 주후 4세기 '예루살렘 북쪽으로 19km 떨어진 곳에 벧엘이라고 불리는 작은 마을이 있었다'고 한 기록과 그의 비교언어학적 방법론적 접근을 통해 베이틴(Beitin)을 벧엘이라고 주장하였다. 아랍어 베이틴의 마지막 '~인'(in)이 히브리어 '엘'이라고 받아들여 벧엘의 어원이 남아 있다고 보았기 때문이다. '엘'이 '인'으로 바뀌는 것은 자주 목격되는 바였기 때문에 당시 대부분의 학자들은 그의 의견을 받아들였다. 그러나 이후 고고학적인 발굴 결과 베이틴에서 십자군 시대에 세워진 교회의 흔적과 회당의 흔적은 발견되었지만 구약시대의 그 어떤 흔적도 아직까지 발견된 바 없다. 따라서 그 진위성에 대해 논란이 일고 있다.

최근에 고고학자들은 베이틴보다 엘-비레(El-Bireh)라고 불리는 언덕이 오히려 벧엘일 확률이 높다고 보고 있다. 엘-비레 역시 어원상 벧엘과 유사하다. 그렇지만 안타깝게도 이곳은 현재 팔레스타인 자치구역(West Bank)에 속해 있어 발굴이 활발히 이루어지지 못하고 있다.

## 성서 이야기

창 12:8 아브라함은 가나안 땅에 들어와서 처음 정착했던 세겜에 이어 이곳(벧엘 동편)에서도 여호와 하나님을 위한 제단을 쌓았고, 여호와 하나님의 이름을 불렀다.

창 28:21~22, 31:13 벧엘은 야곱이 개인적으로 자신의 하나님 되시는 여호와를 직접 만나 경험한 장소이다. 이곳에서 그는 자신이 세운 돌 기둥이 하나님의 집이 될 것과 하나님이 주신 모든 것의 십일조를 하나님께 드리겠다고 서원한다. 훗날 여호와 하나님은 밧단아람에서 그에게 나타나 자신을 "나는 벧엘의 하나님이라"고 칭하시면서 고향으로 돌아가라고 명령하신다.

수 16:1 벧엘은 이스라엘 자손의 가나안 정복 당시 요셉의 자손이 제비를 뽑아 얻은 곳으로 에브라임 지파에게 분배되었다. 요셉의 자손들은 벧엘로 올라갔고 여호와 하나님께서 그들과 함께하심으로 싸워 이겨 이곳을 빼앗았다(삿 1:22~26).

수 16:1 북왕국의 초대 왕 여로보암은 왕권을 강화하기 위해 벧엘과 단에 금송아지 제단을 만들고 백성들로 하여금 이곳에서 제사를 지내도록 하였다(왕상 12:25~33). 이것은 대대로 이스라엘 왕국의 올무가 되었고, 하나님께서는 선지자 아모스를 통해 이스라엘의 모든 죄를 보응하는 날에 벧엘의 제단들을 벌하실 것이라고 말씀하셨다(암 3:14). 그리고 이 예언은 유다 왕 요아스에 의해 성취되었다.

## 말씀 묵상

▶벧엘의 하나님

1. 자신을 계시하시는 하나님
2. 동행하시는 하나님
3. 참 하나님

▶야곱처럼 하나님을 경배하자!

1. 하나님의 이름(여호와)을 부르며 경배하라.
2. 하나님이 기뻐하시는 서원기도를 드리라.
3. 하나님과의 약속은 반드시 지켜라.

## 나. 아이

아브라함이 세겜을 떠나 벧엘 동쪽 산에 장막을 치고 하나님께 제단을 쌓고 여호와 하나님의 이름을 불렀는데, 이때 그 장소를 설명하면서 처음으로 언급된 곳이다. 아이는 벧엘의 동쪽에 있는 성으로 벧엘과 매우 가까운 거리에 있었다. 이곳은 다시 여호수아 8장에서 언급되는데, 여호수아와 이스라엘 자손들의 가나안 정복 전쟁 때 여호수아에 의해 불살라져 폐허가 된 후 성서에 등장하지 않는 성이다.

요단 강을 건너 첫 전투인 여리고에서 승리한 후에 여리고에 비해 규모가 작은 이 성은 쉽게 점령할 것으로 알고 3,000명만 보냈으나 패배하고 말았다(수 7:4). 여호수아는 그 이유를 하나님께 물었고, 그것이 아간이 여리고를 점령할 때에 하나님의 명령을 어기고 전리품을 취한 것 때문이라는 것이 밝혀진다. 여호수아는 먼저 아간을 정죄한 뒤 다시 아이를 쳐 무찌르고는 그곳을 불살라 버림으로 이후 아무도 살지 않는 황폐한 지역으로 남는다(수 8:28).

## 고고학적 발견

에드워드 로빈슨은 1838년 팔레스타인을 탐사하면서 벧엘을 찾아낸 후 인근에서 아랍어로 엣-텔이라고 불리는 언덕을 발견하고 이곳이 아이라고 주장하였다. 아랍어로 '텔'(Tel)은 '폐허'라는 뜻이었고, 아이 역시 히브리어로 폐허라는 뜻을 가지고 있었기 때문이다. 따라서 당시 대부분의 학자들은 그의 의견을 받아들였으나 벧엘과 마찬가지로 현대 고고학자들의 상당수가 이곳이 아이라는 의견에 동의하지 않는다.

엣-텔을 발굴한 결과 고고학자들은 이곳에서 망대로 사용된 반원형의 탑들이 있는 성벽으로 둘러싸인 27에이커(33,053평)에 달하는 상당한 규모의 고대도시의 흔적을 발견하였다. 도시 중앙에서는 신전이나 궁전으로 사용된 것으로 보이는 공공건물도 발견되었다. 그렇지만 이 도시는 주전

3000~2300년경 가나안 초기 청동기시대의 도시로 여호수아 시대와는 전혀 관련이 없는 것으로 밝혀졌기 때문이다. 따라서 그 진위성이 논란이 되고 있다.

브라이언트 우드(Bryant Wood)는 아이가 엣-텔의 왼쪽에 위치한 황폐한 언덕인 키르벳 엘 마카티르(Khirbet el-Maqatir)일 확률이 높다고 보고 있다. 키르벳(Khirbet) 또한 텔처럼 폐허라는 뜻을 가지고 있기 때문이다. 최근 키르벳 엘 마카티르에서 발굴이 시도되고 있지만, 아직 이곳이 아이라는 확신을 줄 만한 자료가 충분하지 않다.

## 성서 이야기

**수 7:6~15, 24-26** 아이 전투에서 패한 여호수아는 옷을 찢고, 이스라엘 장로들과 함께 머리에 티끌을 뒤집어쓰고 여호와의 궤 앞에 엎드려 슬퍼하며 저물도록 있다가 하나님께 자신들이 패한 이유를 묻는 기도를 드린다. 하나님께서는 그의 기도를 들으시고 그들 중에 자신과의 언약을 어긴 자가 있음을 알려 주신다. 여호수아는 아간을 찾아 그의 자백을 받아 낸 후 온 이스라엘로 그를 돌로 치게 하고, 훔친 물건들도 불사르고 그 위에 돌무더기를 크게 쌓음으로 하나님의 진노를 그치게 한다. 이후부터 이곳은 아골(괴로움) 골짜기라고 불린다(수 7:25~26).

**수 8:1~29** 여호수아와 이스라엘 자손들이 아간의 죄를 물어 그를 죽이자 하나님께서는 여호수아에게 나타나 두려워하거나 놀라지 말고 군사를 데리고 아이로 올라가 싸우라고 명령하시며 승리를 약속하신다. 그리고 그곳에서 탈취하는 물건이나 가축을 취하라고 하시면서 어떤 전략으로 싸워야 하는지도 말씀하신다. 여호수아와 그를 따라 올라간 이스라엘 군사들은 그들과 싸워 승리하였다. 이스라엘 군사들은 아이 성의 주민들을 진멸하고 성은 불살랐으며 왕을 사로잡아 나무에 달아 죽인 후에 그 시체를 성문 어귀에 던지고 그 위에 큰 돌무더기를 쌓음으로 황폐한 성읍으로 만들어 버린다.

## 말씀 묵상

▶ 아이 성 전투에서 만나는 하나님

1. 온전한 순종을 원하시는 하나님
2. 온전한 제사를 받기 원하시는 하나님
3. 공의로 심판하시는 온전하신 하나님

▶ 아골 골짜기에서 들려오는 소리

1. 죄는 화를 부르는 초청장이다.
2. 한 사람의 죄가 공동체를 위기에 빠뜨린다.
3. 정의로운 심판은 하나님의 진노를 그치게 한다.

3

아브라함이 값 주고 산 영원한 이스라엘 땅

# 헤브론

헤브론은 예루살렘 남쪽 35km, 해발 950m 고지에 있는 주전 18세기 전부터 번성한 고대도시이다. 헤브론이란 도시의 이름은 히브리어로 '동료' 혹은 '친구'의 뜻이며, 아랍어로 헤브론은 '신의 친구'라는 뜻의 엘-칼릴(el-Khalil)이다. 오늘날 헤브론은 1967년 3차 중동전쟁 때 이스라엘이 요단 강 서안을 점령하면서 이스라엘군 점령하에 들어갔고, 1995년 체결된 오슬로 협정에서 철군이 약속된 서안지구 7개 도시 중 하나로 팔레스타인 자치구역 도시 중 가자 다음으로 두 번째로 큰 도시다.

벧엘과 아이 사이에 장막을 치고 거하던 아브라함은 그 땅에 심한 기근이 닥치자 네게브(남방)를 지나 애굽으로 내려갔다. 애굽에서 아브라함은 아내 사라로 인하여 애굽 왕 바로에게서 많은 가축과 노비를 얻었으나, 그녀가 그의 아내임이 알려진 후 애굽을 떠나 네게브를 거쳐 전에 거하던 벧엘과 아이 사이에 이르러 다시 장막을 치고 제단을 쌓고 여호와 하나님의 이름을 부른다. 그렇지만 그곳은 아브라함과 조카 롯의 늘어난 가축을 치기에는 장소가 협소한 곳이므로 그들의 목사들 간에 다툼이 일어나므로 아브라함의 제안으로 롯은 요단 평지를 선택하여 그의 가솔들과 가축을 데리고 간다. 이때 하나님이 아브라함에게 나타나 다시 한 번 '이 땅을 너와 너의 자손들에게 주겠다'는 약속을 확인시켜 주신다. 그러자 아브라함은 장막을 옮겨 헤브론의 마므레 상수리 수풀에 이르러 거기 거주하며 여호와 하나님을 위하여 제단을 쌓는다(창 13:18). 그는 그의 아내 사

라가 127세에 죽자 헷 족속 헤브론에게 은 400세겔을 치르고 밭과 막벨라 굴을 사들여 매장지로 삼았다(창 23장).

민수기 13장 22절에 의하면, 헤브론은 이집트의 소안보다 7년 앞서, 즉 주전 1720년경 도시가 건설되었다. 이 도시의 옛 이름은 기럇 아르바(Kiriatharba)로 이곳은 이스라엘 민족과 싸우기 위해 연합한 가나안의 다섯 왕 중 하나인 아낙이 통치하던 도시로 가나안 땅의 주요 도시 중 하나였다(수 10장). 이스라엘의 땅 분배 당시 여호수아는 이곳을 유다 지파의 갈렙에게 주었으나(수 14:13~14), 훗날 이곳은 도피성으로 구별되었다(수 20:8). 사울이 죽자 다윗은 헤브론에서 유다 족속의 왕으로 기름 부음을 받아 이스라엘 전체의 왕이 될 때까지 남부 유다 지방을 7년 반 동안 다스렸다(삼하 2:1~4). 이로써 이곳은 남왕국 유다의 정치적·경제적 주요 도시가 되었다. 다윗의 아들 압살롬은 스스로 왕위에 오르면서 종교적·정치적 정당성을 확보하고자 헤브론에서 왕위에 올랐으나(삼하 15:10~12) 반역이 성공하지는 못했다.

헤브론은 주전 586년 바벨론에 의해 예루살렘이 멸망할 때 무너지고 말았다. 비록 적은 숫자이기는 하나 유대인들은 그들의 성지를 버리지 않았다. 느헤미야 11장 25절에 의하면, 기럇 아르바, 즉 헤브론에는 일부 유다 자손들이 살고 있었다. 헤브론은 유대인들에게 있어서 종교적으로, 역사적으로 중요한 장소였기 때문이다.

신약시대에도 헤브론은 항상 유대인들의 거주지였다. 헤브론에 거주하던 유대인들은 로마와 타협하지 않았다. 도시는 주후 68~70년, 그리고 주후 132~135년 로마에 대항하는 유대인 반란(발코크바 반란)의 중심이 되기도 했다.

비잔틴 시대를 지나 중세시대에도 이곳은 유대인의 성지로 지켜졌다.

## 고고학적 발견

이곳의 텔 에르-레우메이다(Tel er-Reumeidah)에서는 주전 3000년경부터 사람이 거주한 흔적이 발견되었는데, 특히 주전 18세기에는 번성한 도시가 있었음이 밝혀졌다. 주전 8~7세기 남왕국 유다에서 출토된 유물 중에는 히스기야 전후 시대에 사용한 '라멜렉'(LMLK·왕에게 속함)이라 불리는 항아리들이 있다. 이 항아리들은 기름이나 포도주 등을 저장했던 것들로 4개의 손잡이가 있는데 손잡이에는 인장이 찍혀 있다. 인장의 가운데에는 고대 중동지역에서 왕을 상징하던 두 날개를 펴고 있는 원반이나 4개의 날개를 펴고 있는 풍뎅이가 있고, 위에는 '라멜렉'이라고 새겨져 있다. 인장의 아래에는 4개의 다른 장소가 기록되어 있는데 이중에 헤브론이 있다. 항아리는 왕을 위하여 포도주나 올리브기름 같은 조공품이나 세금을 담았던 것으로, 헤브론을 비롯한 네 도시로 보내져 예루살렘으로 전송되었을 확률이 높다. 결국 헤브론이 유다 산지에 있어 행정적, 정치적, 그리고 경제적으로 중요한 도시였음을 알 수 있다.

## 주변 유적지

막벨라 굴

아브라함과 이삭, 야곱 같은 이스라엘 족장들의 무덤으로 유대교와 이슬람교의 성지이다. 아브라함이 그의 아내 사라가 127세에 죽자 막벨라 굴을 사서 매장지를 삼은 후 이곳은 그와 그의 아들 이삭, 자부 리브가, 손자 야곱과 레아도 묻히는 가족 묘지가 되었다. 유대인의 전통에 의하면, 막벨라 굴에는 아담과 하와도 매장되었다. 이러한 유대적 전통은 헤브론을 중요한 종교적 장소로 만들었다.

예루살렘의 성전을 보수하고 화려하게 장식한 헤롯 왕은 또 다른 유대인들의 성지였던 헤브론에 거대한 건물을 지었다. 전통적으로 알려졌던 막벨라 굴 위에는 예루살렘 성전과 유사한 건축물이 들어섰다. 돌을 반듯하게 깎아 만든 벽돌을 쌓아 건물을 세웠는데, 가장 긴 벽돌의 경우 길이가 7m가 넘었으며 두께도 2m나 되었다. 헤롯은 천장을 덮지는 않은 채 건물을 지었는데 벽 높이만 12m에 달했다. 벽면 전체는 오목한 면과 볼록한 면을 번갈아 있게 하여 멀리서 보면 마치 기둥이 서 있는 것처럼 보인다.

로마 시대 유대인들은 이곳에 회당을 지었다. 그러나 비잔틴 시대에 들어와서는 족장들의 무덤 위에 교회가 지어졌다. 유대인들은 더 이상 이곳을 방문하여 기도하는 시간을 가질 수 없었다. 638년에 무슬림들이 헤브론을 정복하면서 교회는 허물어지고 그 자리에 모스크 사원이 들어섰기 때문이다. 유대교와 마찬가지로 아브라함을 성인으로 생각하는 무슬림에게 막벨라 굴은 여전히 성지였다. 십자군 시대에 막벨라는 다시 교회로 사용되었고, 현재 남아 있는 지붕은 십자군들이 만든 것이다. 그러나 헤브론이 다시 무슬림의 손에 넘어가면서 살라딘(Saladin)에 의해 사원(모

스크)으로 탈바꿈했으며, 내부의 모습은 주로 8~15세기 여러 시대에 걸쳐 갖추어진 것이다. 1967년 이후로 막벨라 굴은 구역이 구분되어 있기는 하지만 한 건물 안에 유대인과 아랍인이 예배하는 장소가 되었다.

### 아브넬의 무덤

헤브론 막벨라 굴의 입구에는 넬의 아들 아브넬의 묘가 있다(삼하 3:32). 다윗의 군대장관 요압은 다윗과 화친하러 온 아브넬을 기브온 전투에서 자기 동생을 죽인 것에 대한 복수로 살해했다. 다윗은 아브넬을 헤브론에 장사하고 소리 높여 애곡했다. 훗날 레갑과 바아나가 사울의 아들 이스보셋을 살해하고 그의 머리를 다윗에게 가져오매 다윗은 그들을 죽이고 이스보셋의 머리를 아브넬의 무덤에 매장하였다(삼하 4:12).

## 성서 이야기

**창 13:14~18** 하나님은 아브람에게 나타나셔서 다시 한 번 '너 있는 곳에서 보이는 동서남북의 땅을 너와 네 자손에게 주리라'고 약속을 확인시켜 주셨다. 아브람은 그곳에서 여호와를 위하여 제단을 쌓았다.

## 말씀 묵상

▶믿음의 조상 아브라함

1. 하나님의 언약은 성취되었다(창 13:17; 롬 4:16).
2. 하나님의 언약은 믿음의 의로 말미암는다.
3. 아브라함은 예수를 주로 믿은 자의 조상이다.

▶막벨라 굴에서 들려오는 메시지

1. 나는 아브라함의 하나님, 이삭의 하나님, 야곱의 하나님이다.
   (나의 하나님)
2. 나는 약속의 하나님이다.
   (약속하고, 약속한 것을 성취하시는 여호와)
3. 나 여호와는 믿음 안에서 잠자는 자들의 영원한 소망이다.
   (죽음은 끝이 아니라 새로운 세상으로 가는 문이다.)

네게브 광야의 진주

# 브엘세바

4

'일곱의 샘' 또는 '맹세의 샘'(우물)이라는 히브리어 어원을 지닌 브엘세바는 이스라엘 족장들의 주요 거주지로 네게브 사막 가운데 가장 큰 도시이다. 예루살렘 남쪽으로 약 84km 떨어진 브엘세바는 연간 강우량이 200mm에 되지 않는 곳으로, 아브라함이 블레셋 왕(그랄 왕) 아비멜렉과 언약을 세우고 난 후 에셀 나무를 심고 영원하신 여호와의 이름을 부른 곳이다(창 21:33). 이곳은 네게브(남방)에 있는 도시로 성서에서 "단에서부터 브엘세바까지"(삿 20:1; 삼상 3:20; 삼하 3:10, 17:11, 24:2; 왕하 4:25)라고 이스라엘 영토의 경계가 언급될 때 최남단 도시로 언급되는 곳이다. 성서시대의 브엘세바는 텔 에스 세바[Tel es Sheva(Saba)]로 현재의 브엘세바에서 동쪽으로 5km 떨어진 곳에 위치해 있다.

이삭 때에 가나안 땅에 큰 흉년이 들었을 때 이삭은 그랄로 내려갔으나 '애굽으로 내려가지 말라'는 여호와 하나님의 말씀을 듣고(창 26:1~5) 그곳에 거하면서 농사를 지었는데 백 배의 결실을 거두었다.

그의 가축과 종들이 많아지고 강성해지자 블레셋 왕 아비멜렉은 그에게 떠나기를 요청한다. 이에 이삭은 그곳을 떠나 그의 아버지 아브라함이 우물을 팠던 브엘세바로 올라가 거기서 하나님께 제단을 쌓고 여호와의 이름을 불렀다(창 26:25). 옛 브엘세바 성문 밖에는 고대 시대에 만들어진 깊이 40m나 되는 우

물이 있다.

야곱은 그의 형 에서를 피해 달아나 하란으로 갔다가(창 28:10) 헤브론에 거하던 아버지 이삭에게로 가서 형과 함께 거한다. 이삭이 죽은 후 에서는 그의 가솔들과 가축들을 데리고 세일 산에, 야곱은 헤브론에 거주하였다. 그러다가 훗날 야곱은 그의 노년에 그 땅에 다시 기근이 심해지자 그의 열한 번째 아들인 요셉(애굽 땅에 팔려갔으나 총리가 됨)의 요청을 받고 애굽으로 내려가는 길에 브엘세바에 이르러 하나님께 희생제사를 드린다(창 46:1~4).

여호수아의 가나안 땅 정복 전쟁 이후 브엘세바는 유다 지파에게 분배되었지만(수 15:28), 유다 지파가 분배받은 땅이 넓으므로 브엘세바를 비롯한 남쪽 중 일부를 시므온 지파가 분배받는다(수 19:2). 사무엘의 아들들이었던 사사들이 거하며 악행을 저질렀던 곳이기도 하다(삼상 8:2). 훗날 이스라엘의 초대 왕 사울이 아말렉을 쳐서 멸한 후에(삿 14:48, 15:7) 이곳을 요새화하고 진흙벽돌로 4m 높이의 성벽을 쌓았고, 후대에 가면서 좀 더 요새화된 것으로 학자들은 추정한다. 도시는 약 3에이커(3,673평) 정도의 크기였다. 이후 성은 애굽의 시삭 왕에 의해 전소되었으나(왕상 14:25) 웃시야 왕 때에 견고한 벽돌로 만들어진 이중 성벽으로 둘러싸인 도시로 재건되었다.

브엘세바는 주전 701년 앗수르 산헤립의 침공으로 무너진 후 다시 재건되었으나, 주전 586년 바벨론에 의해 완전히 파괴되었다. 그 후 포로로 잡혀갔던 유다인 중 일부가 바벨론 포로에서 돌아온 후 이곳에 정착하여 작은 도시를 건설하였다. 로마 시대에는 네게브와 요단 강 동편에 거주하던 나바티안의 공격에 맞서 싸우기도 하였고, 주후 7세기 아랍의 이스라엘 정복에 저항하기도 했지만 이후에는 버려져 아무도 살지 않는 도시가 되었다.

## 고고학적 발견

에드워드 로빈슨은 1838년 비르 에-세바로 불리던 베두인 마을이 있던 이곳을 브엘세바로 천명하였다. 그 후 1969년부터 텔아비브 대학교의 아하로니(Y. Aharoni) 교수의 지도 아래 2003년까지 발굴되었으며,

발굴 결과도 성서의 내용과 일치되는 곳으로 밝혀짐에 따라 이곳은 거의 모든 학자들로부터 성서시대의 브엘세바로 인정되고 있다.

고고학적 발굴 결과 텔 세바는 거대한 성문(14m×17m) 양쪽에 탑이 있는 성문을 만들고, 성곽 전체를 가옥으로 연결하되 바깥쪽 외벽은 성벽이 되는 구조로 건설된 도시로 밝혀졌다. 성의 내부는 길게 뻗은 도로를 중심으로 행정구역과 상업지역, 군사지역으로 구분한 기획 도시임도 드러났다. 성문 안쪽 큰 길 가에는 우물이 있고, 도시 중앙은 다른 곳보다 높게 쌓아 플랫폼을 만들고 그 위에 행정건물이 지어져 있고, 두 줄로 길게 기둥이 세워져 있는 마구간으로 추정되는 건물이 있는 것을 보아 이곳이 행정적·군사적인 성격을 띤 도시였음을 보여준다. 상점들도 발견되었다.

주전 8세기 후반~7세기 초에 건설된 곡식 저장고가 발굴되었는데, 이 저장고 벽에서 뿔 모양의 잘 다듬어진 돌 세 개도 발견되다. 제단 뿔들

과 관련 있어 보이는 돌들을 쌓아 보니 높이 157cm, 가로세로 정사각형의 폭이 260cm인 제단이 만들어졌다. 모아진 돌 중 하나에 고대 근동지방에서 풍요의 상징으로 사용되는 뱀이 새겨진 것을 보아 학자들은 이 '큰 뿔 달린 제단'이 주전 9세기 초 왕정시대에 만들어져 8세기경까지 사용되다가 히스기야의 종교개혁(주전 720년경)으로 파괴되어 곡식 저장고를 건축할 때 벽돌로 재사용된 것으로 본다.

텔 세바의 발굴로 주전 4000년 동석 병용기 시대부터의 유물들이 발견되었으며, 주전 1200년경부터 사용된 이스라엘 민족의 대표적인 항아리와 가옥들이 발견됨에 따라 이스라엘 민족이 이곳에 정착하여 살았음이 밝혀졌다. 아울러 왕국시대의 유물과 건물들도 함께 발굴되었다. 아울러 연석회암 지대인 이곳에서 여러 개의 우물들과 수장고(물 저장고)도 함께 발견됨에 따라 이곳이 물이 풍부한 장소였음이 드러났다. 최근 발굴에 의하면, 브엘세바에서 바닥을 파고 돌을 쌓아 건설한 거대한 수장고가 발견되기도 하였다.

브엘세바는 2007년에 유네스코 세계 유산 유적지로 지정된 바 있다.

**성서 이야기**

**창 26:23~25** 이삭이 블레셋 왕 아비멜렉의 요청으로 그랄을 떠나 간 곳은 그의 아버지 아브라함이 우물을 팠던 브엘세바이다. 그는 브엘세바에서 하나님께 제단을 쌓고 여호와의 이름을 불렀고, 그의 종들은 우물을 팠고 물을 얻었다.

**창 46:3~4** 야곱이 요셉의 요청을 받고 기근을 피하여 애굽으로 내려가면서 이곳에서 하나님을 만나 '애굽에서 너로 큰 민족을 이루게 하리라'는 약속을 받은 곳이다. 야곱은 "내가 너와 함께 애굽으로 내려가겠고 반드시 너를 인도하여 다시 올라올 것이며 요셉이 그의 손으로 네 눈을 감기리라"는 약속을 받는다.

**왕하 23:8** 요시야는 예루살렘 성전에서 율법책을 찾아 읽고, 이스라엘 민족이 하나님의 말씀대로 행하지 않고 있다는 것을 깨닫고 종교개혁을 단행하면서 게바에서 브엘세바까지 제사장들이 분향하던 산당(지방 성소)을 없애 버렸다.

**암 5:5** 선지자 아모스(주전 760~750년)는 북왕국 이스라엘 백성들이 금송아지가 있어 종교적으로 타락했던 벧엘을 찾는 것처럼 브엘세바를 찾고 있다고 책망하며, 그런 사람들에게 하나님의 공의로운 심판이 있을 것을 경고한다. 또한 그는 '사마리아의 우상을 두고 맹세하거나 단의 신들이 살아 있음을 두고 맹세하듯이 브엘세바를 두고 맹세하면 죽으리라'고 예언하였다(암 8:14).

## 말씀 묵상

▶ 우물을 파는 사람들

1. 광야에서 우물은 생명수이다.

2. 아브라함, 이삭, 야곱은 우물을 파는 사람들이었다.

3. 믿음의 조상들이 판 우물에서는 샘물이 솟아났다.

▶ 브엘세바에서 만나는 하나님

1. 하는 일마다 복을 주시는 하나님

2. 블레셋 왕 아비멜렉을 두렵게 하시는 하나님

3. 어디로 가든지 함께하겠다고 언약하시는 하나님

▶ 광야의 하나님

1. 광야는 학교이다.(이스라엘 자손에게 2년)

   1) 믿음의 사람(존재)을 기르는 학교이다.

   2) 믿음으로 사는 법을 가르치는 학교이다.

   3) 졸업하려면 여러 가지 시험(중간고사, 졸업고사)을 통과해야 한다.

2. 광야는 삶의 현장이다.(이스라엘 자손에게 38년)

   1) 하나님의 은혜가 있어야만 살 수 있는 곳이다.

   2) 믿음이 없는 자의 무덤이 되는 곳이다.

5

멸망이 이름 된 성

# 아랏

아랏
Dead Sea -1348'
Lisan
Jerusalem
Jericho
Hebron
Arad
Beer-sheba
En-gedi
Bethlehem
Medeba
Dibon
Heshbon
Shechem
Joppa
Lower Jordan

유다 산지와 유대 광야에 인접해 있는 네게브(남방) 최북단에 위치한 아랏은 강우량이 매우 적은 지역이나 북으로는 헤브론으로 이어지는 족장 길과 동남쪽으로 아라바 광야의 홍해 길 북단과 브엘세바를 거쳐 블레셋으로 가는 길의 길목에 위치한 전략적 요충지이다. 성서시대의 아랏은 텔 아랏(Tel Arad)이다.

모세는 이스라엘 자손과 세일 산지에 있는 광야에서 약 38년의 기간을 보낸 후에 가데스바네아로 돌아와 이스라엘 자손을 이끌고 약속의 땅 가나안으로 가기 위하여 아다림 길로 진행하다가 가나안인 아랏 왕의 공격을 받았으나 그들의 성읍을 멸망시킨다. 훗날 가나안 땅에 들어간 여호수아는 이곳을 유다 지파에게 분배하였다(삿 1:16).

텔 아랏에서는 솔로몬 시대부터 남왕국 유다의 멸망 시기까지 이스라엘 남쪽 네게브를 지키는 요새가 발견되었다. 작고 견고한 요새에는 남왕국 유다 지역에서 유일하게 발견된 지방 성소가 있어 유명하다. 주전 586년에 이 요새는 바벨론에 의해 파괴되었으나, 아랏에는 바벨론 시대를 거쳐 주전 5~4세기 페르시아 시대까지 사람들이 거주했다. 요새도 헬라 시대와 로마 시대를 거쳐 주후 800년 중반 이슬람 시대까지 사용되다가 버려졌다.

## 고고학적 발견

주후 3세기경에 활동했던 '교회사의 아버지'라고 불린 유세비우스가 성서시대의 아랏이라고 밝힌 이곳은 네게브 지역의 한 언덕이다. 이 지역에서 유목하던 베두인들도 이 언덕을 아랏이라고 불러 왔다. 텔 아랏은 아미란(R. Amiran)과 아하로니(Y. Aharoni)가 1962년부터 1967년까지 발굴한 결과 가장 오래된 층 동석 병용기 시대인 주

전 4000년경의 거주지가 발견되었다. 이곳이 가장 발전했던 시대는 초기 청동기, 즉 주전 3000~2500년경으로 당시 도시 크기가 12만㎡에 이르며 2,500명 정도가 살았던 것으로 추정한다. 도시 전체는 성벽으로 둘러싸여 있었는데 두 개의 성문이 있었으며, 성벽의 길이가 1,200m이고 두께는 2.4m였다. 성벽에는 반원 형태의 탑과 사각형의 탑이 세워져 있었다. 도로는 성문에서 도시의 중심을 향해 있었고, 성 안에는 수장고도 있었다. 가옥은 입구가 안뜰을 향한 긴 벽에 있는 직사각형 모양으로 가옥 바닥은 안뜰보다 낮고, 방은 나무기둥 하나로 지붕을 지탱하도록 하는 구조였다.

궁전과 신전은 도시의 서쪽에서 발견되었다. 신전에서 잘 다듬은 석상이 발굴되어 신의 임재를 표현했던 것으로 추측된다. 궁전에서는 곡식 단처럼 생긴 형상이 하나는 누워 있고, 하나는 세워져 있는 석회석 조각이 발굴되었다. 이 시대 아랏은 네게브의 남쪽 광산에서 채취한 구리와 사해 역청을 거래하는 무역로에 위치하였고, 이곳에서 이집트 제1왕조의 왕 나르메르의 이름이 쓰여진 점토판이 발견된 것으로 보아 당시 이집트와도 무역을 한 네게브의 중심도시였던 것으로 추정된다. 그러나 이 부유했던 아랏은 주전 2650년경 갑자기 더 이상 사람이 살지 않는 도시가 되었다.

안타까운 사실은 아랏에서는 모세와 이스라엘이 파괴한 아랏 왕의 도시가 아직까지 발견되지 않았다는 것이다. 일부 학자들은 텔 아랏에서 남서쪽으로 11km 떨어진 텔 엘-밀흐(Tel el-Milh)가 아랏이었으나, 텔 아랏에 모세의 장인을 비롯한 겐 사람들이 거주하면서 아랏으로 불렸다고 주장하기도 한다.

텔 아랏이 유명한 것은 솔로몬 시대부터 남왕국 유다의 멸망 시기까지 이스라엘 남쪽 네게브를 지키는 요새가 발견되었기 때문이다. 이곳은 유다 산지와 유대 광야의 남쪽에 있으면서 왕의 도로가 있는 동쪽으로 연결되는 무역로를 지키는 중요한 요새였다. 요새는 가로 세로 55m×50m로 작지만 성벽의 두께가 5m나 되고, 동쪽 성문 옆에는 두 개의 탑이 있고, 성벽의 네 귀퉁이마다 탑이 있는 성이다. 요새에 주둔하고 있는 군사들을 위해 암반을 파 수장고를 만들었는데, 이 수장고의 물은 요새의 남쪽 아래 4.6m×21m 크기의 우물을 파서 물을 끌어다가 채웠다.

이 요새에서 이스라엘 왕국 시대에 지방 성소로 여겨지는 신전 구역이 있어 유명하다. 성서는 이스라엘 왕국 시대에 오직 예루살렘에만 여호와의 집이 있었다고 말한다. 그러나 이 여호와의 집은 여러 번의 전쟁으로 그 흔적을 찾을 수 없다. 그렇지만 텔 아랏에서 이스라엘 왕국 시대 제사장들

의 이름 중 바스훌(렘 20:1)과 므레못(스 8:33)의 이름이 적힌 토기 조각이 발견되어 이 신전이 남왕국 유다에 속해 있었다는 데 의심의 여지가 없다. 또 다른 토기 조각에서는 '여호와의 집', 즉 성전을 언급하는 글이 기록되어 있다. 따라서 아랏의 신전은 현재 남왕국 유다 지역에서 발견된 유일한 신전이다.

요새의 남서쪽 구석에 위치해 있는 신전 구역은 예루살렘의 성전처럼 안뜰이 있으며 이곳에는 다듬지 않은 돌을 쌓아 만든 2.5m×2.5m의 번제단이 있다. 제단 맞은편에는 성소의 구역이 있으며, 세 개의 계단을 따라 안뜰보다 높게 만들어진 지성소로 들어가게 된다. 지성소 앞에는 두 개의 작은 돌로 만든 제대가 있다. 제대의 윗면에서 고대에 유기물질을 태웠던 흔적이 발견됨에 따라 제사가 거행되었다는 것을 알 수 있다. 지성소에는 1m 높이의 석상 2개가 있다. 석상의 경우 돌을 세우는 것만으로도 신상을 의미했던 고대 근동의 종교적 관습이 어떻게 유다 땅에서 발견되는가 의심된다. 그렇지만 학자들은 아랏의 요새 자체는 주전 586년 바벨론에 의해 파괴를 당했지만 신전은 주전 700년경(히스기야 시대)과 주전 650년경(요시야 시대) 두 차례 파괴되어 더 이상 사용되지 않았기 때문에 아랏 신전은 히스기야(왕하 18장)와 요시야(왕하 23장)의 종교개혁 당시 파괴된 지방의 산당 중 하나로 두 신을 동

시에 섬겼던 장소로 해석하고 있다.

## 성서 이야기

**민 21:1~3** 모세의 만류에도 불구하고 유다 산지를 통해 가나안 땅으로 들어가기 위한 첫 번째 시도가 실패로 끝난 지 약 38년이 지난 후 하나님께서는 이스라엘 자손으로 "북으로 나아가라"(신 2:3)고 명하신다. 이스라엘 자손은 이에 다시 바란 광야의 가데스 바네아로 되돌아갔다가 아다림 길로 진행한다. 이때 가나안인 아랏 왕은 이들이 온다는 소문을 듣고 군사를 보내 이스라엘 자손을 공격하여 몇 명을 사로잡아 간다. 이에 이스라엘 자손은 그들의 성읍을 공격하여 멸하고 '완전히 멸했다'라는 뜻으로 이곳을 호르마라고 부른다. 가나안 땅에서의 첫 전쟁에서 승리한 것이다.

**삿 1:16** 겐 사람이었던 모세의 장인의 자손들은 이스라엘 자손과 함께 요단 강을 건너 여리고에 이르렀고, 거기서 자신들의 고향과 비슷한 아랏 남방의 네게브에 거주하였다.

## 말씀 묵상

▶ 하나님의 뜻을 바로 알고 행하자!

1. 하나님의 뜻을 이루는 시기와 방법은 바뀔 수 있다.
2. 하나님께서 다른 결정을 하셨음에도 내 생각대로 행하는 것은 화를 자초하는 것이다.
3. 죄 사함을 받았다고 죄의 결과까지 없어지는 것은 아니다.

# 6

세계 최고 최저의 도시

## 여리고

출처: 〈The Holy Land In Color〉

세계에서 가장 오래되고 낮은 도시(最古最低都市)로 알려진 여리고는 요단 계곡의 강 서쪽, 사해 북쪽에 있는 도시이다. 주전 9400년경부터 도시의 형태를 갖춘 여리고는 해수면 아래 258m에 위치해 있다. 고대 여리고는 현재 여리고에서 2km 정도 떨어져 있는 요르단 평원에 높이 24m로 우뚝 솟아 있는 면적이 4만m²인 언덕으로 텔 여리고(텔 에스 술탄)라고 불리며, 지난 20세기 고고학자들의 가장 많은 관심을 받은 장소이다. 이 언덕은 여호수아서 6장을 보면 이스라엘 자손들의 가나안 정복 때 가장 먼저 점령한 성으로 여호수아에 의해 요셉의 자손에게 할당된 땅이었다(수 16:1).

여리고라는 이름은 '레아흐'에서 유래한 것으로 히브리어로는 '냄

새'라는 뜻이며, 이곳에서 생산되는 향유 때문에 붙여진 이름이라고 한다. 그러나 고대 여리고가 달 신을 섬기는 중심지였기 때문에 달을 의미하는 '야레아흐'에서 유래된 것으로 보기도 한다.

여리고는 염해(鹽海)인 사해로부터 불과 16km밖에 떨어져 있지 않으면서 요단 강 유역에 위치해 있는 소금과 대추야자의 산지로서 고대로부터 무역이 활발하게 이루어지던 곳이다. 아울러 요단 강 동편을 지나는 왕의 도로와 지중해변을 지나는 해변 길을 동서로 연결하는 암몬, 여리고, 벧엘, 기브온, 벧호론, 욥바로 이어지는 동·서로의 길목에 위치해 있으므로 교통의 중심지였다. 신약시대에는 갈릴리와 유대를 이어 주는 길목에 위치해 있으므로 정치, 경제, 사회적으로 중요한 도시였다. 예루살렘에서 27km 떨어져 있는 여리고는 걸어서 하룻길이며 고도 차는 1,000m 정도 난다.

황량한 유대 광야의 끝자락 요단 강 둔치에 자리 잡고 있는 여리고는 일 년 내내 비가 거의 오지 않는 사해지역에 위치해 있고 연간 강우량이 160mm에 안 되는 곳이다. 연 평균 기온이 15~31도에 이르는 더운 지역이지만 주변에 엘리사의 샘 같은 큰 샘들이 있어 나무와 풀들이 무성한 도시이다. 엘리사의 샘이라고 불리는 에인 에스-술탄(Ein es-Sultan)에서는 적어도 10km$^2$의 땅을 적실 수 있을 만큼의 많은 물이 1분에 3.8m$^3$나 솟아나 흐르기 때문에 아주 오래전부터 사람들이 정착하여 살던 곳으로 많은 거주지가 발견되었다. 도시 주변에는 종려나무가 많이 자라고 있어 성서에서 '종려나무의 성읍'(신 34:3; 대하 28:15)이라 묘사된 곳이다.

고고학적 발굴 결과, 고대 여리고에서는 이미 주전 10000~9000년 사이에 인류가 살고 있었던 흔적과 20개 이상 거주지로 사용된 층들이 발견되었다. 엔 에스-술탄 샘 주변에 처음 정착하여 살기 시작한 약 200~300명의 나투피아(Natufia) 사람들은 짚을 섞어 만든 빵 모양의 둥근 흑벽돌을 쌓아 낮은 지붕의 작고 둥근 집을 짓고 농사를 지으며 살았다. 이들의 보통 거주지의 지름은 5m 정도로, 중앙에는 바닥을 움푹하게 파서 만든 화로가 있었다. 이들의 거주지에서 발견되는 특이한 점은 방바닥 아래에 시신이 묻혀 있는 것이다.

주전 9400년경 마을의 인구는 점차 늘어나 10배 이상의 사람들이 살기 시작했다. 70채 이상의 집이 지어졌고 성벽으로 둘러싸인 4만 $m^2$의 세계 최초 도시가 건설되었다. 성벽 사이에서 돌탑도 발견되었다. 발견된 고고학적 유물 중에 가장 많은 관심과 시선을 받고 있는 이 탑의 용도에 대해 다양한 견해가 있으나 망대라는 의견이 다수였다. 최근에는 홍수에 대비한 의례가 행해졌던 장소로 보기도 한다. 이런 탑을 건설하기 위해서는 수백 명의 사람이 꽤 오랜 기간 동안 노동에 참여해야 했다는 사실로 미루어 당시 집권층의 힘이 얼마나 강했는지 상상해 볼 수 있다.

정확한 이유는 밝혀진 바 없으나 이곳에는 한동안 사람이 살지 않다가 주전 6800년경부터 다시 사람들이 모여 살기 시작했다. 이때부터 농사 외에 양을 키우는 목축도 병행한 것으로 보인다. 이 시대 지층에서의 가장 괄목할 만한 고고학적 발견은 사람 해골이다. 발견된 해골은 10구인데 몸은 아마도 어딘가 묻고 두상만을 집에 간직한 것으로 보인다. 턱을 제거한 해골은 전체에 회반죽을 입혔고 눈은 조개껍질을 박아 마치 눈을 뜨고 있는 사람처럼 보인다. 몇몇 학자들은 이전 시대에 사람을 방바닥에 묻는다든가 해골만을 특이하게 장식한 후 집에 간직한 것이 조상을 섬기는 신앙(조상 숭배)에서 비롯되었다고 보고 있으나 확실하지 않다. 아울러 같은 지층에서 세석기와 방추, 화살촉과 돌칼 등 다양한 도구들과 동물이나 사람의 모습을 한 점토 인형, 토기도 발견되었다. 신을 형상화한 기형학적인 문양이 새겨진 점토나 돌로 만든 형상이 발견되고, 조개와 돌을 깎아 만든 장신구들도 함께 발견되어 당시 예술의 발달도 엿볼 수 있다.

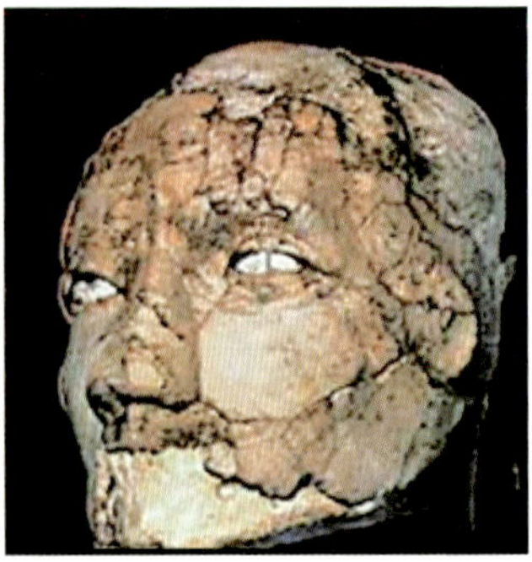

주전 1400년경 가나안 시대의 여리고에는 힛소스 족으로부터 전수받은 강한 불에 구워 만든 벽돌로 성을 쌓고 집을 짓고 여리고 족 사람들이 살았다. 이 시대의 지층에서 진흙접시와 물주전자, 청동제품의 욕조, 물저장용 항아리, 빵 굽는 오븐 등이 출토되었다. 당시 여리고에서는 풍요의 신 바알과 여신인 가나안 북방의 우가릿 민족의 '아낫'을 주신으로 섬겼다. 그러나 소금 교역으로 번성하던 여리고는 주전 1300년경 쇠퇴하게 되었다. 올브라이트(W. F. Albright) 박사에 따르면, 주전 14세기에서 12세기 사이에 지중해 연안에서도 쉽게 소금을 얻을 수 있었기 때문이라고 한다.

분열왕국 시대에 여리고는 북왕국 이스라엘에 속한 성으로 번성한 도시였다. 여리고에는 선지 학교가 있어 선지자의 제자들이 살고 있었고(왕하 2:4~18), 엘리사가 여리고에 있는 좋지 않은 물의 근원에 소금을 뿌려 고친 것으로 유명하다(왕하 2:19~22). 이 샘이 엘리사의 샘이라 불리는 에인 에스 술탄이다. 여리고는 북왕국 이스라엘이 앗수르에 의해 멸망한 이후에도 작은 도시로 유지되고 있었으나, 남왕국 유다가 바벨론에 의해 멸망한 후에는 한동안 버려진 폐허가 되었다.

주전 539년 바사제국의 왕 고레스는 고대 여리고가 위치했던 텔 에스 술탄에서 남동쪽으로 약 2km 떨어진 곳에 새로운 도시(新都市)를 건축하였고, 도시는 풍부한 경제적 자원과 교통의 요지로서의 지리적 여건에 힘입어 헬라 시대까지도 유대의 중심도시가 되었다.

가나안 땅을 점령한 알렉산더 대왕은 여리고를 자신의 개인 소유지로 삼았고, 그의 사후 셀레우쿠스(Seleucus) 왕조의 땅이 되었다. 유대인들의 반란을 두려워했던 바키데스 장군은 여리고 주변에 방어벽들을 쌓고 이 성을 요새화했다. 그의 노력에도 불구하고 주전 167년 여리고는 마카비를 선두로 한 유대인들에게 빼앗겼으며, 한때 예루살렘을 차지했던 유대인 제사장 왕조인 하스모니아(하스몬)의 통치를 받았다.

하스모니아 왕조의 왕들은 예루살렘에 비해 훨씬 따뜻한 여리고에서 겨울을 보내기 위해 헬라 문명의 영향을 받은 궁전을 건축했다. 겨울 궁전은 텔 여리고에서 남쪽으로 약 3km 떨어진 와디 켈트 계곡에 건설되었는데, 우기철인 겨울에 계곡에 흐르는 물을 수로를 이용하여 궁전으로 끌어들여 사용하는 한편 궁전 안에 수영장도 만들었다. 그러나 주전 63년 로마의 폼페이가 예루살렘 성을 점령함으로써 팔레스타인은 수리아 주재 로마 총독의 감독 아래 놓이게 되었다. 수리아 총독 가비니우스(Gabinius)에 의해 유대는 다섯 지역으로 나뉘었고, 여리고는 그중

모형도 출처 : www.haeunchurch.com

하나의 행정청 소재지가 되었다.

로마의 안토니우스와 그의 부인 클레오파트라의 도움으로 유대인의 왕이 된 헤롯은 감사의 선물로 그에게 여리고를 바쳤다. 주전 31년 악티움 해전에서 안토니우스와 클레오파트라를 패배시키고 후에 로마 황제가 된 옥타비아누스는 여리고를 헤롯에게 주었다. 헤롯은 여리고에 로마식 도시를 건설(Herodian Jericho)하는 한편 하스모니아 왕조의 겨울 궁전을 확장하고 현재 와디 켈트의 계곡 양쪽 툴루 알 알라크(Tulu al-Alaq)라 불리는 유적지에 세 개의 궁전을 새롭게 건축했다. 헤롯 시대에 여리고에는 많은 사람이 모여들었고 큰 도시로 발전하였다. 헤롯은 이곳에서 요양하다가 주전 4년에 죽었다.

신약시대에 예수님은 여러 번 여리고를 방문하셨으며, 복음서에는 이곳과 관련해서 일어났던 여러 가지 이야기가 기록되어 있다. 주후 70년 로마에 의해 예루살렘 성이 함락된 이후 여리고는 더 이상 중요한 도시의 역할을 하지 못했다. 그러나 주후 324년 이후 비잔틴 교회의 순례객들이 이곳에 정착하고 수도원과 교회들이 세워지면서 여리고는 다시 한 번 번성할 수 있었다. 시험산(Mt. of Temptation)에는 주후 5세기 이후 세워진 그리스 정교회의 두카 수도원이 있다.

## 고고학적 발견

출애굽한 이스라엘 자손들이 40년의 광야생활을 마치고 요단 강을 건너 첫 번째로 점령한 성인 여리고 탐사를 시작한 사람은 영국의 워렌(C. Warren)이다. 그는 1868년 4월 수십 명의 아랍 인부들과 함께 언덕을 파 들어갔지만 기대했던 돌로 된 성벽은 발견되지 않고 흙벽돌만이 발견되자 발굴을 멈추고 예루살렘으로 돌아갔다. 이후 여리고에서의 체계적이고 조직적인 발굴은 1907~1909년 고고학자인 오스트리아 젤린과 독일의 바징어에 의해 이루어졌다. 발굴 초기 이들은 도시의 기초 암벽에 무너져 있는 상당한 양의 흙벽돌 더미를 발견하고 여호수아 시대에 파괴된 성벽이라고 단정하였다. 그러나 발굴이 진행되면서 여러 시대에 걸쳐 사용된 다양한 성벽들이 추가로 발견되었는데 그들은 그중에 주전 1500년경 파괴된 성벽을 이스라엘의 파괴로 인한 것으로 단정하고 이스라엘 출애굽과 가나안 정복이 이 시대에 일어난 것으로 주장하였다. 보수적인 학자들은 이들의 주장에 동조하였으나 진보적인 학자들은 반론을 제기하였다.

1930년 영국 리버풀 대학의 가르스탕(J. Garstang)은 돌로 만들어진 여리고의 성벽을 찾기 위한 발굴을 다시 시작했다. 그 과정에서 그는 처음으로 주전 3000~1500년 사이의 무덤들을 발굴하게 되었고 무덤 안에서 출토된 토기, 가구, 도구 등의 부장품들을 통해 고대 생활사를 밝히는 데 많은 공헌을 하게 되었다. 그는 7년간의 발굴을 통해 여호수아의 파괴는 주전 1400년경에 일어났으며, 이 시대의 성벽이 심한 파괴와 화재의 흔적이 있는 외벽과 내벽으로 이루어져 있고, 성벽 내에서 굽지 않은 빵 반죽이 발견된 것으로 보아 갑작스런 파괴의 현장이 그 증거라고 주장했다.

영국의 여성 고고학자로 영국 고고학교의 책임자였던 캐슬린 케니언(Karthleen M. Kenyon)은 1952년부터 1958년까지 이전보다 발전된 기술인 캐니언-휠러 발굴방법과 토기 분석법을 적용하여 여리고를 발

굴했다. 그녀는 신석기시대(주전 9000년경)에 건설된 것으로 보이는 성벽과 높이가 약 3.6m, 아래 부분의 폭이 1.8m인 원통형 돌탑을 발견하였다. 탑 내부에서 꼭대기로 올라가기 위해서는 22개의 돌계단을 밟고 올라가게 되어 있는 망대로 사용된 것으로 추정되는 돌로 쌓아 올린 탑(원통형 망대: Neolithic circular stone tower)의 발견은 세상을 놀라게 하였다. 그러나 케니언은 후기 청동기시대, 즉 여호수아의 정복 시대에 여리고에는 도시가 없었으며, 워렌이 발굴한 불탄 흔적이 있는 무너진 흙벽돌 더미는 이집트가 주전 1550년경 여리고를 파괴한 흔적이라고 주장하였다. 또 여리고는 후기 청동기 대부분의 시기와 철기시대 초반기 동안 버려져 있었으므로 여호수아와 이스라엘인들의 침입이 있던 시기에 여리고에는 아무도 거주하지 않았다고 주장함으로써 구약학계는 혼란에 빠졌다.

1993년 팔레스타인 자치구역이 된 여리고를 다시 발굴한 것은 이탈리아의 고고학자 니그로(L. Nigro)와 마르체티(N. Marchetti)이다. 그들은 1997년 케니언이 발굴한 주변을 한 달 동안 재발굴한 후 케니언의 주장과 같이 여호수아 시대의 전쟁 흔적을 발견한 바 없다고 발표했다.

여리고에 가장 많은 관심을 가지고 연구하고 있는 우드(B. Wood) 박사는 이미 지난 세기 여리고에서 독일 고고학자들과 가르스탕, 그리고 케니언에 의해 발굴된 자료에서 여호수아 정복의 흔적을 발견할 수 있기 때문에 이탈리아 학자들의 의견은 그다지 중요하지 않다고 말한다. 이들의 발굴에서 공통적으로 발견된 화재에 의해 무너진 거대한 흙벽돌 더미가 바로 여호수아와 이스라엘 민족의 여리고 정복의 흔적이며 이 흔적의 연대는 주전 1400년이라고 주장한다. 그는 발굴 결과 여호수아 시대의 고대 여리고는 두 개의 성벽(윗도시, 아랫도시)으로 둘러싸여 있는 너비 160m, 길이 약 290m 타원형 구조의 도시였다고 발표하였다.

그러나 최근 대부분의 성서학자들과 고고학자들은 주전 1250년경 이스라엘 자손이 람세스 Ⅱ세 때 애굽에서 나왔으며, 1200년경 가나안 정복전쟁을 했다고 본다. 그렇기 때문에 여호수아의 여리고 정복 연대에 대한 논란은 지금도 계속되고 있고, 여호수아가 함락시킨 여리고 성의 흔적에 대한 발견은 아직도 미궁 속에 있다.

## 주변 유적지

겨울 궁전과 툴루 알 알라크(Tulu al-Alaq)

하스모니아 왕조의 왕들은 텔 여리고에서 남쪽으로 약 3km 떨어진 와디 켈트 계곡에 겨울을 보내기 위한 겨울 궁전을 건축했다. 우기철인 겨울에 계곡에 흐르는 물을 수로를 이용하여 궁전으로 끌어들여 사용하는 한편 궁전 안에 수영장도 만들었다. 요세푸스의 기록에 따르면, 헤롯은 이곳에서 연회를 열고 하스모니아 왕조의 왕위 계승 서열 1위였던 그의 처남 아리스토불루스 3세를 수영장에서 익사시켰다. 그리고 자신을 유대인의 왕이라 선포했다. 훗날 헤롯은 여리고에 로마식 도시를 건설(Herodian Jericho)하는 한편 하스모니아 왕조의 겨울 궁전을 확장하고 현재 와디 켈트의 계곡 양쪽 툴루 알 알라크(Tulu al-Alaq)라 불리는 유적지에 세 개의 궁전을 새롭게 건축했다.

출처 : http://map.bestbible.org/photos/6

가장 큰 궁전은 수영장과 목욕탕이 딸린 87×46m 크기로 제일 먼저 건축되었다. 145×40m 규모의 정원과 로마식 기둥이 세워진 방들이 있었다. 수영장과 목욕탕의 물은 로마식 수로(아쿠아 덕트)를 만들어 와디 계곡의 물로 채웠으며, 계곡의 양쪽은 다리를 만들어 서로 왕래할 수 있게 했다. 또한 주변에는 병거 경기가 열리던 극장도 있었다. 그는 또 겨울 궁전 서쪽 유대 광야 끝자락의 높은 곳에 그의 어머니의 이름을 따 '키프로스'(Cypros)라 불렀던 요새를 세워 방어벽을 구축했다. 훗날 이 요새는 수도사들의 광야 은둔 장소로 이용되다 수도원이 되었다.

## 성서 이야기

**수 6:15~21** 여리고 성이 이스라엘 자손들에 의해 함락될 때 이스라엘의 정탐꾼들을 숨겨 주었던 기생 라합과 그에게 속한 모든 자들은 구원을 받았다.

**수 6:26** '여리고 성을 재건하는 자는 여호와 앞에서 저주를 받아 기초를 쌓을 때에 맏아들을 잃을 것이요 그 문을 세울 때에 막내아들을 잃으리라'는 저주는 벧엘 사람 히엘에게 이루어졌다(왕상 16:34).

**막 10:46~52** 소경 바디매오는 예수님께 "다윗의 자손이여 나를 불쌍히 여기소서"라고 크게 소리치는 믿음을 보임으로 눈을 뜨게 되었다.

**눅 19:1~10** 여리고의 세리장 삭개오는 예수님을 보려고 돌무화과나무에 올라갔고, 예수님이 그를 알아보시고 그의 집에 들어가셨다. 이때 그가 "내 소유의 절반을 가난한 자들에게 주겠사오며 만일 누구의 것을 속여 빼앗은 일이 있으면 네 갑절이나 갚겠나이다"(8절)라고 선포하자, 예수님은 "오늘 구원이 이 집에 이르렀다"고 말씀하시고는 자신은 "잃어버린 자를 찾아 구원하려고 왔다"고 세상에 오신 목적을 알리셨다.

## 말씀 묵상

▶ 외치는 믿음

여리고 성은 이스라엘 자손들이 외쳤을 때 무너져내렸다(수 6:15~21).

소경 바디매오는 예수님께 '나를 불쌍히 여겨 달라'고 외칠 때에 고침받았다(막 10:46~52).

1. 침묵할 때가 있고 외쳐야 할 때가 있다.(언제)
2. 큰 소리로 부르짖어 기도하는 것이 외치는 믿음이다.(어떻게)
3. 하나님께 외치는 것이 믿음이다.(누구에게)

▶ 진정한 회개

1. 구주이신 예수님께 있는 모습 그대로 나아오는 것이다.
2. 자신이 죄인임을 깨달아 알았다면 회개함으로 용서를 구하는 것이다.
3. 과거에 저질렀던 잘못에 대하여 회개에 합당한 배상을 하고 하나님께 제물을 드리는 것이다.
(허물이 있는 것에 대해 돌려주고 더하여 20%를 배상하고, 속건제물을 드려야 함.)

이스라엘의 올무가 된 이방 도시

# 기브온

7

베냐민 평원의 서쪽 가장자리에 위치한 기브온은 17세기부터 엘-집(el-jib)이라고 불리는 아랍 마을의 북쪽에 있는 언덕으로 예루살렘에서 북서쪽으로 약 9.6km 떨어진 곳이다. 기브온은 히브리어로 '높은 언덕'이란 뜻으로 아랍어로는 '가바온'으로 불린다. 중앙 산악지대에 위치한 이곳은 아얄론 골짜기(벧호론, 아얄론, 게셀)를 통하여 해변길과 만나고 욥바나 블레셋으로 이어지는 동서도로가 지나는 교통의 요지이다. 여호수아와 조약을 맺은 것으로 인해 히위 사람인 기브온 주민은 정복전쟁에서 살아남아 베냐민 땅이 되었고(수 18:25), 레위 지파의 도시가 되었다(수 21:17). 기브온 주민에게 속한 성읍으로는 기브온, 그비라, 브에롯과 기랏여아림이 있다(수 9:17).

여호수아의 가나안 정복 전쟁으로 이스라엘 민족이 여리고 성과 아이 성을 정복하였다는 소문이 퍼져나가자 기브온 사람들은 재빠르게 움직였다. 마치 먼 곳에서 온 무역상처럼 꾸미고 여호수아를 만나 화친 조약을 맺은 것이었다. 뒤늦게 이들이 거짓말을 했다는 것

을 알았지만 여호와 하나님의 이름으로 맺었기에 돌이킬 수 없었다. 이때 여호수아는 하나님께 묻지 않은 채 여호와의 이름으로 조약을 맺었다. 이 사실을 알고 가나안 남부의 아모리 족속의 다섯 왕들, 즉 예루살렘 왕, 헤브론 왕, 야르뭇 왕, 라기스 왕과 에글론 왕은 연합군을 결성하고 기브온을 공격하였다. 기브온 사람들은 길갈에 있는 이스라엘 진영에 사람을 보내 도움을 요청하였다. 여호수아는 모든 군사와 용사들을 이끌고 밤새도록 유대 광야를 올라 그들 연합군을 급습하여 그들을 격파하였을 뿐 아니라 도망가는 그들을 아얄론 골짜기를 따라 내려가면서 벧호론 비탈에서 공격하여 큰 피해를 입히고 아세가와 막게다까지 추격하였다.

그들이 아모리 족속의 남부연합군을 칠 때에 벧호론의 비탈에서 아세가에 이르기까지 하늘에서 우박 덩어리가 떨어져 이스라엘 자손의 칼에 죽은 자보다 우박에 죽은 자가 더 많았다(수 10:7~11). 여호와께서 아무리 사람들을 이스라엘 자손에게 붙이시던 날 여호수아가 이스라엘의 목전에서 여호와께 "태양아 너는 기브온 위에 머무르라 달아 너도 아얄론 골짜기에서 그리할지어다"라고 선포하며 기도하자 이스라엘 백성이 그 대적에게 원수를 갚기까지 태양이 중천에 머물러 거의 종일토록 내려가지 않았다(수 10:12~13).

이스라엘 통일왕국의 세 번째 왕이 된 솔로몬은 이곳에 와서 하나님께 경배하고 일천 번제를 드렸다. 솔로몬은 "그 위에 천 마리 희생으로 번제를 드렸더라"라는 역대하 1장 6절의 말씀처럼 천 번 번제를 드린 것이 아니라 천 마리의 번제물을 드렸다. 토라의 가르침에 따르면, 모든 번제물은 반드시 물로 씻어야 했는데 그 많은 번제물들을 씻을 만한 충분한 물이 있어야 했는데 이것이 가능했던 것은 기브온에는 큰 샘과 거기서 흘러나온 물을 가두어 두는 연못 곧 수장고가 있었기 때문이다. 솔로몬이 기브온 산당에서 일천 번제를 드린 것은 하나님의 회막이 있는 성소였고, 그렇기 때문에 솔로몬은 이곳에서 하나님께 일천 번제를 드린 것이다. 열왕기상 3장 4절에서 '산당'이라고 번역된 히브리 단어인 '바마'는 제단을 가리키는 특수한 용어로 '산 위에 있는 제단'을 가리킨다. 그리고 역대하 1장 3절과 6절을 보면 기브온에는 모세가 광야에서 만든 회막과 브살렐이 만든 놋제단도 있었다. 블레셋에 의해 실로가 불타기 전에 옮겨온 것으로 보이는데 이런 성물들 때문에 흠정역은 '큰 산당'으로, 표준새번역이나 현대인의 성경은 "가장 유명한 산당" 또는 "제일 유명한 산당"이라고 번역한 것 같다.

이때 밤에 꿈속에 나타난 하나님께 솔로몬이 구한 것은 '지혜'로 알려졌으나 히브리어로 '레브 소메아'로 '들을 수 있는 마음'을 구했다. 하나님께서는 그의 기도에 감동되어 그가 구하지 않은 '부귀와

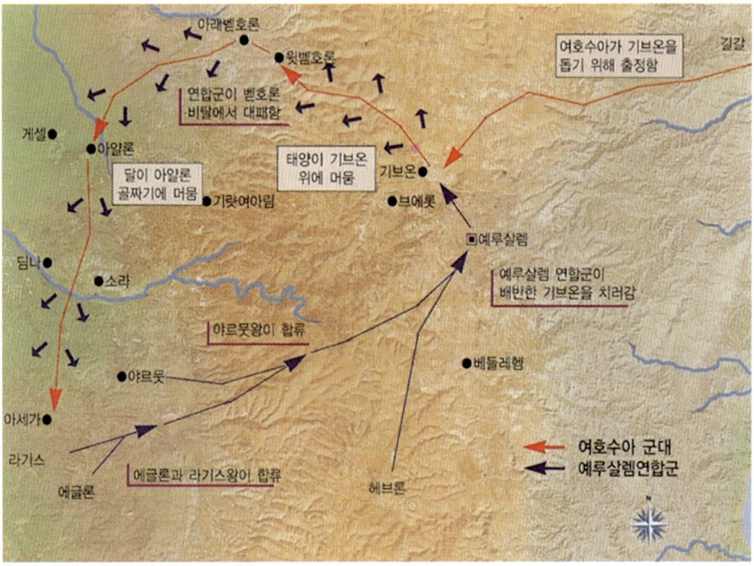

영광'까지 주셨다.

## 고고학적 발견

팔레스타인에서 기브온은 완벽하게 유적지가 보존되어 있는 곳 중 하나로 1956년 이곳에서 발견된 항아리의 손잡이에서 기브온이란 이름이 발견되어 이곳이 기브온임이 확증되었다. 유적지 언덕에는 방어벽이 둘러 있고, 꼭대기에는 꽤 큰 유적이 있었던 것으로 보이지만 안타깝게도 제1차 세계대전의 영향으로 많은 부분이 보존되지 못했다.

기브온은 1956~1962년 미국 펜실베이니아 대학교의 고고학자 프리처드(J. Prichard)에 의해 발굴이 이루어졌다. 발굴에 의하면, 주전 3000~2000년 사이의 주거지가 발견되어 이곳에는 이미 사람이 살았던 곳으로 확인되었다. 또한 철기시대(주전 8~7세기)의 벽의 기초석 밑에서 14개의 저장용 항아리가 발견되어 그 이전에 이곳에 마을이 있었음이 확인되었다. 중기 청동기시대(주전 2000~1500년)의 마을은 발견되지 않았지만 주변에서 수직으로 갱을 파고 사람을 묻으며 간단한 토기를 함께 수장한 26개의 유목민들의 무덤이 발굴되었다. 그리고 미흡하지만 두께가 얇고 정교해 마치 타조알 껍질 같은 토기가 발굴됨으로써 중기 청동기 말기에 이곳에 도시가 있었다는 증거가 되고 있다. 후대 철기시대의 건물들에 의해 이전의 흔적들이 많이 파괴됨으로써 여호수아와 조약을 맺

었던 후기 청동기시대 사람들이 살았던 증거들은 많지 않지만 이 시대에 사용된 무덤군에서 미케네와 키프러스에서 수입된 토기가 발굴된 것으로 보아 주변에 정착민이 있었던 것은 확실하다.

주전 12세기 이후에 기브온은 언덕 둘레에 성벽을 쌓고 성 안에 지름이 11.8m, 깊이가 10.8m나 되는 둥글고 커다란 수장고를 갖춘 도시가 되었다. 수장고는 이미 철기시대(주전 1200년) 이전에 철 연장을 사용하여 만들어진 것으로 벽면을 깎아 만든 79개의 나선형 계단을 통해 바닥까지 내려갈 수 있고, 그곳에서 다시 지하 터널을 통해 물의 근원인 샘과 이어져 있었다. 수장고의 바닥까지 내려가는 계단은 후대에 보수 공사를 통하여 93개로 늘어났다. 이곳이 요압과 다윗의 심복들이 사울의 아들 이스보셋의 심복 아브넬을 만났던 기드온 못가(a pool of Gibeon)였을 것이다(삼하 2:13).

기브온은 주전 10세기경 상당히 큰 도시로 확장 발전되었다. 기브온 성의 높은 곳에 있던 제단(산당이라고 번역됨)은 실로가 무너질 때에 옮겨온 모세가 지은 하나님의 회막과 훌의 손자 브살렐이 지은 놋제단도 있는 성소였

다(대하 1:3, 6). 솔로몬은 왕이 된 직후에 이곳에서 하나님께 천 마리 희생으로 번제를 드렸다. 그렇지만 예루살렘 성전이 건립된 이후에는 성소로서의 기능을 상실한 채로 버려졌으나 도시로서의 기능은 유지하고 있었다.

주전 8~7세기쯤 기브온은 유다 왕국의 포도주를 책임지는 도시가 된 것으로 보인다. 이 시대에 사용된 63개의 지하 포도주 저장고가 발견되었다. 술 저장고는 강석회암으로 되어 있는 땅바닥을 직경 60cm 정도로 동그랗게 수직으로 2m 정도 파내려간 후 이곳에 종유관 모양의 포도주를 담은 항아리를 차곡차곡 쌓아서 저장한다. 9만 5,000ℓ의 포도주를 저장할 수 있었다. 이곳에서는 정부에 바쳐진 포도주들을 담는 LMLK 손잡이 항아리가 발견되었는데, 이 항아리의 높이는 1~2m 정도이고, 손잡이에는 왕의 상징인 날개 달린 원반이나 풍뎅이 모습과 함께 LMLK(왕을 위한 혹은 왕에게 속한 물건이라는 뜻) 인장이 찍혀 있다. 이것은 아마도 히스기야 왕이 앗수르와의 전쟁에 대비해 군량과 포도주를 저장하기 위해 사용한 것으로 추정된다. 그렇지만 이들 술 저장고의 상당수는 농부들에 의해 메워져 땅속에 묻혀 있다. 아울러 이곳에서는 페르시아, 헬라, 로마, 그리고 비잔틴 시대의 토기도 발견되었다.

## 성서 이야기

**삼하 21:1** 사울은 자신의 열심을 이스라엘 자손들에게 보이려고 기브온 사람을 쳤고, 그의 피로 인해 다윗의 시대에 3년 동안 기근이 있었다.

**삼하 2:13** 사울가의 아브넬 장군의 부하 12명과 다윗가의 요압 장군의 부하 12명이 기브온 못가에서 만나 격렬하게 싸우다 모두 죽었다(삼하 2:16). 이어 들노루처럼 빨랐던 요압 장군의 동생 아사헬이 아브넬을 추격하다가 죽임을 당하였다.

**왕상 3:4** 예루살렘 성전이 건축되기 전 솔로몬 왕이 하나님께 제사를 드리러 찾아간 곳은 여호와의 회막과 번제단이 있던 기브온이었다(대하 1:6). 솔로몬은 이곳에서 일천번제를 드렸다.

**렘 41:12** 느다냐의 아들 이스마엘과 함께한 열 사람이 미스바에 가서 바벨론이 임명한 총독인 그다랴와 그와 함께 있던 유다 사람들과 갈대아 군사를 죽이고, 남겨진 백성들을 사로잡아 가지고 암몬 자손에게 가다가 그가 행한 일을 알고 쫓아오던 가레아의 아들 요하난과 그를 따르는 군대 지휘관들이 마주친 곳이 기브온 물가이다. 요하난은 이스마엘에게서 그가 잡아가던 백성들을 빼앗아 애굽으로 내려갔다.

## 말씀 묵상

▶ 기브온에서 울리는 경종 소리

1. 여호와께 묻지 않고는 중요한 결정을 하지 마라(수 9:9, 14~15).

2. 속아서 한 약속이라도 여호와의 이름으로 맹세했다면 지켜야 한다(수 9:16~21).
3. 다른 신을 섬겨 여호와의 진노가 임하지 않도록 스스로 조심해야 한다(수 23:7~16).

▶ 우리를 위하여 싸우시는 하나님

1. 여호수아는 기브온과 맺은 화친의 약속을 지키려고 기브온으로 올라갔다(수 10:6~9).
2. 하나님께서는 여호수아에게 두려워 말고 싸울 것과 승리를 약속하셨다(수 10:8).
3. 하나님께서는 여호수아의 기도 소리(선포기도)를 들으시고 기적을 베푸셨다(수 10:12~13).

   이스라엘의 하나님은 이스라엘을 위하여 싸우시는 분이시다(수 10:42).

8

버림받은 성막의 도시

# 실로

중앙 산악지대의 벧엘과 세겜 사이에는 이스라엘 민족이 가나안 땅에 정착한 후 종교적·정치적 중심지였던 에브라임 지파의 성읍인 실로가 있다. 히브리어로 '그분에게 속한 곳'이라는 뜻의 실로는 예루살렘에서 북쪽으로 직선거리로 약 32km 떨어진 곳으로, 이스라엘의 온 회중이 모여 최초로 가나안 땅에 여호와 하나님의 성막(회막)을 세웠던 곳이다. 여호수아는 이곳에서 그때까지 가나안 땅에서 기업(땅)을 분배받지 못했던 이스라엘의 지파 사람들(7지파)에게 세 사람씩 선정하여 유다와 요셉 족속에게 분배된 곳 외의 자신들이 기업으로 삼고자 하는 땅을 일곱 부분으로 그려서 자신에게 가져오게 한 후에 여호와 앞에서 제비를 뽑는 방법으로 분배하였다(수 18:2~10, 19:51). 이스라엘 사람들은 매년 실로에 올라가서 여호와께 제사를 드렸다(삼상 1:3). 따라서 실로는 하나님의 언약궤가 있는 곳이요(삼상 4:3), 이스라엘 사람들이 모이는 장소요, 또 여호와가 말씀하시는 곳으로 250년 동안 이스라엘 민족의 초대 수도와 같은 곳이었다.

텔 실로는 족장의 도로상에 놓여 있으며 이 도로의 동편으로 해발 656m 높이의 비옥한 평원(농사 짓기에 가장 적합한 토양이라 불리는 테라로사로 덮여 있음) 옆에 작은 산들로 둘러쳐진 언덕이다. 지정학적으로 '단에서 브엘세바까지' 거주했던 모든 이스라엘이 집결할 수 있는

정중앙에 위치한 이곳은 에인 세일룬(Ayin Seilun)이라는 샘이 있고, 든든한 성벽으로 둘려진 약 8에이커(약 9,800평) 규모의 요새화된 도시였다.

사사기의 마지막 부분에 언급된 것을 보면, 회막이 있었던 실로에는 매년 여호와의 명절 곧 가을에 거두어들인 여름 실과를 저장하는 수장절(10월 티슈레이월 15~21, 또는 초막절)에 이스라엘 여자들이 춤을 추러 왔다(삿 21:19). 이때 기브아 성읍의 비류들이 범한 죄로 인해 벌어진 베냐민 지파 사람들과 다른 이스라엘 지파 사람들의 전쟁으로 베냐민 여인들이 다 멸절되어 베냐민 지파가 멸족 위기에 처하자, 살아남은 베냐민 지파 남자들에게 포도밭에 숨어 있다가 실로의 딸 중에서 붙들어 자기 아내를 삼을 수 있도록 허락되었다(삿 19:1~21:24).

이스라엘 사람들이 블레셋과 싸울 때 그들은 전세가 악화되자 실로에서 언약궤를 가져다가 그들 중에 있게 했다. 그러나 나쁜 행실을 일삼던 엘리 제사장의 아들들인 홉니와 비느하스는 이스라엘이 전쟁에서 승리할 것이라고 예언하였으나 거짓이었고, 이스라엘 자손들은 대패하였다. 그들은 언약궤마저 빼앗기고 엘리의 두 아들은 죽임을 당하였고, 그 소식을 들은 엘리도 자기 의자에서 뒤로 넘어져 목이 부러져 죽었다(삼상 4장). 실로는 이들 블레셋 사람들에 의해 불태워지고 파괴되었다.

### 언약궤의 행방

블레셋과의 전투에서 빼앗긴 언약궤는 지중해의 도시인 아나돗으로 옮겨졌으나, 일곱 달 만에 블레셋 사람들에 의해 보내져 유다 지파의 벧세메스를 거쳐 기랴여아림으로, 다시 아비나답의 집에 20년간 머물렀고(삼상 7:2), 가드 사람 오벧에돔의 집에 3개월 있은 후에 다윗에 의해 다윗 성으로 옮겨졌다(삼하 6:12~15). 솔로몬에 의해 성전이 완공된 후에는 솔로몬 성전으로 옮겨졌다. 훗날 솔로몬 왕이 죽고 그의 아들 르호보암 왕 재위 5년에 애굽 왕 시삭이 예루살렘으로 쳐들어와 성진을 악탈할 때 언약궤는 이스라엘 역사에서 사라졌다(왕상 14:25~26).

## 고고학적 발견

주후 4세기 제롬은 예수의 흔적을 밟을 때 실로와 벧엘을 통과해야 한다고 말했지만 그 정확한 위치가 알려지지 않았던 실로의 위치를 밝혀낸 사람은 1838년 미국의 유니온 신학교의 성서학 교수였던 에드워드 로빈슨(Ed. Robinson)이다. 그는 사사기 21장 19절에 기록된 말씀을 토대로 벧엘에서 10km 떨어진 키르벳 세일로를 실로로 추정했다. 아랍어로 '세일룬'은 사실 '실로'라는 명칭에서 기원한 것으로 보인다.

키르벳 세일로의 발굴은 1926~1932년 덴마크 학자들이 시작하였다. 이후 1981~1984년 사이 텔아비브 대학의 핑겔쉬타인에 의해 대대적으로 발굴이 이루어졌다. 그의 발굴에 의해 이곳에는 주전 19~18세기부터 사람들의 거주지가 형성되어 비잔틴 시대(동로마 제국)까지 사람이 살았던 것으로 밝혀졌다.

성서 외 어느 고대 문서에도 언급되지 않은 것으로 보아 실로는 가나안 땅에서 역사적으로 경제적으로 중요한 도시는 아니었던 것 같다. 그렇지만 실로에는 주전 1700년경에 이미 가나안 원주민들

이 거주하였고, 그들에 의해 그들의 성소(성스러운 처소)가 세워졌고, 주전 1650~1550년경에는 마을 전체의 높이가 7m 이상이고 두께도 4m 가까이 되는 견고한 돌 성벽으로 둘러싸인 요새화된 도시였다. 이곳에서는 가나안의 여러 텔에서 발견되는 산비탈 경사진 곳에 석회암을 발라 미끄럽게 만든 '비스듬한 제방'(glacis) 구조물도 발견되었다.

유적지 꼭대기에서는 주전 12세기에 사용된 것으로 보이는 2층 구조의 가옥으로 1층 양 측면에 기둥을 세워 2층 바닥을 지탱한 것으로 보이는 공공건물이 발굴되었다. 이곳에서는 종교적 성격을 띤 유물들이 여럿 발견되었는데, 특히 목깃 항아리가 발견된 것으로 보아 건물의 주인이 이스라엘 사람으로 실로의 제사장들이 살았을 것으로 유추된다. 목깃 항아리(collared rim jar)는 항아리 입구에 마치 셔츠의 칼라를 접어 놓은 것처럼 점토를 한 번 더 덧대어 붙인 것으로 이스라엘 사람들이 가나안을 점령했던 시기부터 사용되었고, 이스라엘 유적지에서 대부분 발견되고 있어 '이스라엘 토기'로 불리는 것이다. 당시 희생제물로 바쳐진 동물의 뼈들이 담벼락에서도 발견되었다. 흥미로운 사실은 실로에서는 주전 13세기 가나안의 땅이었을 때 돼지 뼈가 발견되는 데 반해 주전 12세기 사사시대 이후 돼지 뼈가 거의 발견되지 않아 이스라엘의 식습관과 관련된 흔적을 찾을 수 있다는 것이다.

곡식 저장고에서는 불에 탄 보리가 발견되었는데, 고고학자들은 실로가 주전 1050년에 블레셋 침공으로 도시가 불타 없어졌다고 보고 있다. 그 뒤 실로는 더 이상 종교적 장소의 역할을 하지 못하고 버려졌다. 주전 8세기인 여로보암 1세 때에 앗수르가 북왕국 이스라엘을 정복하기 전 잠시 사람들이 거주한 흔적이 있으나(왕상 14:2~4) 다시 버려졌고, 로마 시대와 비잔틴 시대에 다시 사람들이 살기는 했지만 여전히 작은 마을일 뿐이었다.

2006년 이전 발굴을 마무리하기 위한 작업 중에 주후 4세기 말에서 5세기 초에 세워진 것으로 보이는 비잔틴 시대의 바실리카 양식의 교회 건물이 발견되었다. 가로세로 40m×14m 크기의 고린도 양식으로 장식된 두 개의 기둥머리들과 함께 12개의 기둥받침이 있는 건물로, 십자가를 비롯한 다양한 문양으로 장식된 모자이크 바닥이 발견되었다. 제롬과 유세비우스가 언급한 실로에는 아마도 이 교회 건물이 포함되어 있었을 것이다.

## 성서 이야기

**수 18:1** 이스라엘 자손이 가나안 땅에 정착하여 회막을 세운 곳은 실로였다. 이후 실로는 사사시대에 종교는 물론이거니와 정치의 중심지가 되었다.

**삼상 1:19~20** 에브라임 사람 엘가나의 아내 한나는 실로에 올라가 여호와께 간절히 기도하였고, 엘리 제사장은 그녀를 위해 축복 기도하였고, 여호와 하나님께서 그녀에게 사무엘('내가 여호와께 그를 구하였다')을 주셨다.

시 78:67~69 아삽은 시편 78편 60~72절에서 하나님께서 에브라임 지파의 주도권을 유다 지파로 옮기신 이유에 대해 설명한다.

렘 26:9 주전 7세기 선지자인 예레미야는 예루살렘이 곧 침공당할 것이라고 하면서 옛 실로가 폐허로 변한 것처럼 예루살렘도 그렇게 될 것을 예언했다(렘 7:12).

## 말씀 묵상

▶ 실로가 부르는 노래

1. 여호와 하나님의 약속(이스라엘 자손의 가나안 정착)은 마침내 성취되었다.(승리의 노래)
2. 여호와 하나님은 이곳에서 기도한 한나의 기도에 응답하셨다.(기쁨의 노래)
3. 이스라엘 자손이 하나님을 버렸을 때 여호와 하나님도 그들을 떠나셨다.(슬픔의 노래)
   경고: 실로도, 예루살렘 성전도 파괴되었다.

▶ 닫힌 문을 여는 열쇠(삼상 1:1~18)

1. 주일성수(3절): 신령과 진정으로 드리는 예배
2. 서원기도(10~11절): 간절한 기도
3. 중보기도(17절): 목회자의 축복기도

세펠라 평지의 부유한 도시들

# 아세가와 라기스

여호수아의 가나안 정복 전쟁 때 가나안 남부의 아모리 족속의 예루살렘, 헤브론, 야르뭇, 라기스와 에글론 왕들의 연합군이 공격해 오자 기브온 사람들은 길갈에 있는 이스라엘 진영에 도움을 요청하였다. 여호수아는 기브온 성읍을 구하고자 군사들을 이끌고 밤새도록 유대 광야를 올라와 그들을 급습하였다. 하늘에서 우박 덩어리가 떨어지고, 태양과 달이 멈추어 선 가운데 이스라엘 사람들은 그들을 많이 살육하고 벧호론 비탈로 도망가는 그들을 아얄론 골짜기에서 소렉 골짜기를 거쳐 엘라 골짜기 근처 아세가와 막게다까지 추격하였는데, 이 길은 세펠라 지역을 관통하는 길로 라기스까지 이어지는 길이다(수 10:10~11). 아세가와 라기스는 신명기 1장 7절에 '평지'라고 기록되어 있는 세펠라 구릉지대에 위치해 있는 부유한 도시들이다. 세펠라는 유다 산지의 곡창지대로 강수량이 많은 곳이다. 중앙 산악지대 서쪽 산자락에 위치해 있어 지중해에서 발달한 비구름이 동쪽으로 이동하면서 산을 넘어갈 때 머금고 있던 비를 뿌리는 것이다. 아울러 이곳은 연석회암으로 된 지반의 영향으로 샘들이 많은 비옥한 구릉지대이다.

## 가. 아세가

'성벽으로 둘러싸인 장소'란 의미의 아세가는 베이트 이브린(엘류데로폴리스)의 북쪽 14.4km, 헤브론의 북서쪽으로 24km 떨어진 지역에 위치한 텔 자카리야(Tel Zakariya)와 동일시되는 텔 아세가(Tel Azeka)로 세펠라 지역에 있는 엘라 골짜기의 밑자락 서쪽 높은 언덕 위에 자리 잡고 있는 성읍이다. 엘라 골짜기는 상수리나무와 푸른 나무들이 있는 풍요로운 골짜기이다. 아세가는 아모리 족속의 도시(수 10:10~11)로 이스라엘이 약속의 땅 가나안을 정복한 후에는 야르뭇, 아둘람, 소고와 함께 유다에게 주어진 성읍이다(수 15:35). 사울 시대에는 블레셋 족속이 골리앗을 내세워 이스라엘을 위협하던 장소로 나온다(삼상 17:1).

아세가의 중요성을 깨닫고 도시를 요새화한 것은 솔로몬의 아들 르호보암이었다. 왕국이 분열된 후 그는 주후 928~920년 유다 왕국 서쪽 지중해 해안지역을 차지하고 있던 블레셋과의 경계지역에 있는 아얄론, 소라, 아세가, 소고, 아둘람, 모레셋 가드, 마레사와 라기스에 축성작업을 통하여 성을 견고하게 함으로써 유다의 방어선을 구축하였다(대하 11:5~10). 아세가는 라기스에서 발견된 라기스 북부의 사령관 요아스가 보낸 문서를 통해 볼 때 주전 588년 남왕국 유다가 멸망하기 직전 바벨론 왕 느부갓네살에 의해 예루살렘과 라기스를 제외하고 마지막으로 파괴된 도시이기도 하다(렘 34:6~7). 훗날 바벨론 포로생활을 마치고 돌아온 유다인들 중 일부가 이곳에 정착해서 살았다(느 11:30).

## 고고학적 발견

1890년대 영국의 고고학자들에 의해 발굴이 시작되었으며 텔 아세가(Tel Azeka)에는 주전 2000년 전부터 비잔틴 시대까지 인간이 거주한 흔적이 드러났다. 이곳에서는 수로 시스템, 바르 코크바 항쟁 때 사용한 피난 동굴, LMLK 인장 등이 발굴되었다.

## 성서 이야기

삼상 17:1 엘라 골짜기에 있는 아세가는 다윗의 싸움에 등장하는데, 소년 다윗이 블레셋 족속 골리앗을 죽인 곳에서 매우 가깝다. 블레셋 사람들이 그들의 군대를 모으고 싸우고자 하여 유다에 속한 소고에 모여 소고와 아세가 사이의 에베스담밈에 진을 쳤다. 아세가 북쪽 엘라 골짜기에는 '다윗-골리앗 조망대'(David & Goliath Lookout)가 있다.

렘 34:7 바벨론 왕 느부갓네살은 자신을 배반한 유다 왕국의 마지막 왕 시드기야를 벌하고자 군대를 파견하였다. 바벨론 군대는 예루살렘으로 진격하면서 유다에 남아 있던 견고한 성읍들인 라기스와 아세가를 공격하여 함락시켰다.

## 말씀 묵상

▶ 승리한 이유 있네!

1. 의분이 다윗을 골리앗과 싸우게 했다(삼상 17:26).

2. 하나님께서 이번에도 나를 건져내실 것이라고 믿고 싸우러 나갔다(삼상 17:36~37).
3. 하나님의 영광을 위하여 여호와의 이름으로 싸우러 나갔다(삼상 17:45~49).

## 나. 라기스

성서시대의 라기스는 지중해와 헤브론 사이 히브리어로 세펠라 구릉지대에 위치한 텔 엘-헤시(Tel el-Hesi)이다. 예루살렘에서 40km 떨어진 세펠라 지역에 위치해 있으며, 팔레스타인을 지나는 국제도로 중 하나인 해변 길(해안도로)에서 헤브론과 예루살렘으로 올라가는 길목에 위치해 있음으로 해서 지리적·사회적·경제적·정치적으로 팔레스타인에서 중요한 도시였다.

이미 신석기시대부터 사람이 살아온 이곳은 초기 청동기시대(주전 3000~2000년)부터 성읍이 형성되었고, 이집트의 통치하에 있던 중기 청동기시대(주전 2000~1600년)를 거쳐 후기 청동기시대(주전 1600~1200)에는 매우 부유한 도시가 있었음이 발굴된 유적들과 아마르나 문서에 의해 밝혀졌다. 특히 아카드어로 표기된 주전 14세기 이집트 텔 아마르나 문서에 의하면, 라기스는 라키샤(Lakisha)라 불리는 도시로 가나안 남쪽지역을 통치하는 이집트의 주요 도시였던 것으로 보인다. 라기스는 주전 1150년경 이스라엘 민족의 가나안 정복 전쟁 때에 이들을 대적하고 연합군을 구성한 아모리 족속의 다섯 개의 가나안 남부 도시 중 하나로서 이스라엘과 화친한 기브온을 공격하였으나 갑자기 쳐들어온 여호수아와 이스라엘 군에게 패하여 왕 야비아를 비롯한 많은 군사를 잃었고, 곧이어 쳐들어온 그들에 의해 성은 함락되고 도시는 파괴되었다(수 10:31~32). 그 후 오랫동안 라기스는 완전히 황폐한 도시로 버려졌다.

솔로몬의 아들 르호보암은 왕국이 분열된 후 주후 928~920년 유다 왕국 서쪽 지중해 해안지역을 차지하고 있던 블레셋과의 경계지역에 있는 다른 8개의 도시와 함께 라기스를 축성작업을 통해 요새화했다(대하 11:5). 이로써 라기스는 이스라엘의 서쪽 경계지역에서 가장 큰 도시가 되었다.

해변 길에서 예루살렘으로 향하는 길목에 위치한 라기스는 주전 722년 앗수르 왕 사르곤 II세의 남하정책으로 북왕국 이스라엘 멸망 이후 남왕국 유다 왕 히스기야에 의해 한층 더 요새화된 것으로 보인다. 이때 앗수르는 지중해변에 있는 블레셋의 도시들을 파괴하

고, 이집트의 북부지역까지 내려갔다. 이로써 앗수르 제국의 경계는 애굽 시내까지 확장되었다.

앗수르에 굴복함으로써 위기를 모면한 유다의 히스기야 왕은 종교개혁을 감행하여 이스라엘을 하나로 만들었다(왕하 18:3~7). 사르곤의 죽음으로 앗수르 전역에 반역이 일어날 때 히스기야는 팔레스타인의 블레셋 여러 성읍들과 에돔, 모압과 함께 앗수르에 대항하는 반역의 선봉에 섰다. 히스기야는 가사나 에돔 지역의 이 반역에 가담하기를 거부한 나라들을 쳐서(왕하 18:8; 대상 4:42~43) 나라들을 확장하는 한편 전쟁에 대비하여 유다 성읍들을 요새화하고 식량을 확보했다. 그는 예루살렘 성의 성벽을 보수하고 바위를 뚫어 만든 수로(히스기야 터널)를 통해 성 밖에 있는 시혼 샘물을 내성과 외성 사이에 있는 실로암 못으로 끌어들였고(왕하 20:20), 식량과 포도주도 저장용 항아리(LMLK 손잡이 항아리)에 담아 비축함으로 전쟁을 준비했다.

사르곤의 뒤를 이이 왕이 된 그의 아들 산헤립(Sennacherib)은 메소포타미아와 제국 동편 나라들의 여러 차례의 반란을 진압한 후 주전 701년 유다의 견고한 성읍들을 쳐서 점령하고 라기스를 공격했다. 이때 히스기야가 라기스로 사람을 보내 앗수르 왕에게 조공을 약속하자 산헤립은 그에게 은 300달란트와 금 30달란트를 요구하였다(왕하 18:13~14). 히스기야는 왕궁 곳간에 있는 은과 성전과 왕궁의 금을 벗겨 조공을 바쳤으나 앗수르 왕은 다르단과 랍사리스와 랍사게로

하여금 대군을 거느리고 가서 예루살렘으로 올라가 히스기야를 치게 하였다(왕하 18:14). 산헤립의 일대기의 기록에 의하면, 유다의 46개 성읍을 치고 예루살렘으로 향했다. 앗수르의 니느웨 산헤립 궁전 벽 부조에는 라기스를 점령하는 장면이 나온다. 이 도시는 요시야 시대(주전 639~609)에 다시 한 번 재건되어 요새로 쓰였다. 그렇지만 주전 586년 바벨론의 침략으로 라기스는 함락되었고, 오랜 세월 동안 황폐한 언덕으로 남아 있었다.

## 고고학적 발견

영국의 이집트 고고학자였던 플린더스 페트리(F. Petrie)는 1890년 이스라엘 남부의 텔 엘-헤시를 발굴하여 최초의 과학적인 텔 발굴자가 되었다. 이곳에서는 이집트 장군 파푸(Paapu)가 보낸 쐐기문자 토판이 발견되었다. 제임스 스타키(J. L. Starkey)는 1932~1938년에 4회에 걸쳐 이곳을 다시 발굴하였다. 그는 1938년 유물에 욕심을 가진 아랍 군사들에 의해 암살되었다. 그렇지만 그의 발굴 업적은 올가 터프넬(O. Tufnell)의 라기스 발굴 보고서를 통해 세상에 알려졌다. 후기 청동기시대의 해자 신전(Fosse Temple), 유다 왕국 시대의 성문과 방어용 누벽, 그리고 페르시아와 헬라 시대의 태양숭배 성소(Solar shrine) 등이다. 그 후 1973~1987년, 또 1994년 텔아비브 대학교의 데이비드 우시쉬킨(D. Ussishkin) 교수의 지휘 아래 더 넓은 지역에 걸쳐 깊이 발굴이 시행되었으며, 2011년 6권의 발굴 보고서가 출판되었다. 히브리 대학교 요시 가핑켈(Y. Gafinkel) 교수는 주전 10세기의 유적 발굴을 계획하고 2014년부터 이 지역을 발굴하고 있는 중이다.

후기 청동기시대 라기스에는 잘 요새화된 큰 도시가 언덕 전체에

걸쳐 위치해 있었다. 도시 성벽을 따라 땅을 파서 만든 해자(fosse/moat)가 있었다. 도시의 가장 높은 언덕에는 안뜰과 여러 개의 방으로 이루어진 라기스 왕궁이 있었다. 이 시대의 유적 중에 가장 주목받는 유적은 두 개의 신전이다. 하나는 해자 신전으로 언덕의 왼쪽에 위치해 있고 신전 주변에는 해자가 파져 있다. 스타키의 발굴로 드러난 이 신전에서 많은 유물이 발견되었으나 제의 용기나 값비싼 수입 토기, 보석으로 사용된 파양스, 상아조각들을 제외하고는 그 지역 아랍인들이 가져갔다. 신전은 나무로 만든 기둥이 있어 지붕을 지탱하고 있었으며, 지성소는 신전 끝에 다른 장소보다 높은 신상을 올려놓는 단상이 마련되어 있었다. 벽면에는 벤치들이 있어 제물을 올려놓을 수 있었다. 이 신전은 주전 15~13세기 상이 세 번 재건축된 흔직이 있있나.

또 다른 신전은 언덕 꼭대기 왕실 있는 곳에 있으며, 들어가는 입구나 성소들이 이집트의 신전과 유사한 형태를 띠고 있다. 성소 안에 단상이 마련되어 있고, 두 개의 팔각형 모양의 돌기둥이 나무 천장을 떠받치고 있었으며 백동은 색칠을 한 회벽으로 장식되어 있었다. 이 두 신전은 모두 여호수아와 이스라엘 백성의 도시 파괴와 함께 무너진 것으로 보인다.

라기스의 성벽은 바닥에 직사각형으로 잘 다듬어진 벽돌을 쌓고 그 위에 진흙벽돌을 쌓은, 가나안 지역에서 흔히 볼 수 있는 일반적인 성벽이며, 누벽을 쌓아 무너지는 것을 방지하였다. 라기스 성벽이 두께가 3m인 외벽과 두께가 6m나 되는 내벽으로 이루어진 이중 성벽으로 되어 있었다는 점은 이 성이 요새화된 성이었음을 알게 해준다. 성벽 남서쪽에 세워져 있는 성문은 지금까지 이스라엘에서 발견된 당대 성문 중 가장 크고 튼튼하게 세워진 성문으로, 성문은 삿딤나무로 만들어져 있었으며 석벽돌로 만들어진 외벽 성문 좌우에는 높은 탑이 있어 성문 방어를 위해 사용되었다. 성문은 외벽은 물론이거니와 내벽에도 있다. 도시의 제일 상부에 위치해 있는 저택은 도시의 영주 또는 행정관의 주택으로 주변보다 높게 단을 쌓은 후에 건축되었다. 히스기야 시대에 가장 크게 확장된 이 저택은 한쪽이 76m, 다른 쪽이 36m 크기로 저택을 포함한 안뜰과 마구간이 있고 이 지역은 따로 벽을 한 번 더 둘러 쌓아 요새화했다.

라기스를 발굴한 우시쉬킨 교수는 라기스 언덕의 남서쪽에서 성벽을 향해 인공으로 쌓은 언덕을 발견했다. 이 언덕은 1만 5,000t의 흙과 돌을 쌓아 만든 것으로 공성퇴 병거가 올라갈 수 있도록 언덕 위에 두껍게 회칠을 하였다. 라기스 주변에서는 전쟁의 흔적으로 여러 번의 화재의 흔적과 수백 개의 무기들, 즉 물맷돌, 화살촉, 창끝 등이 발굴되었다. 라기스 언덕의 한 동굴에서는 1,500명의 해골이 발견되었는데, 벽 부조에서 보이는 앗수르 군사들이 적군을 죽이고 머리를 잘라 내관에게 보여주고 전쟁에 참여한 수당을 받는 장면을 연상케 한다.

라기스에서는 남왕국 유다가 바벨론과 전쟁을 치르고 있을 때 라기스에 주둔하고 있던 유다의 장군 요아스에게 근처에 있던 군대장관으로 보이는 호샤야후가 보낸 18개의 편지가 쓰여 있는 토기 조각들이 발견되었다. 편지의 대부분은

요아스에게 부탁하거나 군 상태를 보고하는 것인데, 눈에 띄는 편지는 네 번째 편지로 "아세가를 우리는 볼 수 없고 다만 라기스의 봉화만 볼 수 있다"고 쓰여 있다(참고. 렘 34:7).

2015년 7월 홍순화 단장이 이끄는 텔 라기스 한국 발굴단은 주전 10세기 남왕국 유다 왕 르호보암 시대에 건설된 것으로 추정되는 성벽을 발견했다. 너비 3m의 돌로 축조된 성벽은 각각 20~30cm 크기의 잡석으로 7~8층 규모이다. 성벽 옆에서는 당시 사용된 토기들이 함께 발굴되었다.

## 성서 이야기

**수 10:31~32** 가나안 정복 전쟁 때 여호수아와 이스라엘 자손들은 기브온을 공격한 가나안 남부의 아모리 족속의 예루살렘, 헤브론, 야르뭇, 라기스와 에글론 왕들의 연합군을 급습하였고 도망가는 그들을 쫓아 아세가까지 따라가며 그들을 죽였다. 막게다 굴에 숨어 있던 이들 아모리 연합군의 다섯 왕들도 찾아내 죽이고, 막게다 성읍도 점령하였다. 그리고 립나로 전진하여 립나를 함락시킨 후 다시 라기스도 점령하였다. 또 라기스를 도우려고 오는 게셀 왕 호람의 군대도 쳐서 전멸시켰다.

**왕하 18:14~17** 유다 왕 히스기야는 앗수르 왕 산헤립이 유다의 견고한 성읍들을 쳐서 점령하자 라기스에 있는 산헤립에게 사람을 보내 회군을 요청하였다. 산헤립은 히스기야에게 은 300달란트와 금 30달란트를 내게 하였고, 히스기야가 그것들을 가져오자 다르단과 랍사리스와 랍사게에게 대군을 주어 예루살렘을 치도록 명령하였다.

렘 34:7 바벨론 왕 느부갓네살은 자신을 배반한 유다 왕국의 마지막 왕 시드기야를 벌하고자 군대를 파견하였다. 바벨론 군대는 예루살렘으로 진격하면서 유다에 남아 있던 견고한 성읍들인 라기스와 아세가를 공격하여 함락시켰다.

## 말씀 묵상

▶승리의 비결(앗수르의 대군을 물리친 히스기야 왕에게 배운다.)

1. 그는 먼저 굵은 베옷을 입고 하나님의 성전에 올라갔다.
2. 그는 하나님의 사람(이사야)에게 중보기도를 요청했다.
3. 그는 살아 계신 하나님께 우리를 구원하여 영광을 받으시라고 기도했다(산헤립의 편지).

▶하나님보다 앞서 행하면 낭패를 본다.

1. 하나님께 묻지 않고 앗수르 왕에게 사람을 보낸 히스기야(왕하 18:13~16)
2. 하나님께 묻지 않고 바벨론 왕의 사신에게 왕궁 보물을 보여준 히스기야(왕상 20:12~18)

10

북부 갈릴리의 가나안의 중심 도시들

# 하솔과 메롬

여호수아와 이스라엘 민족이 여리고와 아이를 점령하고, 이어 가나안 남부의 아모리 족속의 5개 도시 연합군을 물리치고 이들의 성읍 주민들은 몰살시키고 성읍들을 파괴하고 불살랐다는 소식은 갈릴리 가나안 북부의 여러 도시들을 긴장시키기에 충분했다. 이에 하솔 왕 야빈은 사람을 보내 이스라엘 민족과 대적하려 북부 갈릴리의 여러 도시 국가들과 연합하여 군사력을 총동원하여 메롬 물가에 진을 쳤다. 여호수아와 그의 군사들은 이들을 급습하여 진멸시키고, 하솔을 점령하여 모든 사람들을 죽이고 도시를 불태웠다. 다른 성읍들도 공격하여 사람들을 칼로 진멸하였다. 메롬은 상부 요단 강의 서쪽 레바논 산맥의 남쪽 지맥을 이루는 산지에 위치해 있으며, 근처에는 가나안 북부연합군과 이스라엘이 싸움을 벌인 메롬 물가(Water of Merom)가 있다. 이곳은 모두 여호수아에 의해 납달리 지파에게 분배된 땅이다(수 19:36).

## 가. 하솔

하솔은 북부 갈릴리 호수와 훌레 호수 사이의 상부 요단 강 서편 언덕에 위치한 아주 오래된 성읍으로, 해안도로와 왕의 도로를 연결하는 도로에 위치해 있으면서 가나안 북부 갈릴리 지역의 여러 도시 국가 중에 중심 도시였다. 이스라엘의 가나안 정복 당시 하솔은 가장 높은 곳이 40m나 되는 언덕 위에 세워진 0.1km$^2$의 상부 도시(Upper city)와 북쪽으로 이보다 낮은 언덕 위의 0.8km$^2$의 하부 도시(Lower city)로 이루어진 큰 도시였다.

주전 18세기 메소포타미아의 마리에서 발견된 문서에 가나안의

주요 도시로 하솔이 등장하는 것으로 보아 중기 청동기시대(주전 2000~1600년) 이전부터 사람들이 살기 시작한 것으로 보인다. 이집트에서 발견된 주전 14세기경에 기록된 아마르나 문서에 의하면, 당시 하솔의 압디 티르쉬(Abdi Tirshi) 왕이 이집트에 충성을 바쳤다는 기록을 통해 볼 때 이집트의 지배 아래 있었음을 알 수 있다.

가나안 북부의 여러 왕들의 우두머리였던 하솔 왕 야빈은 북쪽 산지의 여러 왕들 곧 마돈(70인역에서는 메롬), 시므론, 악삽의 왕들과 기타 북쪽 산지와 긴네롯 남쪽 아라바와 평지와 서쪽 돌에 거하는 여러 족속의 여러 왕들에게 사람을 보내 그들의 모든 군사들과 말과 병거들을 동원하여 이스라엘과 싸우려고 메롬 물가에 진을 쳤다(수 11:1~5). 이때 하나님의 계시를 받은 여호수아와 그의 군사들은 그들을 급습하여 격파하였고, 도망가는 군사들은 서쪽으로 큰 시돈과 미스르봇 마임까지, 동쪽으로는 미스바 골짜기까지 추격하여 궤멸시켰다. 도망가던 군사들을 추격하던 여호수아는 돌아와 하솔을 공격하여 점령하고 야빈 왕을 죽이고, 여호와의 종 모세가 명한 것처럼 모든 사람들을 진멸하고 성을 불살랐다. 이어 북부 갈릴리 산 위에 있던 성들을 쳐서 진멸하되 모든 사람들을 죽였고 성읍들의 모든 재물과 가축은 탈취하였다(수 11:6~15).

하솔은 여호수아에 의해 납달리 지파에게 분배된 성읍(수 19:36)이나 납달리 지파 사람이 이주해 살지는 않았다.

오랫동안 버려졌던 하솔을 솔로몬 왕은 므깃도와 게셀과 함께 이스라엘 통일왕국의 중요한 철병거성 중 하나로 다시 건축하였다(왕상 9:15). 솔로몬의 사후 이스라엘이 남북 왕국으로 분열되면서 하솔은 북왕국의 소유가 되었고, 주전 9세기 아합 왕에 의해 성은 확장되고 수장고까지 갖춘 견고한 요새가 되었다. 그 후 하솔은 주전 885년 아람 왕 벤하닷의 공격으로 큰 타격을 입었고(왕상 15:20), 주전 841년에는 앗수르의 살만에셀 Ⅲ세에 의해 파괴되었다. 또한 주전 815~810년 아람 왕 하사엘에 의해 공격당했고(왕하 8:21, 10:32~33, 12:18~19), 주전 734~732년 베가가 왕이었을 때에 앗수르 왕 디글랏 빌레셀 Ⅲ세에 의해 점령되었으며, 주민들은 사로잡혀 앗수르로 옮겨졌다(왕하 15:29). 유다 왕국이 멸망하고 바벨론의 포로로 잡혀갔다가 다시 돌아왔을 때 이들 중 일부가 이곳에 정착하여 작은 마을을 이루었으나(느 11:33), 이후 다시 버려진 도시가 되었다.

하솔은 2005년 유네스코(UNESCO)에 의해 이스라엘의 유적지 가운데 므깃도와 브엘세바와 함께 세계문화유산으로 선정되었다.

## 고고학적 발견

존 가르스탕은 1926년 하솔에 대해 관심을 가지고 조사를 시작하였다. 1954년 발굴로 주전 13세기에 건설된 한 신전의 지성소에서 청동제 황소상이 발굴되었다. 하솔의 본격적인 발굴은 1955~1958년과 1968년 히브리 대학교의 이갈 야딘 교수에 의해 이루어졌나. 하부 도시에서 주전 2000~1200년경 부유했던 도시와 가나안 신전들이 발굴되었다. 18×33m 크기의 가나안 신전에서는 신전 앞마당에 1.8m 길이의 현무암을 다듬어 만든 사자상 두 개가 발견되었고, 신전 안에서는 바알을 상징하는 조각상과 함께 헌물을 바치는 돌로 만든 식탁이 발견되었다. 또 다른 성소구역에서는 가나안의 신상인 돌로 만든 마쩨봇(주상 또는 입상)들도 발견되었다. 특히 이 성소구역에서는 제의에 사용된 것으로 보이는 점토 가면과 은으로 만든 홀이 함께 발견되었으며, 이 성소구역들은 1200년경 불살라 파괴된 흔적들이 남아 있다.

그는 죽음에 앞서 이곳에서 야빈의 궁전과 궁전 문서가 보관된 서고를 발견하지 못한 것을 안타깝게 여겼는데, 그의 제자인 히브리 대학 고고학 교수인 암논 벤-토르가 1990년부터 현재까지 발굴을 계속하여 주전 1200년경 대화재로 파괴된 궁전은 물론이고 여러 설형문자로 기록된 궁전 문헌들도 발견하였다.

하솔 왕 야빈의 궁전은 아직까지 다 발굴되지 않아 그 정확한 크기는 알 수 없으나 궁전 동쪽 입구의 길이만 39m가 넘고 현재까지 남아 있는 벽의 높이가 2.4m 되는 것을 보아 상당히 큰 궁전이었을 것으로 추정된다. 왕좌가 있던 중앙 홀의 바닥에는 백향목을 깔았고 진흙으로 쌓은 벽에 현무암을 널빤지처럼 깎은 판석들로 입혔다.

궁전 안에서는 상아 유물, 청동 칼들, 보석을 비롯해서 왕 혹은 신의 모습을 표현한 청동상도 발견되었다. 주전 2000~1200년경 현무암으로 만들어진 90cm 크기의 사람 모습의 석상도 발견되었다.

벤-토르가 발견한 문서 중에는 주전 18~17세기경 기록된 함무라비 법전과 유사한 법도 있는데 "눈에는 눈"이란 법문이 있어 흥미롭다. 뿐만 아니라 주전 1200년경에 기록된 문서들 속의 이름 중 "입니 아디"(Ibni Addi)라 기록된 왕이 있는데 '입니'는 '야빈'과 어원이 같은 이름으로 학자들은 그를 여호수아와 전쟁을 치른 야빈으로 보고 있다. 이 문서를 통해 야빈은 당시 하솔을 통치했던 가나안의 강력한 군주였음이 입증되었다. 아울러 벤-토르 교수는 이 궁전이 1230년경 화재로 파괴되었으며 이로 인해 1m 가까이 되는 잿더미 층이 생겨난 것을 발견하였다. 주전 1200년경 파괴되면서 하솔의 하부 도시는 더 이상 아무도 살지 않았다. 다만 상부 도시만 이스라엘의 왕국 시대에 재건축되었고, 병거성의 역할을 하였다.

다윗 왕에 이어 통일왕국의 세 번째 왕이 된 솔로몬은 역군을 일으켜 예루살렘에 성전을 건축한 지 7년 만에 완공하였다(왕상 6:38). 이후 그는 13년 동안 자기 왕궁과 밀로를 준공(왕상 7:1)한 후 정치적으로 경제적으로 그리고 지리적으로 중요한 위치에 있는 하솔과 므깃도, 게셀에 철병거성을 건축하였다(왕하 9:15). 따라서 하솔에서는 다른 두 곳에서와 같이 양쪽에 세 개의 방이 있는 '솔로몬의 성문'이

라고 불리는 '6방 성문'(Six chambered gate)이 있다. 성문 양쪽의 입구에는 각각 탑이 하나씩 더해져 앞으로 튀어나와 있고 오른쪽으로 도로가 있는 구조이다. 성벽은 이중으로 쌓았고, 벽과 벽 사이를 칸으로 막아 위에서 볼 때 방들을 연결해 놓은 것 같은 형태의 포곽벽(casemate wall)으로 되어 있다. 이곳을 발굴한 야딘 교수는 이 벽을 주전 10세기 솔로몬 시대의 독특한 성벽이라고 발표하였다.

솔로몬 왕이 죽은 후 왕국이 분열될 때에 하솔과 므깃도는 북왕국 이스라엘의 땅이 되었고, 주전 9세기 아합 왕은 기존의 철병거성인 하솔을 확장하고, 수장고를 만들어 더욱 견고한 성으로 만들었다. 하솔의 서쪽에 세워진 이 요새는 그 크기가 25×21m이며 벽의 두께도 2m에 달했다. 특히 아합 왕에 의해 만들어진 성 안의 수장고는 유적지를 암반에 닿을 때까지 46m나 깊이 파 들어갔다. 한 변이 15m가 되는 사각형 입구를 파서 지하로 내려가는 계단을 만들고, 이것을 이용하여 지하 19m 깊이에 있는 갱도에 이르고 거기서 비스듬한 경사로를 따라 25m를 내려가면 지하수와 빗물을 모아놓은 수장고에 이른다. 이때 사각형의 수직 갱도는 총 124개의 계단으로 되어 있으며 각 계단은 석회 반죽으로 입혀져 있다.

하솔에서는 양쪽에 기둥을 줄지어

세워 방을 세 면으로 나눈 건물(tripartite pillared building)이 발견되었는데, 다듬은 돌로 지어진 이 건물의 양쪽 두 방의 넓이는 거의 비슷하여 1.5~2m에 이르며 자갈돌로 바닥을 포장하였고 가운데 공간은 2.5~3.5m 넓이로 바닥은 땅을 발로 밟아 만든 행정 건물이 발견되었는데, 이것은 므깃도와 브엘세바에서도 발견되는 것으로 학자들마다 이 건물이 무엇으로 사용되었는지에 대해 곡식 창고 또는 군인들의 막사 등 의견이 분분하나 중론은 왕의 말 또는 영주의 말과 마구, 그리고 마병들이 거하던 마구간으로 사용했다고 본다.

## 성서 이야기

**수 11:10~13** 이방 신전들이 많이 발견된 하솔은 주변 여러 도시국가들의 우두머리였다. 여호수아는 모세가 명한 것같이 하솔과 주변의 모든 성읍을 쳐서 취하고, 하솔 왕 야빈을 비롯한 모든 왕들과 백성들을 한 명도 남김 없이 칼로 진멸하였으되, 하솔만 불사르고 산 위에 세워진 성읍들은 그대로 두었다.

**렘 49:28~33** 예레미야는 바벨론의 느부갓네살 왕에게 공격을 받게 될 게달과 하솔에 대하여 예언하였다.

### 나. 메롬

메롬은 요단 계곡의 서쪽으로 상부 요단 강과 갈릴리 서쪽으로 이어지는 해발 약 1,000~1,200m의 레바논 산맥의 남쪽 지맥을 포함하는 산지에 위치해 있는데 이곳은 인구밀도가 희박하며 돌이나 바위로 뒤덮여 있는 곳이다. 인근에는 갈릴리에서 가장 높은 산인 해발 1,208m의 메론 산이 있다.

하솔 왕 야빈은 메롬 인근의 메롬 물가(Water of Merom)에서 주변 나라들에 사람을 보내 이스라엘과 싸우기 위해 군대와 전차, 마병들을 집결하도록 했다. 그의 말에 따라 이스라엘과 싸우려고 마돈, 시므론, 악삽 및 북방 산지와 긴네롯 남쪽 아라바와 평지와 서쪽 돌의 높은 곳에 있는 왕들, 그리고 동쪽과 서쪽의 가나안 족속, 아모리 족속, 헷 족속, 브리스 족속, 여부스 족속과 미스바 땅에 헤르몬 산 아래 히위 족속들로 가나안 북부연합군이 구성되었다. 가히 이스라엘을 제외한 인근의 거의 모든 나라에서 군대를 보냄으로 그 수가 '해변의 수많은 모래 같고 말과 병거도 심히 많았다'(수 11:1~4).

그러나 여호와 하나님께서는 여호수아에게 나타나 그들을 두려워하지 말라고 하시면서 "내일 이맘때에 내가 그들을 이스라엘 앞에 넘겨주어 몰살시키리니 그들의 말 뒷발의 힘줄을 끊고 병거를 불사르라"고 명하셨고, 여호수아는 여호와 하나님의 약속을 믿고 그들을 급습하여 그들을 격파하고 도망자들을 추격하여 한 사람도 남기지 않고 죽인다. 그리고 돌아와서 하솔을 쳐서 불사르고, 북부 갈릴리 지역의 여러 성읍들을 쳐서 멸한다. 이로써 이스라엘 자손들은 실제적인 가나안 땅의 주인이 되었다.

## 성서 이야기

수 11:5~9 여호수아는 모든 군사를 동원하여 메롬 물가에 진을 치고 있던 가나안 북부연합군을 급습하여 그들을 격파하였다. 하나님께서 그에게 명령하신 대로 살아남은 병사들을 큰 시돈과 미스르봇 마임까지, 동쪽으로는 미스바 골짜기까지 추격하여 한 사람도 살려두지 않고 모두 죽이고, 그들이 타고 온 말들의 뒷발 힘줄을 끊고 모든 병거들을 불살랐다.

## 말씀 묵상

▶메롬 물가 전투에서의 승리의 비결

1. 하나님의 승리의 약속의 말씀을 믿었다.
2. 하나님을 의지하고 나가 싸웠다.
3. 하나님의 말씀에 그대로 순종했다(하나님→모세→여호수아).

▶마침내

하나님의 약속을 믿고 순종하여 싸웠더니

1. 하나님께서는 이스라엘 자손들을 마침내 백전백승의 용사들로 만드셨다.
2. 이스라엘 자손들은 마침내 하나님의 말씀대로 행하는 믿음의 사람들이 되었다.
3. 약속의 땅 가나안은 마침내 이스라엘 자손들의 기업이 되었다.

인류 최후의 전쟁터

# 므깃도

11

아주 오래전부터 사람이 살았던 므깃도는 이즈르엘의 푸른 평원이 내려다보이는 전략적 요충지에 위치해 있다. 므깃도는 지중해변에 길게 동쪽으로 이어지는 갈멜 산 자락과 이스르엘 골짜기가 만나는 지점에 있는 언덕으로, 이곳에서 나일 강 문명의 발상지인 이집트와 북쪽으로 유프라테스 강과 티그리스 강의 메소포타미아 문명의 발상지를 해변으로 연결하는 도로인 해변 길(Via Maris)과 지중해변에서 기손 강 곧 와디 아라(Wadi Ara)를 따라 동쪽 내륙을 지나 요단 계곡 동편의 왕의 도로로 이어지는 길이 교차한다. 이런 지정학적 중요성 때문에 아주 오래전부터 성서뿐만 아니라 고대 중동의 문서들에도 전쟁터로 자주 그 이름이 등장한다.

텔 므깃도에서는 주전 7000년경부터 시작하여 무려 26개의 도시 지층들이 발견되었다. 이집트에서 발견된 주전 14세기경에 기록된 아마르나 문서에서 마케티, 마티투 혹은 마케도로 불렸던 이 도시는 당시 견고한 성벽으로 요새화되어 있었던 가나안의 중요한 도시였

다. 성문은 당시 시리아 지방에서 주로 사용되던 형태로 돌을 크게 깎아 쌓아 올리고 양쪽에 방이 있다. 룩소르 카르낙 신전에서 발견된 벽 부조에 의하면, 주전 1478년 이집트의 왕 투트모세 Ⅲ세는 해변 길(Derek Ha Yam)을 따라 올라와 므깃도에서 가나안 연맹국들과 극렬한 전쟁을 벌였다.

이스라엘의 가나안 정복 전쟁에 하솔 왕 야빈이 주도하는 북부연합에 마돈과 시므론, 악삽의 왕들과 북방 산지와 긴네롯 남쪽 아라바와 평지, 돌의 왕들, 동쪽과 서쪽의 가나안, 아모리, 헷, 브리스, 여부스 족속들과 히위 족속으로 구성된 연합군의 메롬 물가에서의 전투(수 11:1~20)에는 직접적으로 언급되어 있지는 않았지만 여호수아 12장 21절에 여호수아가 정복한 31개 나라의 왕들에 다아낙 왕, 게데스 왕, 갈멜의 욕느암 왕과 함께 언급되어 있다. 그렇지만 이때 이스라엘 자손들이 따로 므깃도를 점령했다는 기록이 없는 대신 이 성읍이 므낫세 자손에게 분배되었으나 그들이 그 성읍들의 주민들을 쫓아내지 못해 그들이 '결심하고 그 땅에 거주하였다'는 기록(수 17:11~12; 삿 1:27)이 있는 것을 보아 므깃도는 이들 여러 왕들과 함께 가나안의 북부연합군에 원군을 보냈으나 패함으로 진멸되지는 않았으나 훗날 다윗이 사울의 죽음에 대한 책임을 물어 벧스안과 다아낙과 같은 이스르엘 골짜기 대부분의 도시들을 점령할 때 이스라엘의 땅이 되었다.

솔로몬 왕은 므깃도를 다아낙과 더불어 벧스안의 온 땅을 아힐룻의 아들 바아나에게 맡

겨 행정을 책임지도록 하였다(왕상 4:12). 그는 예루살렘 성전과 왕궁을 건축한 후 지정학적으로 전략적으로 요충지에 있던 므깃도를 하솔, 게셀과 함께 철병거성으로 재건하였다(왕상 9:15).

1960년대 므깃도를 발굴한 야딘에 의하면, 므깃도에는 하솔과 게셀에 있는 것과 유사한 '6방 성문' 밖에 성문을 보호하는 두 개의 탑이 있는 구조로 만들어진 '솔로몬의 성문'이 있었으며 병거와 말을 둘 수 있는 마구간과 여러 행정 건물들이 솔로몬 시대에 세워졌다고 주장한다.

솔로몬 사후 이스라엘이 남북 왕국으로 분열되었을 때 므깃도는 하솔과 함께 북왕국의 소유가 되었다. 주전 9세기 아합 왕은 성 안에 돌아 내려갈 수 있는 30m 깊이의 수직 갱도를 만들고, 다시 갱도 바닥에서 성 밖에 있는 샘까지 70m 길이의 수평 터널을 뚫어 만든 다음 성 밖의 샘은 거대한 벽으로 막아 놓은 수장고를 만들었다. 그리고 다듬어진 큰 돌을 쌓아 방이 양쪽으로 두 개씩 달린 '4방 성문'을 만들고, 청동을 입혀 견고하게 만든 이중 성문을 달았을 것이다. 므깃도는 주전 722년 앗수르의 사르곤 왕에 의해 함락되었다. 그 후 성문은 양쪽에 방이 하나씩 있는 2방 성문으로 개조되어 사용되었다.

유다 왕 요시야는 앗수르의 세력이 약화된 틈을 이용하여 므깃도를 비롯한 이스라엘의 일부를 차지하였다. 주전 609년 요시야는 앗수르를 치러 원정 가는 이집트 왕 느고를 저지하려고 므깃도에서 싸움을 벌였으나 전사하였다(왕하 23:29). 요

시야 왕이 죽은 후 유다 왕국은 급격히 멸망으로 치달아 주전 586년 시드기야 왕 때에 신흥왕국이었던 바벨론의 느부갓네살 왕에게 멸망되었고, 므깃도에는 더 이상의 도시가 건설되지 않았다.

요한계시록 16장에는 므깃도가 등장한다. 마지막 재앙인 일곱 대접의 재앙 중 여섯째 천사가 그 대접을 큰 강 유브라데에 쏟자 동방에서 오는 왕들의 길이 예비되고, 세 더러운 영이 용의 입과 짐승의 입과 거짓 선지자의 입에서 나와 하나님의 큰 날에 있을 전쟁을 위하여 히브리어로 아마겟돈이라 하는 곳으로 왕들을 모은다(계 16:12~16). 마지막 전쟁이 있으리라고 예언된 '아마겟돈'은 히브리어로 '하르 므깃도', 즉 '므깃도 언덕'이라는 뜻의 헬라어 음역이다.

## 고고학적 발견

지리적으로 역사적으로 중요한 위치에 있던 므깃도는 많은 고고학자들의 관심의 대상이었는데 이곳을 제일 먼저 발굴한 사람은 독일의 슈마허(G. Schumacher)이다. 그는 1903년과 1905년 두 차례에 걸쳐 므깃도를 발굴하여 기록을 남기려고 애썼으나 그의 기록은 제1차 세계대전 이전에 파기되었고 후에 다시 정리되었다. 이곳의 가장 활발한 발굴은 미국의 부호 록펠러의 후원을 받아 1925년부터 1939년까지 미국 시카고 대학의 근동 연구소에 의해 이루어졌다.

제2차 세계대전 전까지 계속된 발굴로 제임스 헨리 브레스테드(James H. Breasted)와 고고학자들은 새로운 기술인 수평발굴(horizontal excavation)과 전통적인 수직발굴(vertical excavation)을 통해 8층의 주거지를 발굴하였으며 이중에 아합 시대 므깃도의 발굴로 세상을 놀라게 하였고, 이곳에서 발견된 많은 유물과 건축물들이 세상에 드러났으며 피셔, 가이, 라몬, 그리고 라우드를 유명한 고고학자로 만들었다(록펠러 박물관). 안타깝게도 당시의 고고학적 기술은 오늘날에 비해 미흡하여 지금처럼 유물들과 건축물을 비교 연구할 수 있는 자료가 부족한 상태에서 기록되어 많은 문제점을 드러내고 있다.

므깃도는 1960년부터 1971년까지 4회에 걸쳐 이스라엘의 유명한 장군이자 히브리 대학의 고고학자인 야딘(Y. Yadin)에 의해 발굴되었는데, 발굴 결과가 2005년에 정리되어 연구 보고서가 출판되었다. 이곳은 1994년 이후 텔아비브 대학교에 의해 다시 발굴되고 있는데, 이들은 성서시대 이전의 청동기시대에 관심을 두고 발굴하고 있다. 이는 이전 시카고 대학과 히브리 대학교의 므깃도 발굴이 주로 철기시대, 즉 이스라엘 왕국에 관심을 두고 발굴한 것과 대조된다. 특별히 최근의 발굴은 고고학자들뿐만 아니라 과학자들이 함께 참여하고 있어 보다 정확한 연대와 시대상을 반영할 것이 기대되고 있다.

성서시대 이전의 므깃도 발굴 유물 중 가장 눈에 띄는 것은 초기 청동기시대, 즉 주전 3000~2000년경 가나안 사람들의 제단(Alter)이다. 신전 뒤에 위치한 이 제단은 지름이 10m에 달하는 원형제단으로 돌을 쌓아 올려 단상을 만들었다. 단상으로 올라가기 위한 계단이 있고 제단 끝에는 높지 않은 난간이 둘러쳐져 있었다. 주변에서는 불에 탄 한 살 미만의 숫양의 뼈와 비둘기, 송아지 뼈들이 발견되었다.

므깃도가 다윗에 의해 이스라엘의 땅이 되기 이전 시대에 므깃도 왕들이 남긴 것으로 보이는 유물 중에는 상아판에 조각된 왕의 모습이 있다.

상아판 조각에는 이집트나 앗수르 같은 지역에서 흔히 발견되는 왕의 연회 장면이 조각되어 있는데, 왕이 날개 달린 그룹을 연상시키는 왕좌에 앉아 있고 앞에는 시녀를 동반한 왕비가 왕에게 포도주를 대접하면서 로투스 꽃(수련)의 냄새를 맡고 있다. 시녀 뒤로는 전쟁에서 포로로 잡힌 자들이 끌려오고 있으며, 왕 뒤로는 왕에게 드리는 사냥감을 들고 들어오는 내시가 보인다.

2010년 발굴에서는 므깃도에서 보석들이 토기 주전자에 담긴 채 발견되었다. 보석들 중에는 홍석으로 만든 목걸이용 구슬들과 반지, 귀걸이 등이 대량 발굴되어 주전 1400~1000년 사이 므깃도의 부유한 귀족층을 상상케 해준다.

야딘을 비롯한 여러 학자들이 므깃도에서 솔로몬의 병거성 흔적을 찾기 위해 노력했으나 후대에 지어진 건물들로 인해 정확한 아웃라인을 밝히는 데는 실패했다. 그러나 아합의 시대에 므깃도는 요새화되었으며, 아합의 건축물들의 상당 부분이 솔로몬의 건물과 오버랩된다는 사실이 밝혀졌다. 특히 성 안에서 발견된 잘 다듬은 돌을 쌓아 지은 행정건물 중에는 현대의 마구간을 연상시켜 주는 두 구역의 마구간이 있는데, 이것은 솔로몬이 "병거가 천사백 대요 마병이 만

이천 명이라 병거성에도 두고 예루살렘 왕에게도 두었으며" 라는 열왕기상 10장 26절 말씀을 뒷받침해 주는 것으로, 솔로몬 시대에 지어졌다가 아합 시대에 재건축된 것으로 보인다. 건물 내부에는 양쪽에 돌기둥들을 세워 세 부분으로 나누었는데 가운데 부분은 흙을 다져 만들었고, 측면의 바닥은 돌을 깔아 포장하였다. 돌기둥들에는 구멍이 뚫려 있어 말을 묶어 놓을 수 있도록 되어 있고, 기둥 사이에는 돌로 만든 구유가 놓여 있었다. 이 건물의 전체 면적을 계산했을 때 아합 시대에 이 마구간에는 450마리의 말들을 수용할 수 있었다. 마구간 앞에는 50m×50m의 마당이 있다. 앗수르의 살만에셀 Ⅲ세는 주전 853년 가나안 왕들과 시리아의 칼카르라는 곳에서 전쟁을 벌였는데, 이때 앗수르의 기록에 의하면 아합이 병거 2,000을 보냈다고 되어 있다.

므깃도에서 발견된 행정건물 중에는 비트 힐라니(bit hillani)라고 불리는 건물이 있다. 비트 힐라니는 아카드어로 '창문이 있는 집'이라는 뜻으로 시리아에서 주로 발견되는, 왕이나 영주의 주택을 말한다. 길고 좁은 두 방으로 구성되어 있는데, 가로로 넓은 면이 있는 방에는 양쪽에 기둥이 서 있어 건물의 현관 구실을 하며 이 방을 통과하여 있는 세로로 긴 방은 왕이나 영주가 행정을 보던 방이다. 건물은 전체 2층의 구조로 위층으로 올라가는 계단은 기둥이 서 있는 현관에 있다. 학자들은 비트 힐라니 양식으로 지어진 므깃도의 건물 600번의 건물 구조가 열왕기상 7장에 등장하는 예루살렘의 궁전과 유

사할 것이라고 생각한다. 건물에 사용된 기둥 위를 장식한 기둥머리에 새겨진 종려나무 형상은 므깃도뿐만 아니라 예루살렘, 하솔, 게셀 등에서 많이 발견되었다.

주전 722년 앗수르의 사르곤 Ⅱ세는 이 견고한 요새를 점령한 데 이어 사마리아 성을 함락시켰다. 이로써 250년간 이어오던 북왕국 이스라엘은 호세아 왕을 끝으로 멸망하였고, 27,290명이 포로로 잡혀갔다. 앗수르는 북왕국 이스라엘을 마깃두(므깃도)와 사메리나(사마리아)로 행정구역을 나누었다. 므깃도에는 중앙에 직사각형의 안뜰을 두고 방들이 사방으로 둘러싸고 있는 앗수르의 건축 양식에 따라 지어진 건물이 들어섰다(므깃도의 1052번과 1369번).

## 성서 이야기

**왕하 23:25~27, 29~30** 요시야 왕은 열왕기에 마음을 다하고 뜻을 다하고 힘을 다하여 모세의 모든 율법을 따라 여호와께로 돌이킨 왕이다. 그러나 주전 609년 애굽의 제26왕조의 두 번째 왕이었던 느고가 '앗수르 왕'(실제로는 바벨론 느부갓네살의 부친 나보플라살)을 치고자 하여 유브라데 강으로 올라가는데 유다 왕 요시야가 므깃도에서 이들과 맞서 싸우다 전사하였다.

**계 16:14, 16** 말세에 하나님의 진노의 일곱 대접 중 여섯 번째 대접이 유브라데 강에 쏟아지면 귀신의 영인 '개구리 같은 세 더러운 영'들이 하나님의 어린 양(전능하신 하나님/ 계 19:6)이신 재림 예수님과 하늘에 있는 군대들과 싸우려고 히브리어로 아마겟돈 곧 므깃도로 동방에서 오는 세상의 왕들과 그들의 군대들을 모을 것이다.

## 말씀 묵상

▶ 요시야 왕에게서 보는 참된 회개

그의 나이 26세 때 하나님의 성전을 수리하다가 율법책을 발견함.

1. 하나님의 말씀을 듣고 옷을 찢고 통곡하며 회개하다(왕하 22:11, 19).
2. 자신이 어떻게 해야 할지 하나님의 뜻을 묻다(여선지자 훌다에게 제사장과 사람들을 보냄).
3. 언약을 새롭게 하고 온 나라에 우상을 제하고 유월절을 다시 지키다(왕하 23:4~23).

▶ 므깃도에서 있을 마지막 전쟁

1. 요시야가 종교개혁을 단행하여 벧엘의 저주에 대한 예언을 성취하였던 것처럼, 다시 오실 왕 예수는 바벨론 멸망의 예언을 성취하실 것이다.
2. 요시야는 애굽 왕 느고에게 패하여 죽었으나, 다시 오실 왕 예수는 악한 영들과 그를 따르는 세상 왕들을 쳐서 승리하실 것이다.
3. 요시야는 유다 왕국의 몰락을 재촉했으나, 다시 오실 왕 예수는 악을 멸하고 이 땅에 천년왕국을 세우실 것이다.

12

중동 최대의 샘이 있는 도시

# 단

단은 이스라엘에서 가장 높은 헬몬 산 밑자락에 있는 이스라엘의 북쪽 경계선에 위치해 있는 단 지파의 도시이다. 성서시대의 단으로 알려진 텔 단(Tel Dan)의 서쪽 성소구역 언덕 아래에는 중동에서 가장 큰 샘이 있다. 단 샘은 단 강이 되는데 이는 상부 요단 강의 지류로 헬몬 산에서 시작하여 세계에서 가장 낮은 호수인 사해까지 흘러내리는 네 개의 요단 강의 수원지 중 하나이다. 요단 강은 히브리어로 야르덴(yarden) 강으로, '내려오다'라는 의미의 '야라드'와 '단'이라는 이름의 합성어로 '단 샘에서부터 내려오다'라는 뜻이다. 텔 단은 수자원이 풍부하고 주변에 비옥한 토지가 있어 주전 4500년경부터 사람들이 정착해 살았던 곳이다. 이집트 문명과 메소포타미아 문명을 연결하는 통로에 위치한 이곳은 이스라엘과 시리아를 연결하는 무역로에 위치해 있어 평안한 가운데 부(富)를 축적할 수 있던 땅(삿 18:7, 27)으로 주전 19세기 이집트 문서에도 언급된 레셈 혹은 라이스라고 불리던 고대 도시가 있었다.

아브라함은 메소포타미아의 시날, 엘람, 고임의 왕들이 조카 롯이 거주하던 소돔과 고모라의 왕들을 공격하여 롯을 사로잡아 가고 재

물까지 노략하여 가자 집에서 기르고 훈련시킨 318명의 용사들을 거느리고 단까지 그들을 따라가 쳐부수고 다메섹까지 좇아갔다(창 14:1~16). 단 지파는 여호수아로부터 소라와 에스다올 지역을 분배받았으나(수 19:40~46) 그곳에 거하던 블레셋을 몰아내지 못하고 결국 그들은 기업의

땅을 구하러 떠나야 했다(삿 18:1). 그들은 북쪽으로 올라가 맑은 물이 흐르고 숲이 우거진 레셈(수 19:47) 또는 라이스(삿 18:29)를 점령하고, 자신들의 지파 이름을 따서 이 도시를 단이라 명명하였다.

단 지파가 자신들의 새로운 기업을 찾아 정착하는 과정에서 땅을 정탐하러 가던 다섯 명의 정탐꾼들은 에브라임 산지의 미가의 집에서 은을 부어 만든 드라빔과 레위 출신의 어린 제사장을 눈여겨보았다가 이후에 이것들을 취하여 단에 자기들을 위하여 모세의 손자요 게르솜의 아들인 요나단의 자손을 제사장으로 삼았다(삿 18:30~31). 훗날 솔로몬 왕의 사후 이스라엘이 남북으로 나뉘었을 때 북왕국의 여로보암 왕은 두 금송아지 신상을 만들어 이것들이 이집트에서 이스라엘 민족을 구원한 신이라고 하면서 단과 벧엘에 두었다(왕상 12:28~29).

사사시대 이후 이스라엘의 경계는 단에서부터 브엘세바까지라고 말한다(삿 20:1). 브엘세바가 사람이 살 수 있는 최남단의 땅이라면 단은 이스라엘의 북쪽경계로 중요한 정치적 입지를 가진 도시였다. 구약성서 시대의 단은 이스라엘의 최북단에 위치한 아람을 경계하는 요새였다. 단은 주전 732년 앗수르에 의하여 완전히 파괴되어 주전 4세기까지는 아무도 살지 않는 버려진 땅이 되었다. 현대 이스라엘 역사에서도 단은 레바논과 이스라엘의 경계지역으로 1967년 6일 전쟁의 접전지역이었다.

## 고고학적 발견

1838년 미국의 에드워드 로빈슨(Edward Robison)은 헬몬 산 밑자락에 있는 아랍어로 텔 엘-카디(Tel el-Qadi)를 단이라고 주장했다. 아랍

어로 텔 엘-카디란 '심판의 언덕'이라는 뜻으로 히브리어 '단'도 심판의 의미(창 49:16)를 가지고 있고, 유적지 옆에서 시작되는 단 강이 요단 강의 원류 중 중요한 하나이기 때문이었다. 학자들은 단 유적지 '텔 단' 곧 '텔 엘-카디'가 성서의 '단'이라는 데 이견이 없다.

텔 단의 고고학적 발굴 결과물을 통해 안타까운 것은 주전 12~11세기까지 단 자손의 흔적이 많지 않다는 것이다. 특히 여러 고고학자들이 성서에서 금송아지 숭배가 언급된 장소인 단, 벧엘, 사마리아, 벧아웬에서 그 증거를 찾으려고 노력하였으나 아직까지 발견된 것은 없다. 그렇지만 주전 10~8세기 북왕국 이스라엘과 관련된 흔적은 풍부하다. 단은 히브루 유니언 대학교의 아브라함 비란 교수에 의해 오래전부터 현재까지 지속적으로 발굴이 이루어지고 있다.

텔 단에서의 놀라운 발견물은 주전 1800년경에 세워진 레셈/라이스의 성문(The Canaanite Gate)이다. 이 도시의 성문은 므깃도, 세겜, 게셀 같은 곳에서도 발굴되는 것으로 시리아 형식의 성문으로 지금까지 발견된 것 중에 가장 잘 보존된 것으로 건축 당시의 7m 높이와 모습대로 거의 다 보존되어 있다. 성을 보호하기 위해서 이 도시의 주민들은 도시 전체의 경계선 바닥에 받침돌을 깔고 그 위에 1.7km²의 거대한 땅을 덮어 언덕처럼 쌓아 올렸다. 성문은 이 언덕 위에 세워졌으며 성문 전체는 각각 아치 형태로 연결된 세 쌍의 기둥들과 네 개의 방으로 이루어졌다. 도시로 들어가기 위해서는 언덕 경사면의 돌계단을 올라 첫 번째 성문을 지난 후 방들이 있는 사각형 건물로 된 두 번째 성문을 지나 세 번째 성문을 통과하면 거리로 내려가는 계단이 있다. 성문은 햇빛에 말려 만든 진흙벽돌을 쌓아 만들었으며 표면은 흰색으로 회칠을 했다. 50년 정도 사용한 후에 흙으로 덮어버려 잘 보존될 수 있었다. 특별히 이 성문이 사용된 연대가 아브라함의 시대와 유사해 성문을 아브라함 성문이라고 부른다.

이곳의 북쪽에서는 제사가 행해지던 성소구역이 발견되었는데 이는 주전 10세기 후반 여로보암 시대에 세워진 것이다. 신전 자체는 이미 사라졌지만 19m×19m의 단상과 높이 3m에 크기는 5m×6m로 추정되는 거대한 돌제단이 있었던 제사구역, 그리고 제사용 도구를 두거나 정결례를 행하거나 사무를 보던 베니게 양식으로 지어진 여러 개의 행정건물들이 발견되었다. 이스라엘 왕국시대

의 행정건물은 정교하게 다듬은 돌을 벽돌쌓기 방식으로 건축하는 베니게, 즉 두로와 시돈의 건축양식으로 지어졌다. 비록 제단 전체가 발견된 것은 아니지만 50cm 높이의 돌을 깎아 만든 제단 뿔은 이스라엘의 흔한 뿔 달린 제단을 연상케 한다.

주전 9~8세기 북왕국 이스라엘의 아합 왕은 이 도시를 요새화하기 위해 돌을 쌓아 성을 만들고 서쪽에 성문을 만들었다. 성문 입구로 올라가는 길은 경사져 있으며 바닥은 돌로 포장되어 있다. 성문은 뜰 하나를 사이에 둔 두 개의 다른 사각형 구조물로 이루어졌다. 이 구조물을 통과하면 뜰이 나오고, 다시 네 개의 방으로 구성된 직사각형의 본 성문을 지나야만 넓은 도로를 따라 시내로 들어갈 수 있다. 텔 단의 두 성문 사이 뜰에서는 단상이 발견되었다. 뜰의 북서쪽에서 발견된 단상은 돌을 직각으로 잘 다듬어 쌓았던 것으로, 학자들은 성서에서 자주 언급되는 성문에 올라 회합을 주도하는 이들이 서 있거나 앉아 있었던 자리라고 주장한다. 이 단상을 둘러싸고 각 코너에는 시리아에서 유행하던 꽃잎 모양으로 조각된 둥근 기둥 받침이 발견된 것으로 보아 받침 위에는 지붕을 받치는 기둥이 세워져 있었을 것이다. 이스라엘 왕들은 이런 구조물 아래서 백성과 대면하였고(삼하 19:8) 재판도 했다(암 5:12; 슥 8:16). 또한 성문에는 다섯 개의 평평한 돌이 세워져 있고(주상), 그 앞에서 제물을 바치기 위한 긴 탁자 형태의 돌이 발견되었는데 이것은 고대 이스라엘의 성문에 있던 산당으로 보인다.

1993년 7월 21일 텔 단의 한 발굴자는 성문 밖 광장의 돌담에서 고대 아

람어로 쓰여진 석비 형태의 기념비 조각 (Tel Dan Stele)을 발견하였다. 길이 32cm, 폭 22cm 크기의 석비 조각에는 13줄의 아람어가 기록되어 있었는데, '아람의 한 왕이 이스라엘의 왕을 죽이고 정복하였다'는 내용을 담고 있었다. 석비의 아홉 번째 줄에 '베이트 다비드', 즉 '다윗 왕조'라는 단어가 나오는데 이것은 '유다 왕국'이 '다윗 왕조'라는 이름으로 불렸다는 사실을 드러내는 것으로, 역사적 증거가 빈약한 다윗 시대를 입증하는 중요한 첫 번째 성서 외부 비문이다.

이듬해 6월 두 개의 작은 비문 조각이 추가로 발견되었는데 이스라엘의 왕 요람과 다윗 왕조, 즉 유다 왕 아하시야가 언급되어 있었다. 이것으로 언급된 아람 왕은 벤하닷으로 밝혀졌고 이후 이 기념비 조각은 '벤하닷의 석비'라 불린다. 문제는 비문의 내용과 성서의 내용이 다르다는 점이다. 성서에서는 예후가 쿠데타를 일으켜 이 두 왕을 차례대로 살해한 것으로 나타나지만(왕하 9:21~28) 단의 석비에서는 아람 왕이 이 둘을 죽인 것으로 나타난다. 학자들은 실제로는 예후가 죽였으나 예후의 쿠데타 자체가 이미 아람 왕의 전폭적인 지원하에 이루어졌기 때문에 아람-다메섹의 왕이 이스라엘과 유다의 두 왕을 죽였노라고 기념비에 적은 것으로 본다. 사실 요람과 아하시야는 함께 출정하여 길르앗 라못에서 하사엘과 싸우다 부상을 입고 이스르엘로 돌아와 치료하는 중에 아하시야가 문병을 왔을 때에 둘 다 예후에게 살해되었다(왕하 8:28~29, 9:24, 27).

## 성서 이야기

**삿 18:30~31** 단 자손은 자신들을 위하여 미가가 만든 신상을 만들어 세웠고, 게르솜의 아들로 레위 지파 출신의 요나단과 그의 손자를 제사장으로 삼았다.

**왕상 12:28~29** 북왕국 열 지파의 왕이 된 여로보암은 이스라엘의 최북단인 단과 유다와의 경계지역에 있는 남단의 벧엘에 금송아지 우상을 만들어 숭배하게 하였다. 이것은 대대로 이스라엘 왕국의 올무가 되었다.

**암 8:14** 아모스가 본 '여름 과일 한 광주리' 환상 중에 하나님께서 북왕국 사람들의 죄를 용서하지 않으실 것은, 그들 중에 하나님이 미워하시는 일 곧 단에 있는 우상을 두고 맹세하는 자들이 있을 것이라고 말씀하셨다. 아모스는 그때 심한 영적 기갈도 있을 것이라고 예언하였다.

## 말씀 묵상

▶ 시원찮게 믿으면 큰일 난다.

기업으로 받은 땅에 사는 블레셋 사람들을 쫓아내지 못한 단 지파 사람들은 결국 북왕국 멸망 전인 주전 841(2)년경 아람 왕 벤하닷에게 멸망되었다.

1. 기업을 차지하기 위해 블레셋 사람들과 싸우려 하지 않았다.
2. 분배받은 기업을 등지고 새로운 정착지로 이주하면서 새긴 신상(드라빔)을 미가에게서 빼앗아 가지고 가서 그것을 섬겼다.
3. 여로보암이 자신들의 성에 금송아지 제단을 세우는 것을 반대

하지 않고 이것도 섬겼다.

▶ 단 지파의 저주

단 지파는 여호와의 목전에서 악을 행하고 영적 간음을 저지르다 결국 일찍 멸망당하고, 세상 끝 날에 이스라엘 자손의 인 맞은 지파에도 빠졌다(계 7:5~8).

1. 쫓아내지 못하고 도리어 쫓겨난 단 지파(삿 18:1): 믿음이 없어서
2. 드라빔과 금송아지를 하나님으로 섬긴 단 지파: 잘 몰라서

13

블레셋 족속들의 도시들

# 가사, 아스돗, 아스글론, 가드, 에그론

해양민족(海洋民族)들의 발흥 B.C. 1168년

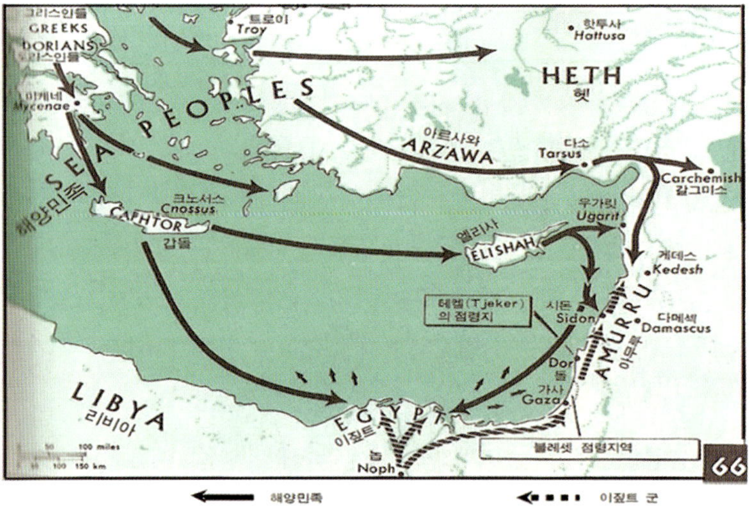


출처 : 〈아가페 성서지도〉

여호수아 시대에 이스라엘이 정복하지 못한 지역 중에는 팔레스타인의 남서쪽 해안에 위치해 있는 가사, 아스돗, 아스글론, 가드, 그리고 에그론 이렇게 다섯 도시가 있다(수 13:3). 이 도시들은 블레셋 사람들(혹은 바다 사람들)이 살던 곳으로, 이 다섯 도시는 블레셋의 대표적인 도시들이다. 우리말 성서에 '블레셋'이라고 번역된 이 말은 히브리 단어로 '펠레쉐트'(Peleshet)로 앗수르 문헌에서는 이 땅이 '팔라쉬투'(Palashtu) 혹은 '필리스투'(Pilistu)라 불렸다. 창세기 10장 14절에는 블레셋이 '가슬루힘'의 자손으로 기록되어 있는데, 이들은 갑돌 혹은 갑돌 섬에서 온 사람들로 갑돌은 크레타의 히브리어 이름이다(암 9:7; 렘 47:4; 신 2:23). 주전 1200년 전후 에게 해의 여러 섬들과 소아시아에서 온 인도와 유럽인들로 이루어진 해양 민족들은 이집트의 나일 강 하류를 공격하였으나 람세스 Ⅲ세에게 패하였다. 이들 해양 민족 중에는 블레셋이라는 이름의 부족이 있는데 이들이 팔레스타인의 해안가에 정착한 것으로 보인다. 여호수아의 가나안 정복 시 이스라엘 온 산지에서 아낙 자손들을 진멸할 때에 가사와 가드, 아스돗에는 약간의 아낙 자손들이 남아 있었다(수 11:22).

블레셋의 다섯 도시들은 주전 11세기 초 군사협력을 기본으로 하여 한 연맹체가 되었으며, 그들의 영토는 남쪽 해안 평지를 따라 확장되었다. 당시로서는 선진 기술이었던 제철 기술을 가지고 있었던 블레셋 사람들은(삼상 13:19~22) 주전 1050년에 있었던 에벤에셀 전투에서 승리하여 이스라엘의 언약궤를 빼앗았을 뿐 아니라 실로를 점령하여 불태웠고, 이스라엘 사람들을 압제하기 시작하였다. 이에 대한 반동으로 이스라엘 왕국이 출현하는 계기가 되었다.

블레셋 사람들은 중앙 산지의 일부 성읍을 공격하여 장악하기도 하였고, 이스르엘까지 쳐들어온 블레셋과의 전쟁에서 사울 왕이 전사하기도 하였다. 특히 유다와 블레셋 사이의 전쟁은 주로 경계지역인 세펠라 지역에서 일어났다. 그렇지만 블레셋은 주전 1000년경 다윗 왕과의 여러 차례 전쟁에서 패한 후에 다윗 왕국의 속국이 되었다.

주전 734년 앗수르의 디글랏 빌레셀 Ⅲ세는 이집트를 정복하고자 출정하였는데 해변 길에 위치한 가사를 정복하였고, 아스돗과 아스글론은 포위되었다. 2년 후인 주전 732년에 그는 이스라엘과 다메섹 출정에 나섰고 이때 갈릴리와 이스르엘, 길르앗, 납달리 온 땅이 정복되었다(왕하 15:29). 주전 724년 살만에셀 Ⅴ세는 사마리아를 공격하였고, 3년 뒤인 721년 사르곤 Ⅱ세는 사마리아를 정복하였다. 주전 720년 이집트의 충동질을 받아 가사는 반란을 일으켰으나 출정한 앗수르 군에 의해 함락되고, 가사를 돕고자 출정한 이집트 군은 라비에서 패하였다. 주전 713~712년 사르곤 Ⅱ세의 공격으로 에그론, 가드, 아스돗, 아스돗-얌이 정복되어 블레셋은 소규모 도시국가로 남게 되었다. 남아 있던 도시들은 주전 586년 남왕국 유다와 함께 바벨론에 의해 불태워졌고, 수많은 블레셋 사람들이 포로로 끌려갔으나 되돌아오지 못함으로 그들은 역사 속에서 사라졌다.

## 고고학적 발견

팔레스타인 남부 지중해변에 정착한 블레셋 사람들은 정착 초창기에는 여전히 자신들이 살던 고향에서 사용했던 것(에게 문명)과 비슷한 무늬와 기본적인 형태의 토기를 만들어 사용하였다. 뿐만 아니라 종교적 형상들, 매장관습, 건물구조, 식습관을 유지하였으나 점차 시간이 지나면서 이스라엘의 영향을 받은 것이 성서적, 역사적, 고고학적 자료를 통해 증명되었다.

블레셋 사람들의 정착지에서는 블레셋 문화의 특징을 나타내는, 에게 문명의 영향을 받은 토기 중에 음주문화를 보여주는 포도주용 토기와 맥주용 주전자가 발견된다. 토기는 새와 물고기 장식, 그리고 붉은색과 검은색을 칠한 미케네 특색(Mycenean motifits)의 토기를 만들어 사용하였다.

유적지에서는 이스라엘 민족에게 금기시된 돼지 뼈가 상당수 발견되었다. 돼지는 사육하기 쉽고 이윤 창출이 용이하여 이주해 온 민족이 빠른 정착을 위해 선택하는 업종이다. 고고학적 발굴에 따르면 지중해변에 위치한 아스글론과 에그론, 딤나에서는 블레셋의 유입과 동시에 돼지 뼈의 비율이 높

아진 것으로 나타났다. 아스글론에서는 주전 13세기에는 4%의 돼지 뼈가 발견되었으나 주전 12세기 돼지 뼈의 비율은 19%로 증가했고, 에그론에서도 이전 시대의 8%에서 이후 시대에는 18% 비율로 증가했다. 그러나 블레셋의 쇠퇴와 함께 점차 돼지 뼈도 사라졌다.

그렇지만 오랫동안 변하지 않은 것도 있는데 그것은 이름이다. 대부분의 이주민들은 이주한 장소에 적응하기 위해 그곳의 언어와 문화를 습득하려고 노력하지만 자녀의 이름은 고향의 이름으로 부르는 경우가 많다. 그 실례로 다윗과 싸웠던 가드 출신의 골리앗 장군의 이름은 셈어가 아니라 리디아의 'Alyattes'라는 왕의 이름과 어원이 같다. 그렇지만 블레셋 지역에서 발견되는 문헌들이 히브리어인 것을 보면 블레셋 사람들은 고향의 언어를 점차 잃어버린 것이 분명하다.

## 가. 가사(Gaza)

가사(Tel Harube)는 가나안의 가장 남쪽 성읍으로 지중해변에 위치한 블레셋 사람들의 도시로(창 10:19; 신 2:23), 크레타 섬(갑돌)에서 온 해양민족이었던 블레셋의 가사 족속은 아위 사람들을 멸하고 이곳에 거주하였다(창 10:19; 신 2:23). 가사는 가자(Gaza) 지역에서 가장 높은 지역으로 지중해에서 4.5km 떨어진 내륙에 위치한 55헥타르(hectare=1만 m²) 크기다. 발굴을 통하여 이곳에서는 후기 청동기시대와 철기시대의 거주지와 블레셋의 토기들이 발견되었다. 주전 1468년경 이집트의 투트모세 Ⅲ세는 이곳을 점령해서 이집트의 성읍을 삼았다. 텔 엘 아마르나 문서에도 이집트에 복속된 성읍으로 기록되어 있다.

이곳은 여호수아에 의해 유다 지파에게 분배되었고(수 15:47; 삿 1:18) 유다에 의해 정복된 곳이나(삿 1:18) 훗날 다시 블레셋 사람들이 차지한 곳이다. 다윗은 블레셋 사람들과의 전쟁으로 블레셋의 다섯 도시를 복속시켜 속국을 삼았다. 주전 705~701년 사르곤 Ⅱ세의 죽음은 왕국 전역에 폭동을 불러왔는데 팔레스타인에서 앗수르에 대한 반역의 선봉에 섰던 유다 왕 히스기야는 이 음모에 가담하지 않은 가사와 에돔을 쳐서 정복하였다(왕하 18:8).

가사의 왕의 항복(디글랏 빌레셀 3세의 궁전 부조)

가사는 다곤 신전이 있던 곳으로 블레셋 사람들에게 포로로 잡혀 두 눈이 뽑힌 삼손이 맷돌을 돌리다가 블레셋 사람들의 축제 때에 신전을 무너뜨리고 죽었다(삿 16:21, 30). 이곳은 선지자 예레미야, 아모스, 스바냐, 스가랴의 예언에도 언급되었다(렘 47:1, 5; 암 1:6; 습 2:4; 슥 9:5). 빌립은 이곳으로 내려가다가 에디오피아 내시를 만났다(행 8:26).

## 나. 아스돗(Ashdod)

아스돗(Tel Ashdod)은 지중해변에 위치한 블레셋 사람들의 해안도시로 블레셋 평야에 있다. 이곳은 텔아비브에서 남쪽으로 약 35km 정도 떨어진 거리에 있으며, 지중해로부터는 약 4km 떨어진 내륙에 위치해 있다. 가사로부터 욥바에 이르는 해변 길은 텔 아스돗의 동쪽을 지난다. 여호수아에 의해 유다 지파에게 분배되었으나(수 15:46~47), 그들은

이들을 쫓아내지 못하였다. 헬라 시대에 이곳은 아소도라고 불렸다(행 8:40).

아스돗의 발굴을 통하여 이곳에서 후기 청동기시대의 성문과 성벽이 발견되었을 뿐 아니라 철기시대의 도시 유적, 구브로의 토기, 블레셋 사람들의 거주지도 발견되었다.

주전 1050년경 아벡과 에벤에셀 사이에서 일어난 블레셋과 이스라엘 지파 동맹군과의 전쟁 곧 에벤에셀 전투에서 승리한 블레셋 사람들은 이스라엘에게서 빼앗은 언약궤를 아스돗의 다곤 신전에 두었다가 큰 재앙을 만났고 언약궤는 가드로 보내졌다(삼상 5:1~7).

유다 왕 웃시야는 블레셋과의 전투에서 승리하여 가드와 야브네, 아스돗 성벽을 헐고 아스돗 땅과 블레셋 사람 가운데 성읍들을 건축하였다(대하 26:6). 주전 713~712년 앗수르의 사르곤 Ⅱ세의 공격으로 아스돗은 에그론, 가드, 아스돗-얌과 함께 정복되었다(사 20:1). 선지자 예레미야, 아모스, 스바냐, 스가랴는 아스돗의 심판을 예언하였다(렘 25:20; 암 1:8, 3:9; 습 2:4; 슥 9:7). 바벨론에서 돌아온 유다의 포로들이 예루살렘 성을 재건하려 할 때에 아스돗 사람들은 반대하였다(느 4:7). 에디오피아 내시에게 복음을 전한 빌립은 이곳에 나타나 여러 곳에 전도하면서 가이사랴로 갔다(행 8:40).

## 다. 아스글론(Ashkelon)

아스글론은 지중해변에 위치한 블레셋 사람들의 해안도시로 블레셋 평야에 있다. 이곳은 유다 지파가 가사와 에그론과 함께 점령하였던 도시로(삿 1:18) 훗날 다시 블레셋 사람들이 차지한 곳이다. 아스돗에서 남서쪽으로 약 52km 정도 거리에 있으며, 해변 길이 지나는 비옥한 블레셋 평야에 위치해 있는 바벨론의 중요한 도시로 큰 성문이 있던 요새화된 도시였다. 텔 엘 아마르나 문서에서 성벽을 쌓은 도시로 언급되는 것을 보아 이곳이 주전 1350년 전후에 애굽의 지배하에 있었음을 알 수 있다.

아스글론에서는 중기 청동기시대, 철기시대, 헬라, 로마, 비잔틴 시대의 유적들과 블레셋 사람들의 거주지도 발견되었으며, 특히 가나안의 문화와 융화된 블레셋 사람들의 토기와 저울과 저울추, 그리고 은박 입힌 청동 송아지상이 발견되었다. 이곳에서 포도주 틀과 수많은 포도주 항아리들이 발견된 것으로 보아 이곳이 포도주가 많이 생산되던 곳이었음이 밝혀졌다. 삼손은 딤나의 여자를 아내로 맞아 혼인잔치를 하는 중에 수수께끼에 져서 베옷과 겉옷 삼십 벌을 구하고자 이곳 아스글론에 내려와 블레셋 사람 삼십 명을 죽이고 얻은 옷을 수수께끼를 푼 자들에게 주었다(삿 14:19).

주전 705~701년 사르곤 Ⅱ세의 죽음은 왕국 전역에 폭동을 불러왔는데, 팔레스타인에서 앗수르에 대한 반역의 선봉에 섰던 유다 왕 히스기야와 함께한 블레셋 성읍은 아스글론이었다. 그렇지만 주전 701년 앗수르 왕 산헤립이 베니게의 해안을 따라 전진하면서 두로 왕을 폐위시키고 엘데게(El-tekeh) 골

짜기 전투에서 이집트를 물리치자 에그론과 함께 항복함으로 멸망을 면했으나, 주전 605년 갈그미스와 하맛에서 이집트군을 격파한 바벨론의 느부갓네살 I세에 의해 주전 604년 정복당했다. 선지자 예레미야를 비롯해서(렘 25:20, 47:5, 7) 아모스, 스바냐, 스가랴에 의해 아스글론의 멸망이 예언되어 있었다(암 1:8; 습 2:4, 7; 슥 9:5).

아스글론은 헤롯 대왕의 출생지로 헤롯 왕 때에 크게 번성하였고, 로마 시대에는 자유도시로 번영을 누렸다. 비잔틴 시대에는 기독교의 중심도시가 되어 교회들이 세워졌고, 북쪽에 있는 현대 아스글론은 1948년 이후 형성된 유대인의 신도시이다.

## 라. 가드(Gath)

가드(Tel es-Safi)는 블레셋의 다섯 도시 중 하나로 이스라엘에서 빼앗았던 언약궤가 머물렀던 블레셋의 도시이며(삼상 5:8~9), 사울 왕을 피하여 도망치던 다윗이 미친 체하여 살아난 곳이다(삼상 27:2~11). 골리앗의 고향으로도 유명한 가드(삼상 17:4)는 가이(삼상 17:52)와 이명동지이다. 사무엘이 이스라엘을 다스릴 때에 블레셋 사람들로부터 이전에 빼앗겼던 에그론부터 가드까지를 이스라엘로 회복시켰고(삼상 7:14), 다윗 왕 때에도 블레셋 사람을 쳐서 항복을 받고 이곳을 다시 빼앗아 이스라엘의 영토로 삼았던 곳이다(대상 18:1). 주전 713년과 712년 가드는 깁브돈, 에그론, 아세라, 아스돗, 아스돗-얌과 함께 사르곤 II세에게 점령당하여 앗수르에 복속되었다.

1899년 발굴에 의하여 가드에서는 초기 청동기시대부터 헬라 시대까지의 유물이 발견되었다. 특히 후기 청동기시대의 성전 유적, 다량의 블레셋 토기, 라멜렉 인장, 1차 성전 시대의 궁정 관리자의 도장 등이 발견되었다. 또한 십자군 시대의 요새의 흔적도 남아 있다.

가드는 바르-일란 대학교 고고학과의 메이르(A. Maeir) 교수에 의해 1996년 이후 현재까지 활발하게 발굴작업이 이루어지고 있는 유적지이다. 2011년에는 임미영 박사가 인솔한 한국 고고학 발굴 팀에 의해 두 개의 뿔이 달린 1m 높이의 제단이 발견되었다. 크레타 섬에 있었던 것으로 알려진 미노아 왕국 유적지에서 발견되는 황소 뿔을 신성화하는 유물이 가드에서 발견되고, 주전 13세기 에게 문명의 토기와 그 무늬와 형태가 비슷한 토기가 블레셋 지역에서 발견되었다는 것은 블레셋 사람들의 조상이 크레타 섬 사람들이라는 것을 증명해 주는 고고학적 자료이다. 임미영 박사는 2015년 8월 13일 "주전(BC) 9세기로 추정되는 두께 2.2m의 거대한 돌들이 놓여 있는 흔적을 비롯해 30m 길이의 벽을 발견했다"고 밝혔다.

## 마. 에그론(Ekron)

예루살렘에서 남서쪽으로 35km 거리에 있는 에그론(Tel Miqne/ kh, el-Muqanna)은 블레셋의 다섯 도시 중에 가장 북쪽에 위치한 성읍으로 소렉 골짜기의 평지 한가운데 자리 잡고 있으며, 나할 팀나(N.

Timna)가 지난다. 텔 미크네의 크기는 20만㎡로 하솔이 확장되기 전까지 팔레스타인에서 가장 큰 텔 중의 하나였다. 이곳은 여호수아에 의해 유다 지파에게 분배되었으나(수 15:45~46) 다시 단 지파에게 분배되었다가(수 19:43) 단 지파가 차지하지 못하고 북으로 이동한 후 유다에 의해 정복된 곳이다(삿 1:18). 그렇지만 훗날 다시 블레셋 사람들이 차지하여 블레셋의 영토가 된 곳이다. 남왕국 유다와의 경계지역에 위치해 있어 여러 번의 영토전쟁에 시달려야만 했던 곳이다.

이곳은 에벤에셀 전투에서 승리하고 빼앗아 온 언약궤로 인한 재앙으로 아스돗에서 가드로 옮겨진 언약궤가 이곳으로 옮겨졌으나 또 다시 임한 재앙으로 결국 이스라엘로 돌려보낸 도시이다(삼상 5:10). 사무엘 사사는 다시 이곳부터 가드까지를 점령하고 이스라엘의 영토를 삼았으나(삼상 7:14) 얼마 되지 않아 블레셋 땅이 되었다. 북왕국 이스라엘의 아합 왕의 아들 아하시야는 이곳의 신 바알세붑에게 자신의 병이 치유될 것인지를 묻기 위해 사자를 보냈다(왕하 1:2). 이로써 주전 9세기경 에그론 사람들은 파리의 신인 바알세붑을 섬겼다는 것을 알 수 있다.

주전 713~712년 깁브돈, 가드, 아세라, 아스돗, 아스돗-얌과 함께 사르곤 Ⅱ세에게 점령당하여 앗수르에 복속되었다. 주전 705~701년 사르곤 Ⅱ세의 죽음은 왕국 전역에 폭동을 불러왔는데 팔레스타인에서 앗수르에 대한 반역의 선봉에 섰던 유다 왕 히스기야와 뜻을 같이하기 원했던 에그론 백성들은 자신들의 왕 파디(Padi)를 폐위시켜 쇠사슬에 묶어 히스기야에게 보내고 반역에 가담했다. 그러나 주전 701년 앗수르 왕 산헤립이 베니게의 해안을 따라 전진하면서 두로 왕을 폐위시키고 엘데게(El-tekeh) 골짜기 전투에서 이집트를 물리치자 아스글론과 함께 항복함으로 멸망을 면했으나, 주전 605년 갈그

미스와 하맛에서 이집트군을 격파한 바벨론의 느부갓네살 I세 때에 유다와 다른 블레셋 도시와 함께 바벨론의 속국이 되었다. 에그론은 다른 블레셋의 여러 도시들과 함께 여러 선지자들에 의해 멸망이 예언되었던 성읍이다(렘 25:20; 암 1:8; 습 2:4; 슥 9:5, 7).

1981년부터 15년간 텔 미크네를 발굴한 히브리 대학교의 도단 교수와 올브라이트 고고학 연구소 소장 기틴의 발굴 보고서에 따르면, 주전 8세기까지만 해도 4만m²의 소규모 도시였으나 8세기 말 앗수르 사르곤의 점령 이후 도시는 오히려 35만m²의 거대한 도시가 되었다. 발굴 결과 100여 개의 올리브 기름틀이 있었던 것으로 밝혀져 연간 1,000t 이상의 기름을 생산한 것으로 보이는데, 이것으로 고대근동 지방에서 가장 큰 올리브 생산지가 되었다. 올리브 생산으로 에그론은 엄청난 부를 축적할 수 있었고 도시는 확장되었다.

앗수르의 신전 형태를 따라 건축된 에그론 신전이 발굴되었는데 신전 입구에는 각각 4m 길이의 문지방이 놓여 있었고, 신전에서는 앗수르의 제사 용기가 많이 발굴되었는데 깨지지 않은 다양한 그릇들도 함께 발굴되었다. 이곳에서는 이집트 왕 메르넵타의 이름이 기록된 여왕의 모습이 조각된 상아와 23m 길이의 금으로 만든 이집트의 우라에우스(코브라) 등이 발굴됨으로써 에그론을 비롯한 블레셋 지역들이 주전 7세기 이집트의 영향을 받은 증거들이 드러났다.

1996년 이 신전에서는 '아기스의 신전 헌정비'가 발견되었는데 여신 ptgyh가 아기스와 그의 땅을 축복하여 주기를 비는 신전 헌

정비로 아기스는 그 스스로 파디의 아들, 이스드의 아들, 아다의 아들, 야이르의 아들, 에그론의 통치자로 밝히고 있는데 이로써 이곳이 에그론임이 밝혀졌다.

석비의 주인 아기스와 그의 아들 파디는 주전 7세기 앗수르의 기록에 등장하는 인물로 이들의 역사성이 증명되었다. 그의 아버지 파디는 열왕기하 18장 8절에 히스기야가 산헤립을 대항하기 위한 연맹에 가담하지 않아 감옥에 가둔 기록과 일치한다. 아울러 아기스(앗수르의 이름으로 익카수)가 앗수르의 왕 에사르하돈(주전 680~669년)에게 궁전 건축을 위해 자재를 제공했다는 기록이 있다. 아울러 아기스는 스스로를 왕이 아닌 통치자(sar/사르)로 부르고 있어 에그론이 당시 독립국이 아닌 작은 앗수르의 속국이었음을 보여준다.

## 성서 이야기

**삿 16:21, 30** 소라 땅 단 지파 출신의 사사 삼손은 블레셋 여인들을 사랑하다가 결국 그것이 올무가 되어 블레셋 사람들에게 붙잡혀 장님이 되고 옥에서 맷돌을 돌린다. 그러다가 다곤을 제사하러 모인 자리에서 그들과 함께 죽기를 간절히 기도한 후 기둥을 밀어 무너뜨리고 죽는다.

**삼상 6:17** 블레셋 사람들이 이스라엘로부터 여호와의 언약궤를 빼앗아다가 자신들의 신전에 두었으나 사람들에게 독한 종기(피부전염병)가 돌고 신전에서 희한한 일들이 일어난다. 그러자 여호와의 언약궤를 이스라엘 땅으로 돌려보낸다. 여호와의 언약궤는 수레에 실려 벧세메스로 돌아온다.

※ 언약궤의 이동 경로: 실로→ 에벤에셀(빼앗김)→ 아스돗→ 가드→ 에그론→ 벧세메스

**습 2:4** 선지자 스바냐는 가사, 아스글론, 아스돗, 에그론이 멸망당할 것을 예언하였다.

## 말씀 묵상

▶ 세상을 사랑한 하나님의 사람

1. 하나님 앞에서의 거룩함(구별됨)이 무너지면 우리(그리스도인)는 힘을 잃는다.
2. 우리는 하나님을 영화롭게 하는 방향으로 인생을 만들고 유지해 나가야 한다.
3. 하나님께서는 우리가 완벽해서 쓰시는 것이 아니다.

▶ 여호와의 언약궤는 우리에게 묻는다.

1. 여호와의 언약궤를 왜 블레셋 사람들에게 빼앗겼는가?
2. 블레셋 땅에서 여호와의 언약궤는 그들에게 무엇을 알게 하였는가?
3. 여호와의 언약궤를 잃어버림으로 버림받은 실로와 예루살렘이 주는 교훈은 무엇인가?

14

이스라엘의 망대

# 미스바

'미스바'라는 성읍의 이름은 '주의하다', '둘러보다'의 뜻을 지닌 히브리어 '차파'의 파생어 '미츠페'로 '망대', '파수하는 곳'이라는 뜻을 가지고 있다(대하 20:24; 사 21:8). 성경에는 베냐민 지역에 위치해 있는 미스바부터 요단 동편에 길르앗 미스바와 모압 미스바가 있고, 요단 서편에도 두 곳이 언급되어 있다. 이 장에서 다루고자 하는 미스바는 예루살렘 성전이 세워지기 전 매우 중요한 위치를 차지하고 있었던 베냐민 지파에 속한 미스바(또는 미스베)이다.

미스바는 이스라엘과 블레셋 사이의 충돌의 정점에 위치해 있었으며 북이스라엘과 남유다 사이의 분쟁에서도 전략적으로 중요한 군사적 요충지였다. 또한 이곳은 이스라엘의 여러 지파들이 총회로 모여 이스라엘에 미치는 기브온 성읍의 일이나 사울 왕을 세우는 것 같은 중차대한 일을 논의하고 결정한 회의의 장소이기도 했고, 하나님께 민족적으로 회개한 장소이기도 했지만 그 정확한 위치에 대해서는 논란이 있다.

사사시대 베냐민 지파의 성인 기브아 성읍의 불량배들이 레위인의 첩을 윤간하여 죽게 한 일로 이 레위인이 그 여인의 시신을 조각내어 각 지파에게 보내자 이스라엘 모든 지파의 어른들과 군사들이 그 문제를 다루고자 하나님 백성의 총회로 미스바에서 여호와 앞에 모였다(삿 20:1). 사무엘은 이스라엘 온 백성들을 미스바로 불러 모았고, 그들에게 금식을 선포하고 죄를 회개하게 하였다. 이스라엘이 미스바에 집결한 것을 듣고 블레셋이 공격해 왔으나 사무엘의 기도를 들으신 여호와께서 큰 우레로 블레셋을 패하게 하셨고, 그는 블레셋을 쫓아낸 지점에 '여호와께서 여기까지 우리를 도우셨다' 하여 돌을 세워 이름을 에벤에셀(도움의 돌)이라 명명했다. 사무엘은 사사로서 이스라엘을 다스리는 동안 벧엘, 길갈, 그리고 미스바를 순회하며 다스렸다(삼상 7:5-16). 또한 이스라엘 백성이 왕을 요구했을 때 사무엘이 사울을 왕으로 세운 곳도 미스바였다(삼상 10:17-24).

북왕국 이스라엘 왕 바아사가 라마를 요새화하려 하자 두려워진 남왕국 유다의 왕 아사는 아람 왕에게 조공을 바치고 이스라엘을 침공하도록 요청했다. 아람의 침공으로 바아사 왕이 라마 건축을 중단하고 아람 군대와 싸우는 사이 유다 왕 아사는 라마에 남은 돌과 목재를 가져다 미스바를 포함한 북방의 요새들을 건축하여 북이스라엘의 재침범에 대비하였다(왕상 15:22).

바벨론 왕 느부갓네살은 예루살렘 성을 함락시키고 유다 왕 시드기야를 바벨론으로 끌고 갔다. 그의 시위대장 느부사라단은 예루살렘의 여호와의 성전과 왕궁, 그리고 모든 집을 불사르고 예루살렘의 성벽을 헐어 버리고 성중에 남아 있던 백성들을 사로잡아 갔다. 느부갓네살은 유다 땅에 남겨진 유다 백성을 사반의 손자 그달리야(그다랴)로 하여금 다스리게 하고 약간의 갈대아인들을 남겨 두었다. 이에 예레미야와 다른 피난민들도 미스바에 이주했다. 그달리야는 예레미야의 말에 따라 바벨론을 통한 하나님의 징계를 받아들이고 유다의 남은 백성들을 보존하려 했으나 불과 2개월 후 왕족 엘리사마의 손자 느다냐(느다니야)의 아들 이스마엘이 그달리야와 그와 함께 한 유다인들과 갈대아인들을 죽였다(왕하 25:25; 렘 41:2). 이스마엘은 남은 사람들을 데리고 암몬으로 가려 했으나 이스마엘이 행한 일을 듣고 요하난과 그와 함께한 군 지휘관이 이스마엘과 싸우러 가다가 기브온의 물가에서 그들을 만났는데 백성들이 이들을 반기자 이스마엘은 자신과 함께한 사람들을 데리고 도망간다. 갈대아인의 보복이 두려워진 요하난과 남은 백성들은 애굽으로 피난을 가게 되었다. 이집트 나일 강 상류 옙에는 유다 백성들이 살던 성읍이 있었다.

바벨론 유수 후에 돌아온 유다 백성들의 일부는 미스바에 재정착을 하였으며, 미스바를 다스리던 예수아의 아들 에셀과 거주민들은 예루살렘 성벽의 재건을 도왔다(느 3:7, 15, 19).

## 고고학적 발견

학자들은 성경에 나오는 베냐민 지파의 미스바의 위치를 크게 두 곳으로 추정하고 있다. 그중 하나는 예루살렘에서 북서쪽으로 8km 떨어진 곳에 위치한 사무엘의 무덤으로 알려진 나비 삼윌(Nebi Samwil)이고, 다른 하나는 예루살렘에서 북쪽으로 12km 떨어진 산지에 위치한 텔 엔-나쉐(Tel en-Nasheh)이다.

### 가. 나비 삼윌(Nebi Samwil)

나비 삼윌은 로빈슨(Robinson)에 의해 미스바로 추정된 곳으로, 예루살렘 주변에서 가장 높은 해발 908m에 위치해 있어 360도 모든 지역들을 조망할 수 있다. 전체 면적이 5에이커(6,121평) 정도인 이곳에는 사무엘의 샘과 한나의 샘이 있어 연중 북쪽에서 동쪽 방향으로 흐른다. 산비탈 쪽으로는 유실수, 포도, 그리고 올리브 나무들이 자란다. 언덕 꼭대기에 있는 건물의 옥상 전망대나 망대에서는 해안 평야, 서쪽 사마리아, 예루살렘을 조망할 수 있으며 주변에 기브온 성읍이 있고, 아얄론 골짜기로 내려가는 길이 보이며 인근으로 족장들의 길이 지나기 때문에 지리적·군사적 측면에서 볼 때 중요한 요충지로 '망대'란 의미의 지명과 잘 부합되는 곳이다. 이곳에서는 후기

철기, 페르시아, 헬라, 로마, 비잔틴, 아랍 초기, 오토만 시대의 토기가 발견되었다.

특히 이곳 주변에는 기브온 성읍이 있는데 성경에 미스바와 기브온이 자주 함께 등장하는 것을 보아 지리적으로 두 지역이 근접한 곳에 있었음을 짐작하게 해준다. 예를 들어, 느헤미야 3장 7절을 보면 '기브온과 미스바 거민들이 함께 예루살렘 성벽 재건을 도왔다'고 기록되어 있다. 나비 삼월과 기브온(현대 지명: 엘-지브)은 1.6km의 비교적 근거리에 있는 반면 앞에서 언급한 텔 엔-나쉐는 5km 정도 떨어져 있었다. 그렇지만 텔 엔-나쉐도 그리 멀지 않은 곳에 있고, 이스라엘 자손들이 벧엘에 올라가 여호와 하나님께 그들을 쳐야 될 것인지 물었던 것을 볼 때 설득력이 약하다.

로마와의 전쟁을 준비하기 위해 셀레우쿠스 제국의 안티오쿠스(Antiochus) Ⅳ세는 제우스 신을 중심으로 제국의 종교적인 통일을 위해 유대인들을 박해하기 시작했다. 그는 하나님을 예배하지 못하게 하였고 다른 신들에 제사드리도록 강요하였다. 종교 박해는 반란을 유발시켰는데 하스몬 가문의 제사장 맛타디아스와 그의 아들들은 제우스 신을 제사하라는 왕명을 거절하고 왕의 대리인을 죽이고 도망하여 고프나 산지에 경건한 유대인들인 하시딤과 합류하였다. 이후 이들은 이방신전을 뒤엎고 유대 마을을 선동하여 셀레우쿠스 군과 싸웠다. 이 일대의 총독이었던 아폴니우스는 반란을 진압하려 했으나 맛타디아스의 뒤를 이어 지도자가 된 유다스 마카비우스에게 격파되었다. 이에 주전 165년 안티오쿠스 Ⅳ세가 루시아스에게 강력한 군대를 주어 예루살렘에 고립된 헬라화된 유대인을 구출하고 반란을 진압하려 할 때 유다스 마카비우스가 사무엘처럼 그의 군대를 집결시킨 곳이 미스바(나비 삼월)이다. 유다스 마카비우스와 그를 따르는 유다인 3천 명은 이곳에서 출정식(마카비 1서 3:46~47)을 가진 후 엠마오 남쪽 부근에서 진을 치고 있던 루시아스 휘하 장군들이 이끄는 셀레우쿠스 군(수리아 군)을 기습하여 격파하고 가사라까지 추적하였다.

비잔틴 시대(주후 4~7세기)에 나비 삼월에는 기독교 수도원이 세워졌다. 아마 당시 수도원을 세우던 건축자들은 사무엘을 기리려는 목적에서 그의 사건과 관련 있는 장소가 바로 미스바이기 때문에 그 지역에 세웠을 것으로 보기도 한다. 그때 비잔틴 시대 사람들은 틀림없이 사무엘과 관련된 기독교 기록물에 대해 알고 있었을 것이고, 사무엘의 뼈가 트라키아로 옮겨졌다는 전승에도 익숙하였을 것이기 때문에 사무엘과 가장 연관 깊은 장소인 나비 삼월에 수도원을 세운 것이다.

이곳에서는 우마이야 왕조(주후 7~8세기) 당시의 토기를 굽던 가마에서, 아랍어로 '데르 삼월'(사무엘 수도원)이라고 스탬프가 찍힌 토기들이 발견되었다. 이슬람 지리학자인 알-무카아시(985년)는 사무엘 수도원을 언급하였다. 흥미롭게도 그는 헬라어식 발음 대신에 히브리어식인 '쉬모엘'을 사용하였다. 주후 13세기, 야쿠트 역시 '마르 삼위'(마르는 시리아어로 '성인')를 언급하였다. 이 모든 증거들은 나비 삼월이 사무엘의 무덤과는 무관함에도 사무엘 수도원과 관련되었다는 것을 나타내고 있다.

12세기의 예루살렘 지도는 나비 삼월을 포함한 몇몇 도시들을 언급하고 있는데 지도의 '몬스 가우디'(기쁨의 산)는 산으로 묘사가 되어 있다. 산에 있는 교회에는 '마쉬포트'라는 표시가 되어 있다. 그곳으로부터 예루살렘으로 향하는 도로는 '비아 아드 시비타템 마쉬포트'(마쉬포트의 도시로 가는 길)라고 표시되어 있다. 이 지도의 표시는 나비 삼월이 미스바라는 증거이다.

나비 삼월에 있는 십자군 시대의 복합 건물에는 큰 교회와 수도원이 함께 있었다. 주후 1187년 살라딘의 예루살렘 정복 전인 주후 1157년에는 기존 건축물 위에 지금의 건물인 이슬람 사원이 세워졌다. 이후 나비 사무엘은 이슬람 요새로 사용되다가 다른 기독교 도시들처럼 파괴되었다.

## 나. 텔 엔-나쉐(Tel en-Nasheh)

총 면적이 7.7에이커(9,426평) 크기의 텔인 텔 엔-나쉐는 1920~1930년대 사이 발굴을 통해 성경시대의 유물이 발견되어 미스바로 추정되고 있다. 텔 엔-나쉐가 위치해 있던 언덕에서는 5개의 화강암 동굴들과 무덤이 발견되었는데 세 개의 석동기 시대와 초기 청동기시대 사람들의 도자기, 생활 도구들과 장신구 같은 유물들이 발견되었다. 이곳에서는 철기시대의 주거지와 저수조들도 발견되었다. 이 유물들로 인해 미스바가 텔 엔-나쉐라는 주장이 생겨났다. 그렇지만 이곳에서 발견된 고고학적 유물들에는 사사들이나 사무엘이 활동하던 중기 청동기시대에서 초기 철기시대의 것으로 규정할 수 있는 것이 없고, 음성학적으로 지명이 비슷하다는 것 역시 언어학적으로 옳지 않다.

### 성서 이야기

**삼상 7:3, 5~6, 12~15** 사무엘은 '여호와께 돌아오려거든 이방 신들과 아스다롯을 제거하고 여호와만 섬기라'고 선포하고 온 이스라엘을 미스바에 불러 모았다. 그들은 그곳에 제단을 쌓고 여호와께 금식하며 회개하였다. 이 소식을 듣고 쳐들어온 블레셋과 싸워 승리한 사무엘은 미스바와 센 사이에 돌을 세우고 에벤에셀(여호와께서 여기까지 우리를 도우셨다)이라고 불렀다.

**삼상 10:1, 17, 24** 사무엘이 사울의 머리에 기름을 부어 이스라엘 왕으로 세운 곳이 미스바다.

**렘 41:1~2** 예루살렘 성을 멸망시킨 바벨론 왕 느부갓네살은 아히감의 아들 그다랴에게 미스바에서 유다 성읍을 다스리게 하였고, 감옥에서 풀려난 예레미야 선지자도 그곳으로 가서 남아 있는 백성들과 함께 살았다. 느다냐의 아들 이스마엘과 그를 따르던 열 사람이 그다랴와 그에 속한 사람들과 갈대아 군사들을 죽이고, 남은 모든 사람을 사로잡아 가지고 떠났다.

## 말씀 묵상

▶ 미스바 총회

1. 기브아의 불량배를 내주지 않는 베냐민 지파를 벌하기 위해 모이다.
2. 이스라엘 자손들로 회개하여 신앙을 회복하고 블레셋과 싸우게 하려고 모으다(사무엘).
3. 이스라엘의 왕을 세우러 모이다(사무엘).

▶ 에벤에셀의 하나님

1. 죄는 화(문제)를 불러온다.
2. 하나님과의 관계 회복은 진정한 회개로부터 시작된다.
3. 여호와 하나님은 당신의 백성들이 승리하도록 도와주시는 분이시다.

사울 왕의 영광의 시작과 끝이 된 도시들

# 기브아와 벧산

15

'기브아'라는 성읍의 이름은 '높은 언덕'(hill top)이라는 뜻으로 성경에서는 네 곳이 나온다. 유다의 기브아(수 15:57), 에브라임의 기브아(수 24:33), 베냐민의 기브아와 기부앗이라고 번역된 기브아(수 18:28)이다. 베냐민의 기브아는 베냐민 지파가 분배받은 땅 중에 가장 아름답고 전망이 좋은 곳으로 이스라엘의 초대 왕 사울의 고향이다. 이스라엘 백성들의 요구로 사무엘은 베냐민 지파 기브아 출신의 사울을 왕으로 기름 부어 세웠고, 사울은 기브아에 성을 쌓고 이스라엘을 40년 동안 다스렸다.

사울은 블레셋의 멍에에서 이스라엘을 구원하였고, 주변의 모든 적들과 계속해서 싸웠다(삼상 14:48). 그러던 중 그는 블레셋 사람들이 이스르엘 골짜기에 쳐들어와 수넴에 진을 치자 그를 막기 위해 군사들과 함께 나가 저들을 대적하여 싸우다 길보아 산에서 전사한다. 블레셋 사람들은 사울 왕의 시신을 그의 아들들의 시신과 함께 벧산 성벽에 매달았는데 이 소식을 들은 길르앗 야베스 사람들이 밤새워 달려가 야음을 틈타 그들의 시신을 수습하여 야베스에 정중히 장사지낸다.

## 가. 기브아

베냐민의 '기브아'(Tel el-Ful)에서는 높은 언덕이라는 뜻에 걸맞게 팔레스타인의 중앙 산악지대 동쪽의 유대 산지와 베냐민의 여러 마을들, 유대 광야, 그리고 멀리 요단 동편까지 한눈에 들어온다. 또한 예루살렘에서 북쪽으로 약 5km 정도 떨어진 감람산보다 조금 높은 언덕에 위치한 기브아는 북으로 세겜과 남으로는 예루살렘과 헤브론

으로 연결되는 길목에 위치해 있어 전략적·군사적 요충지이다. 기브아의 북쪽에는 사무엘의 고향인 '엘람'이 있고, 동남쪽 인근에는 예레미야의 고향인 아나돗(오늘날 '아나타')이 있다.

사사시대 베냐민 지파의 성인 기브아 성읍의 불량배들이 레위인의 첩을 윤간하여 죽게 한 일로 이 레위인이 그 여인의 시신을 조각내어 각 지파에게 보내자 이스라엘 모든 지파의 어른들과 군사들이 그 문제를 다루고자 하나님 백성의 총회로 미스바에서 여호와 앞에 모였다(삿 20:1). 모인 이들이 악한 일을 행한 자들을 벌하고자 베냐민 지파 사람들과 기브온 사람들에게 그들을 내놓을 것을 요청하였다. 그러나 그들은 거절할 뿐 아니라 오히려 기브아에 모여 이스라엘 자손을 대적하여 싸운다. 그로 인해 기브아 성을 비롯한 모든 베냐민 지파 사람들은 죽임을 당하고, 성읍들은 불살라진다. 이렇게 되어 베냐민 지파는 광야로 도망한 600명만 살아남아 멸족의 위기에 처하게 되었다(삿 20:47~48).

기브아 성읍의 불량배들의 악행과 이스라엘 지파와의 전쟁에서 베냐민 지파는 거의 멸족 위기에 놓이고, 겨우 살아남은 600여 명의 베냐민 사람들이 일부가 폐허가 된 이 성에 살게 되었다. 이렇게 역사에서 사라질 뻔했던 이스라엘의 막내아들 베냐민의 후손들이 다시 이스라엘 역사의 조명을 받게 된 것은 사울이 이스라엘의 초대 왕이 되면서부터다. 20년간 블레셋의 압제 아래 있던 이스라엘 백성이 왕을 세워 달라고 요구하자 하나님께서는 사사이며 선지자였던 사무엘에게 왕을 세우라고 명령하신다. 이에 따라 그는 미스바에 온 이스라엘 족속을 모이게 한 후 제비를 뽑아 베냐민 지파의 사울을 왕으로 기름 부어 세운다(삼상 10:17~24).

암몬 왕 나하스가 길르앗 야베스를 공격하자 야베스의 장로들은 이스라엘의 모든 지역에 전령을 보냈다. 이 소식을 들었을 때 사울은 마치 사사들처럼 하나님의 영에 크게 감동되어 몰고 오던 두 마리의 소를 각 떠서 전령들의 손에 이스라엘의 모든 지파에게 보내어 이스라엘 자손 30만과 유다 사람 3만 명을 모아 야베스로 가서 암몬 사람들을 쳐서 승리하였고, 사무엘은 백성들과 길갈로 가서 사울을 왕으로 삼음으로 이스라엘 왕국이 창건되었다(삼상 11장).

사울 왕은 기브아 성읍에 직사각형으로 성벽을 쌓고, 모서리마다 망대를 만들었다. 사울은 2년 만에 군사 3천 명을 모아 그중 천 명은 기브아에 주둔시켜 아들 요나단에게 맡기고, 나머지 2천 명은 믹마스와 벧엘에 주둔시키되 자신이 직접 지휘하였다(삼상 13:2). 기브아에 있던 요나단은 군사를 데리고 가서 게바에 있는 블레셋의 수비대를 공격하였고, 블레셋은 믹마스로 토벌군을 보낸다. 블레셋 사람들이 쳐들어왔다는 소식에 두려워 떨던 이스라엘 백성 중 일부는 요단강을 건너 길르앗 땅으로 도망치는 자도 있었지만 사울 왕은 길갈에서 사람들을 모으고 사무엘에게 사람을 보낸다. 사무엘이 정한 기한까지 도착하지 않고 백성들이 흩어지자 사울은 직접 하나님께 번제를 드린다. 번제를 마치자 도착한 사무엘은 하나님의 명령을 지키지 않은 그를 책망하고 그의 나라가 길지 못할 것과 하나님 마음에 맞는 사람을 구하여 백성의 지도자로 삼으실 것이라고 예언한다(삼상 13:8~15).

믹마스 인근에 진을 친 블레셋 군대는 군사를 셋으로 나누어 한편은 벧엘로, 다른 한편은 벧아웬을 지나 라마로, 나머지 한편은 길갈로 보내지만 길갈에 머물고 있던 사울은 자기와 함께한 약 600명을 데리고 기브아 변두리 미그론에 진을 친다. 게바에 진치고 있던 요나단이 자신의 무기 든 자와 함께 갑자기 블레셋 군사들을 치자 블레셋 진영은 혼란에 빠지고 그들 중에 있던, 전에 블레셋 사람들과 함께하던 히브리 사람들이 이스라엘 사람들에게 가세하였던 것이다. 블레셋 진영에 소동이 있음을 보고 전장으로 달려간 사울과 그와 함께한 이스라엘 군사들이 합세하여 블레셋 사람들을 침으로 그들이 흩어져 도망치기 시작하였고, 이 소식을 들은 에브라임 산지에 숨어 있던 이스라엘 사람들도 블레셋 사람들과 싸우러 나와 그들을 벧아웬을 지나 아얄론까지 쫓아가며 밤새도록 블레셋을 쳤다(삼상 14:1~46).

기브아는 앗수르의 예루살렘 성 공략의 공격로에 위치해 있었으며(사 10:29), 호세아의 예언에도 기록되어 있는 성읍이다(호 9:9, 10:9). 오늘날 이곳에 '피스가제에브'라는 이름의 신도시가 들어서 있다.

## 고고학적 발견

텔 엘풀(Tel el-Ful)과 동일시되는 베냐민의 기브아(사울의 기브아)는 고고학적 탐사 결과 주전 1200년경부터 사람이 사는 마을이 있었던 곳이다. 흥미로운 사실은 주전 1100년경에 마을이 무너진 흔적이 발견되었다(참고. 삿 20~21장). 이곳에서는 초기·후기 철기시대, 페르시아, 하스모니안, 헤롯 시대의 지층이 발견되었고, 초기·후기 철기, 헤롯 시대의 토기가 발견되었다. 1928년 미국 존스 홉킨스 대학교의 올브라이트는 철기시대의 마을의 흔적과 사울이 건설한 것으로 보이는 직사각형의 요새로 건설된 성채 유적과 동시대의 것으로 보이는 토기들과 라멜렉 인장 손잡이 같은 여러 가지 유물을 발견하고 여러 소논문들을 발표하였으나 유물들은 제대로 관리되지 않아 거의 남아 있지 않다.

이곳에는 지금도 요르단이 통치할 때 요르단 국왕 후세인이 건축하다가 만 별장이 흉물스럽게 남아 있다. 별장을 건축하기 전인 1964년 발굴에서 성경시대의 거주지와 발견된 유물을 통하여 기브아로 동일시되었다(기브아는 1968년까지 요르단에 속해 있었다).

A brown-clay bulla with the inscription:
"In the 13th year, Gibeah, to/belonging to the king."

## 나. 벧산/ 벧스안

갈릴리 호수 남쪽으로 약 25km 떨어진 '안전한 집'이라는 뜻의 이름을 가진 벧산은 이스라엘의 다른 유적지들과 차별될 만큼 풍요롭고 아름다운 성읍이다. 텔 벧산(Tel Beth Shean)으로 동일시되는 벧산은 '요새의 언덕'이라는 뜻으로 텔 엘 후슨(Tel el-Husn)이라고 불렸으며 벧스안(삿 1:27)과 동명이지이다. 이곳은 이스르엘 골짜기와 요단 골짜기가 만나는 지점에 수자원이 풍부하여 나무가 우거진 숲과 비옥한 농경지로 둘러싸인 언덕 위에 위치해 있다. 또한 이곳은 동서로 고대 국제 통상로였던 해변 길과 왕의 도로를 서로 연결해 주는 도로와 남북으로 갈릴리에서 예루살렘으로 이어지는 길이 만나는 길목에 위치해 있어 고대부터 지금까지 이 지역의 중심지 역할을 하는 곳이지만 성서시대의 이곳은 그리 주목받지 못한 도시이다.

자연적인 좋은 입지조건으로 벧산은 주전 5000년 전부터 사람들

이 정착하여 살던 곳으로, 주전 15세기에 이집트의 투트모세 3세에 의해 정복된 이후에는 이스르엘 골짜기의 므깃도와 함께 가나안 북부 이집트의 주요 행정도시였다. 이 두 도시는 이집트의 18~20대 왕조의 문서에 자주 등장한다. 이집트에 의한 벧산의 통치는 해양민족의 이집트 공격과 블레셋의 지중해안가 정착, 그리고 이스라엘 민족의 정복 전쟁과 정착으로 주전 1150년경 대화재로 인한 파괴와 함께 끝난다. 벧산은 므낫세 지파에게 분배한 땅이었으나 므낫세 지파는 이곳에 정착해 살고 있던 가나안 사람들을 쫓아내지 못했다(삿 1:27; 대상 7:29). 대신 이곳은 블레셋의 지배 아래 들어갔다.

사울이 블레셋과의 길보아 산 전투에서 죽자 블레셋 사람들은 그와 그의 세 아들(요나단, 아비나답, 말기수아)의 시신을 이곳 벧산 성벽에 못 박았다. 이 소식을 들은 길르앗 야베스 사람들은 밤새도록 달려가 그와 그의 아들들의 시신을 가져다가 야베스에서 불사르고 그 뼈를 야베스의 에셀 나무 아래 장사하고 칠 일 동안 금식하였다(삼상 31:8~13). 이후 벧산은 다윗에 의해 정복되었고, 솔로몬은 행정구역을 나눌 때 이곳을 이스르엘의 주요 도시로 삼고 바아나에게 맡겼다(왕상 4:12).

벧산은 앗수르의 침략으로 파괴되었다가 헬라 시대에는 스키토볼리(Scythopolis)라는 도시가 세워졌고, 주전 2세기 말경에는 하시모니안의 통치를 받았다. 주전 63년 이후 로마의 통치하에서는 갈릴리와 요단 강 주변의 최대 도시로 성경에 기록된 갈릴

리 호수 인근의 헬라화된 열 개 도시인 데가볼리의 중심도시가 되었다(마 4:25; 막 5:20, 7:31). 스키토볼리의 로마 도시는 주후 363년 갈릴리 지역을 강타한 지진에 의해 파괴되었다. 그러나 주후 409년 팔레스티나 세쿤다(Palestina Secunda)라 불렸던 갈릴리와 이스르엘 골짜기의 수도가 되면서 인구는 더욱 증가했고 정치·경제적으로 중요한 역할을 했다. 도시가 재건되면서 두께 2.5m의 성벽이 세워졌고, 4만 명에 이르는 도시인구 대부분은 기독교인들이 되었으며, 도로를 따라 교회들이 들어섰고, 로마 신전들은 파괴되었으며, 언덕에 있던 제우스 신전은 교회가 되었다. 교회들 사이에는 작은 유대인과 사마리아의 회당도 지어졌다. 주후 7세기 모슬렘들의 침략으로 벧산은 베이산(Beisan)이라는 이름의 작은 도시로 전락했으나 기독교인들은 건재했다. 그렇지만 주후 749년의 강진으로 도시는 완전히 파괴되었다. 십자군 시대에는 요새가 세워졌으며, 오토만 시대에는 작은 마을이 되었다.

## 고고학적 발견

1921~1933년 피셔(C. S. Fisher)를 비롯한 미국 펜실베이니아 대학교 박물관 팀은 텔 벧산(Tel Beth Shean)을 발굴해 주전 3000년경의 마을과 주전 2000년경에 사용된 공동묘지를 비롯하여 주전 5세기부터 주후 7세기까지 약 20여 개의 주거층을 발견하였다. 벧산에서의 발

굴은 1980년 히브리 대학교의 발굴 이후 현재까지 계속되고 있고, 구약성서시대는 물론 로마-비잔틴 시대의 도시들이 드러나고 있다.

유적지에서는 이집트 통치 시기의 건물들이 발견되었는데 이집트 건축의 영향을 받은 진흙벽돌로 지어진, 중앙에 홀이 있고 네 개의 방으로 둘러싸인 정부 관료의 집과 곡식 저장고, 신전들, 그리고 이집트 왕들의 조각상이 발견되었다. 발견된 신전들은 가나안 신을 섬기는 곳으로 전체 구조는 가나안 구조물이나 건축양식 곳곳에서 이집트의 요소가 발견되었다. 주전 15세기 투트모세 Ⅲ세 때에 지어진 신전에서 수많은 이집트 제기들이 발견되었고, 이집트 스타일의 의복을 입고 연회에 참석한 신을 조각한 조각상도 발견되었다. 이 조각상은 이집트 서기관 파렘헵의 것으로, 조각에 나타난 신은 이집트의 신이 아닌 가나안의 신 메칼(혹은 몰렉)로 도시의 종교적·문화적 복합성을 보여준다. 이집트 왕 세티 Ⅰ세의 이름을 언급하고 있는 현무암 조각상의 경우 벧산을 비롯해 이집트에 대항한 가나안 도시들이 어떻게 정복되었는지 기록되어 있다.

이집트의 통치가 끝나고 가나안 시대와 블레셋의 영향력 아래 있던 주전 11~10세기의 유적에는 이스르엘 골짜기에 위치한 유적지들과 마찬가지로 가나안과 이집트의 남은 후예들, 그리고 블레셋의 복합적인 문화 양상이 드러났다. 이집트 신전이 있었던 곳에는 가나안의 신을 섬기는 신전이 들어서고, 이집트 사람들이 남겨 놓은 조각상은 가나안 사람들에 의해 재사용되었다.

벧산의 가나안 도시는 주전 10세기 초 화재와 함께 파괴되었는데, 다윗에 의해 정복되었던 것으

로 보인다. 솔로몬은 이곳을 자신의 행정구역에 포함시키고 이곳에 행정건물을 세웠는데 이 시기의 유물들로 이스라엘 사람들과 관련된 유물이 발견되었다. 솔로몬 사후 이스라엘은 남북 왕국으로 분열되었고, 이곳은 북왕국의 영토가 되었다. 이후 벧산은 갈릴리 지역의 행정 중심 도시 역할을 했으나 주전 732년 앗수르의 디글랏 빌레셀 Ⅲ세에 의해 파괴되었다.

벧산이 다시 빛을 보기 시작한 것은 주전 3세기 헬라 시대부터이다. 헬라 시대에 이곳은 스키토볼리라고 불렸는데, 이는 이란을 근원지로 용병생활을 하던 스키티아인들의 도시라는 의미를 가지고 있다. 이 도시에는 주로 이들이 거주했던 것으로 보인다. 그리스 신화에서 스키토볼리는 포도주의 신 디오니소스가 세운 도시로 그의 유모 니사가 묻힌 곳이다. 주전 2~3세기 헬라 시대에는 알렉산더 대왕의 장군들이었던 프톨레미와 셀레우쿠스가 서로 이곳을 차지하려고 전쟁을 벌여 결국 셀레우쿠스 왕조가 스키토볼리를 치지했는데 이때 도시는 확장되어 북쪽 이츠타바 언덕(Tel Iztaba)까지 뻗어나갔고, 성벽과 프레스코로 칠해진 집들이 세워졌다. 그렇지만 이 헬라 도시는 주전 2세기 말 셀레우쿠스의 통치에 대항하는 유대 마카비 반란군에 의해 도시의 일부가 불태워지고 파괴되었으나 점령되었고, 이후 데카볼리의 중요한 도시로 하시모니안의 통치를 받았다.

로마가 유대를 통치하기 시작한 주전 63년 이후 스키토볼리는 더 이상 언덕 위에만 머물지 않았고 평지에 자리를 잡고 발전하

여 갈릴리와 요단 강 주변의 10개의 헬라화된 연합도시인 데카볼리 중 가장 큰 도시가 되었다. 벧산 언덕 남서쪽 방향으로 카르도라 불리는 로마식 도로가 건설되었고, 도시는 정교하게 장식된 건축물로 채워졌다. 하드리안 황제 이후 도시는 더욱 확장되었다. 스키토볼리의 입구에는 도시를 주변 지역과 구별시켜 주는 석문이 세워졌고, 석문을 지나면 도로의 폭이 24m나 되는 현무암으로 포장된 도로로 이어졌는데 드러난 150m의 도로 양쪽에는 기둥머리가 고린도 양식 또는 이오니아식 양식으로 조각된 로마식 기둥들이 줄지어 세워졌다. 도로 양측면에는 디오니소스와 니사를 위한 신전들과 흰색 석회석으로 건축된 공공건물, 시장으로 사용된 70×30m 크기의 바실리카 양식의 광장, 그리고 샘터와 목욕탕들이 늘어서 있다. 발굴자들은 하롯 샘으로 향하는 이 도로를 후원자의 이름을 따서 밸리 도로라고 불렀다. 공공건물에서 발견되는 비문은 이 건물들이 로마 정부와 귀족들의 후원으로 지어졌음을 보여준다. 도시의 남북을 가르는 실바누스 도로는 56m의 도로로 입구에는 높이 7m의 기둥이 있다.

구약시대의 고대 언덕은 도시를 지키는 수호신을 섬기는 신전이 서 있는 성스러운 구역이 되었고(언덕 꼭대기에는 제우스 신전이 자리하고 있다), 도시 사람들에게

물을 공급하기 위해 7km 떨어진 길보아 산의 샘물을 로마식 수로를 통하여 실바누스 도로 곁의 샘터까지 끌어들여 흐르게 했다. 도시 서쪽에서 발견된 가장 큰 목욕탕은 100×90m 크기이며, 제우스 신전을 향해 있는 7,000명이 동시에 관람할 수 있는 지름 110m의 타원형의 원형극장과 5,000~7,000명을 수용할 수 있는 102×72m 크기의 반원형 원형극장도 있는데 이것은 이스라엘에서 가장 잘 보존되어 있는 극장으로 좌석 아래는 82×47m 크기의 반원형 공간이 3.2m 높이의 벽으로 둘러쳐져 있다.

## 성서 이야기

**삿 20:1** 이스라엘 자손들이 기브아 성읍의 불량배들을 심판하러 미스바에 모이다.

**삼상 22:6** 사울은 기브아에서 이스라엘을 통치하였다.

**삼상 31:10~13** 블레셋 사람들이 사울의 시체를 벧산 성벽에 못 박았을 때 길르앗 야베스 주민들은 밤새 달려가 사울과 그의 아들들의 시체를 내려서 야베스로 돌아와 장례를 치러 주고 칠 일 동안 금식하였다.

**호 10:9** 호세아 선지자는 이스라엘 자손들에 대한 전쟁이 기브아에서 일어날 것을 예언하였다.

**마 4:25** 신약시대에 스키토볼리(벧산)는 데가볼리의 중심도시였다. 예수님께서 온 갈릴리에 두루 다니며 가르치시고, 천국복음을 전하시며, 백성들의 병을 고치신다는 소문을 듣고 '갈릴리와 데가볼리와 예루살렘과 유대와 요단 강 건너편에서 수많은 무리가 따랐다.'

## 말씀 묵상

▶ 에셀 나무 아래의 사울

1. 겸손한 사울이 미스바에서 왕으로 뽑혀 길갈에서 왕이 되다.
2. 권력에 눈이 먼 사울이 기브아에서 이스라엘을 다스리다.
3. 하나님께 버림받은 사울이 블레셋과의 전투에서 전사하여 야베스에 장사되다.
   (신의를 지킨 길르앗 야베스 사람들)

▶ 벧산의 변신

-이스르엘 평야의 비옥한 땅에 위치해 있어 오래전부터 사람들이 살고 있던 고대도시이다.

-세계의 관심은 스키토볼리(스키티아인의 도시)에 모아졌으나 성경에는 언급조차 되지 않았다.

1. 이방인의 도시: 구약시대의 벧산과 신약시대의 스키토볼리
   1) 가나안 사람, 애굽 사람, 블레셋 사람, 헬라화된 사람들이 주로 거주하던 곳이다.
   2) 풍요롭고 부유한 문명화된 도시였으나 이방 신전이 많은 곳이다.
2. 기독교인들의 도시: 비잔틴 시대의 팔레스티나 세쿤다
3. 작은 마을: 오스만(오토만) 시대

16

정복된 난공불락의 시온 산성

# 다윗 성(1)

사울에 이어 이스라엘 단일 왕국의 왕이 된 다윗은 이스라엘의 열두 지파를 다스릴 수 있는 새로운 수도가 필요했다. 그는 이미 헤브론에서 유다 지파를 다스리고 있었지만 그곳은 유다 지파의 중심지로서 이스라엘 전체를 통치하기에는 적당하지 않았다. 그는 여호수아에 의해 베냐민 지파에게 할당되었지만(수 18:28) 그때까지 여부스 족속의 땅으로 남아 있던 예루살렘의 시온 산성을 빼앗아 다윗 성이라고 불렀다(수 15:63; 삼하 5:7~9). 해발 720m에 위치한 이 성은 중앙 산악지대의 강한 석회암으로 이루어진 유다 산지의 북쪽 끝자락에 동서로 접한 가파른 계곡의 언덕(산등성) 위에 자리 잡고 있고, 동쪽으로 기드론 계곡과 튜로페온(티로포에온) 계곡 사이에 있으며, 기혼 샘이 있어 연중 물을 얻을 수 있는 곳으로 적의 공격으로부터 성을 방어하기 용이한 지형을 가지고 있었다. 아울러 도시의 남북으로 족장의 도로가 지나며 동서도로가 지나는 교통의 요지이다. 다윗 성의 북쪽은 유대인들의 전통에 의하면, 아브라함이 이삭을 하나님께 바치려 했던 모리아 산이다.

출처: Sami Awwad, 〈The Holy Land In Colour〉

고대 예루살렘은 아몬드(살구나무)와 올리브나무(감람나무) 숲으로 둘러싸여 있는 아름다운 성이었다. 수많은 전쟁으로 숲은 훼손되었고, 집들이 지어지고 파괴되기를 반복했지만 아직도 성의 동쪽 감람 산에는 올리브나무 과수원들이 남아 있다.

창세기 14장을 보면, 아브라함이 소돔 땅에 거하던 자신의 조카 롯이 메소포타미아의 시날, 엘람, 고임의 왕들의 침략으로 포로로 잡혀갔을 때 집에서 기르고 훈련시킨 318명의 용사들을 거느리고 그들을 단까지 따라가 공격하여 사로잡혀 간 사람들과 빼앗아 갔던 재물들을 찾아왔을 때 멜기세덱이라는 살렘 왕이 떡과 포도주를 가지고 나와 아브라함을 축복한다. 학자들은 이 이야기에 등장하는 '살렘'이라는 도시를 예루살렘으로 보고 있다.

## 고고학적 발견

예루살렘은 세계 3대 유일신교인 기독교, 유대교, 그리고 이슬람교의 성지이다. 20세기 초부터 전 세계의 고고학자들은 예루살렘을 발굴하고 싶어 했지만 이 도시가 가지고 있는 역사적, 정치적, 사회적, 그리고 종교적 민감성 때문에 고고학적 발굴이 어려운 도시이다. 뿐만 아니라 이 도시는 아주 오래전에 건설되었으며 수많은 전쟁을 겪으면서 오랜 세월 수많은 사람들이 집을 짓고 파괴되면 그 위에 다시 집짓기를 반복하면서 많은 고대 유적들이 훼손되었고, 현재도 계속해서 사람들이 살고 있는 곳이기 때문이다.

이러한 난제 속에서도 고고학자들이 밝혀낸 바에 의하면, 예루살렘에는 이미 주전 3000년경부터 도시가 세워진 것으로 알려졌다. 주전 19~18세기의 이집트 기록에 의하면, 이곳은 루샬림뭄(Rusalimum) 혹은 우루샬리뭄(Urusalimum)이라고 불렸는데 '평화의 도시'라는 뜻의 아카드어에서 기원한 이름이다. 주전 14세기에 기록된 이집트의

텔-엘 아마르나 토판 중에는 예루살렘 왕 압디헤바가 쓴 다섯 편의 서신이 포함되어 있다.

다윗이 성을 정복하기 이전에 이미 예루살렘은 고고학적으로나 문서적으로 동서로 가파른 계곡의 언덕 위에 성벽이 둘러 있는 상당한 규모의 성이었으며, 기혼 샘물을 언덕 아래 못(실로암)까지 터널을 만들어 물을 끌어다 썼다. 전쟁 중에도 안전하게 물을 얻기 위해서 성 안에서부터 대각선으로 갱도를 만들고 언덕 아래에 있는 기혼 샘 부근의 수로 위로 다시 지름 2m, 깊이 13m의 수직 갱도(수구)를 뚫어 위에서 샘물을 길을 수 있도록 했다(워렌의 수직 통로). 최근 기혼 샘 근처에서 가나안 사람들이 기혼 샘을 지키기 위하여 거대한 탑 구조물을 세웠던 흔적이 발견되었다.

다윗은 이 시온 산성을 다윗 성이라 이름하고 밀로에서부터 안으로 성을 둘러쌓았으며, 두로 왕 히람은 사절들과 백향목과 목수와 석수를 보내 다윗을 위하여 집 곧 왕궁을 지었다(삼하 5:9~10). 1960년대 영국의 고고학자 캐슬린 케니언(케더린 캐년; K. Kenyon)이 다윗 성의 북부 언덕에서 '계단식 돌 구조물'(Stepped-stone structure)을 발견하였는데 그녀는 이것이 청동기시대에 여부스 족(혹은 가나안인, 삼하 5:6~7)의 도시 방어체계의 일부분이라고 추정하였다. 그녀는 또 솔로몬 시대의 것으로 측정된

벽도 발견하였다. 최근 히브리 대학교의 에일랏 마잘(Eilat Mazar) 박사가 다윗 성 북쪽 언덕에서 다윗의 궁전으로 추정되는 건물을 발견하였다.

마잘 박사는 케니언 여사가 발굴한 G구역의 '계단식 돌 구조물'이 자신이 발견한 건물을 지탱해 주는 역할을 하는 것이라고 주장하였다. 그녀가 발견한 다윗의 궁전으로 추정되는 곳에서 그릇과 그리핀(날개 달린 신화적 동물), 풍뎅이 조각 인장, 베니게 양식으로 만들어진 상아 조각판 등이 발견되었는데 연대가 모두 이스라엘 왕국 초기인 주전 10세기경으로 측정되었다. 아울러 건물 벽과 접한 경사면에서 프로토 에올릭(혹은 프로토 이오닉)이라는 기둥머리가 발견됨으로 '다윗의 궁전이 베니게 양식으로 지어졌다'고 밝히고 있는 성경의 기록과 일치한다. 마잘 박사는 훗날 느헤미야 3장 25절에서 다윗 궁전은 '아래 궁'으로, 예루살렘의 가장 높은 곳에 지어진 솔로몬 궁전은 '윗 궁'으로 불렸을 것이고, 이 건물은 왕의 행정 건물로 계속 사용되었을 것이라고 주장한다.

## 성서 이야기

**삼하 5:6~9** 살렘에 살고 있던 여부스 사람들은 다윗에게 '너희들이 결코 성으로 들어오지 못할 것'이라고 하였지만 다윗은 이 산성을 점령하여 자신의 성(다윗 성)으로 만들었다. 다윗의 군사들은 기혼 샘과 연결되어 있는 워렌의 수직 통로를 이용하여 들어가 이 철옹성을 점령하였다. 만군의 하나님 여호와께서 그와 함께 계시니 그와 그의 나라는 점점 강성해졌다.

## 말씀 묵상

▶ 철옹성도 무너진다.

1. 철옹성 예루살렘은 다윗에게, 바벨론에게, 그리고 로마에게 점령되었다.
2. 하나님이 함께 계셔야만 무너지지 않는 견고한 성이 된다.
3. 여호와 하나님이 나의 철옹성이시다(시 9:9, 18:2).

▶ 평화의 도시

참된 평화는 주 곧 우리 하나님 안에 있다.

1. 하나님만 섬기는 도시가 평화의 도시가 된다.
2. 하나님의 말씀대로 살아가는 도시가 평화의 도시가 된다.
3. 하나님만 의지하는 도시가 평화의 도시가 된다.

▶ 다윗에게 배우는 강성하게 되는 법

하나님으로 나와 함께 계시게 하라.

1. 하나님께 기도하라(기도의 삶).
2. 하나님의 말씀을 지켜 행하라(거룩한 삶/ 성결의 삶).
3. 공의를 행하라(의로운 삶).

# 다윗 왕조의 도시 예루살렘(2)

## -제1성전시대

17

다윗 왕의 이스라엘과 유다의 인구조사는 하나님께서 이스라엘에 사흘간 전염병을 내리시는 재앙으로 이어졌고, 결국 7만 명의 이스라엘 백성이 죽임을 당하였다. 다윗은 여부스 사람 아라우나의 타작마당 곁에 서 있는 백성을 치는 천사를 보고 여호와께 다시 한 번 회개기도를 드리며 간구한다. 천사의 명을 받은 선지자 갓이 다윗에게 '다윗은 아라우나의 타작마당에서 여호와를 위하여 제단을 쌓으라'는 말을 전하자, 다윗은 그곳을 아라우나에게 오십 세겔을 주고 사서 여호와를 위하여 제단을 쌓고 번제와 화목제를 드렸으며, 여호와께서 하늘에서부터 번제단 위에 불을 내려 응답하시자 이스라엘에게 내리는 재앙이 그쳤다(삼하 24장; 대상 21장). 다윗은 그곳이 여호와 하나님이 정하신 성전 터임을 확신하고, 성전 건축을 준비한다(대상 22장). 유대교 전승에 의하면, 이 타작마당이 아브라함이 이삭을 바치려고 했던 모리아 산인 것으로 믿는다.

다윗은 여호와 하나님의 성전을 건축하고자 하는 마음을 가지고 이스라엘 땅에 거하는 이방 사람들을 모아 석수를 시켜 하나님의 성전을 건축할 돌을 다듬게 하고, 금 십만 달란트(1달란트=34kg)와 은 백만 달란트와 그 무게를 달 수 없을 만큼 많은 철과 놋을 준비한다. 또 시돈과 두로 사람을 통하여 무수히 많은 백향목도 준비한다(대상 22:2~3, 14). 그러나 여호와 하나님께

서는 그가 전쟁에서 많은 피를 흘렸으므로 성전 건축을 하지 못하게 하는 대신 그의 아들 솔로몬으로 하여금 성전을 건축하게 할 것이라고 말씀하신다. 이에 다윗은 솔로몬을 불러 이스라엘 하나님 여호와를 위한 성전 건축을 부탁한다(대상 22:6~10).

솔로몬 왕은 그의 아버지 다윗의 유언에 따라 7년에 걸쳐 예루살렘 성전을 건축한다(왕상 5~6장; 대하 2장). 그는 성전 건축에 이어 13년에 걸쳐 왕궁을 건축하였는데 이는 바로의 공주가 여호와의 궤가 머문 다윗 왕궁에 살 수 없었기 때문이었다(왕상 7:1~12; 대하 8:11). 그는 왕궁 건축과 함께 밀로도 완공하였고, 예루살렘 성을 확장하였으며, 하솔과 므깃도와 게셀을 건축하였다(왕상 9:15). 두로 왕 히람은 솔로몬이 원하는 만큼 백향목과 잣나무와 금을 제공하였고, 솔로몬은

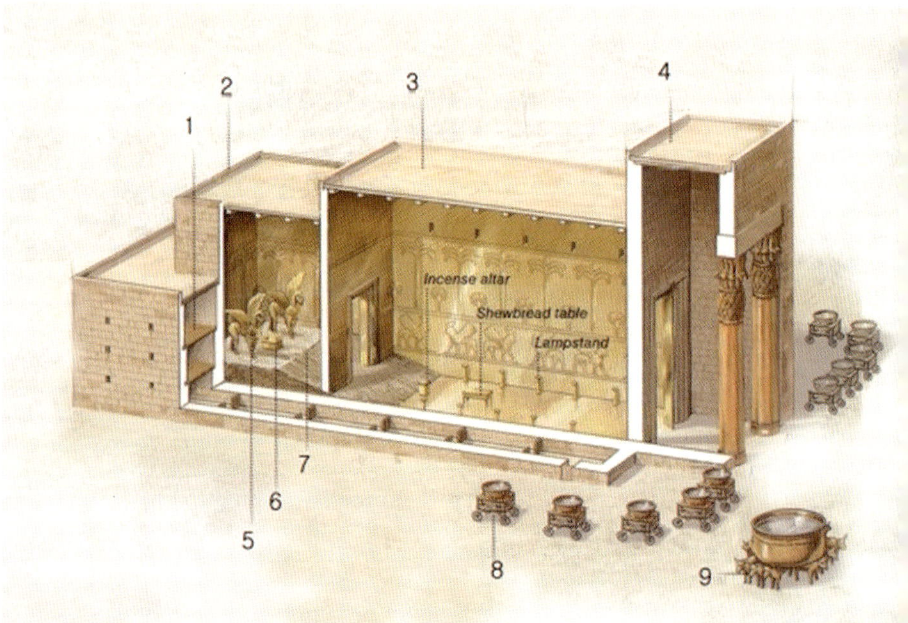


출처 : http://harvestmission.or.kr/

그에게 갈릴리 땅의 성읍 20곳을 주었다. 솔로몬 왕은 여로보암을 감독으로 삼아 밀로를 건축하고, 다윗 성의 무너진 곳을 수축하였다(왕상 11:27).

솔로몬 사후 이스라엘은 둘로 나누어졌다. 솔로몬의 뒤를 이어 왕이 된 르호보암은 온 이스라엘의 왕이 되기 위해 세겜에 갔다. 이때 북쪽의 10개 지파 사람들은 솔로몬 왕을 피하여 애굽으로 내려갔던 여로보암을 불러 함께 세금과 강제 노역을 줄여 줄 것을 간청하였으나 르호보암은 거절의 뜻으로 강제노역의 관리자인 아도니람을 보냄으로써 반역이 일어나 저를 죽이고 여로보암을 자신들의 왕으로 세웠던 것이다.

주전 924년 르호보암 5년에 애굽 왕 시삭(Shisak)은 유다와 아라비아의 교역 단절을 위해 유다를 침략하여 유다 여러 성읍을 점령하고 예루살렘 성을 공략하였으며, 르호보암이 굴복하자 왕궁에 있던 솔로몬의 크고 작은 금방패 500개와 금은보화를 빼앗고, 여호와의 성전의 보물을 약탈해 갔다(왕상 14:25~26).

주전 8세기 말 히스기야 시대에 예루살렘의 인구가 갑자기 늘어난 것으로 알려졌다. 여러 연구를 통해 당시 예루살렘의 인구는 2만 5천 명 수준이었는데 이는 솔로몬 시대보다 5배나 많은 숫자이다. 북왕국 이스라엘이 멸망하면서 예루살렘으로 피난 온 사람들이 있었고, 히스기야 시대에 예루살렘의 경제가 발전하면서 인구가 증가한 것으로 보인다.

선지자 이사야는 반 앗수르 동맹에 절대적으로 반대했다(사 30~31장, 36:6~9). 이사야는 애굽 왕이 앗수르 왕 앞에 서게 되는 비참한 날이 있으리라고 예언하였다(사 20:1~6). 결국 이사야의 예언대로 주전 701년 앗수르 산헤립은 블레셋과 유다를 공격하였고, 앗수르의 남하

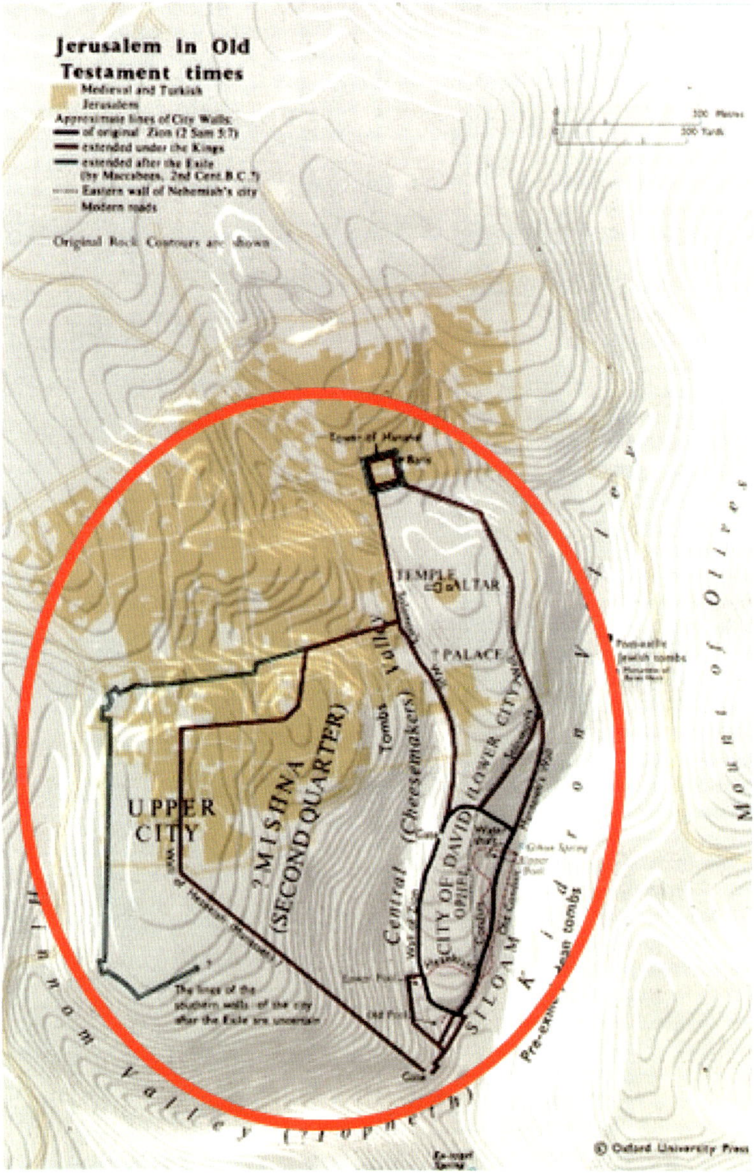


출처 : Oxford University Press

를 저지하기 위해 출정한 이집트 군은 패하여 이집트와 유다의 동맹국들은 앗수르에게 굴복당하고 말았다. 유다의 46개 성읍은 파괴되었고, 히스기야가 보낸 막중한 조공에도 산헤립은 예루살렘 성으로 랍사게와 군사를 파견하여 예루살렘의 항복을 요구하였으나 이사야의 예언대로 산헤립은 예루살렘을 향해 화살도 쏘지 못했고, 성을 향하여 방패를 세우지도 못했으며, 토성을 쌓지도 못했다. 여호와의 사자가 앗수르 진영의 군사 18만 5천 명을 쳐서 죽였기 때문이다. 산헤립은 앗수르로 돌아갔으나 니느웨의 니스록 신전에서 암살당하였다(왕하 19:32~37).

선지자 예레미야는 예루살렘의 백성들에게 유다의 마지막 날이 가까웠음을 선포했다(렘 38:2~3). 그러나 이 예언을 들은 장관들 곧 맛단의 아들 스바댜, 바스훌의 아들 그다랴, 셀레먀의 아들 유갈, 그리고 말기야의 아들 바스훌은 시드기야 왕에게 달려가 예레미야가 백성의 마음을 혼란시키며 군사들을 약하게 만들고 있다고 고자질하였고, 예레미야는 왕의 명령에 따라 감옥 뜰에 있는 흙구덩이에 던져졌다(렘 38:4~6).

바벨론 왕 느부갓네살은 자신이 세운 시드기야 왕이 배반하자 주전 589년 유다의 여러 성읍들을 공격하여 함락시키고 예루살렘 성을 공격하였다. 예루살렘 공격은 이집트 군대가 온다는 소문에 잠시 중단되었으나(렘 37:5) 곧 재개되었고, 주전 586년 7월 29일 바벨론의 느부갓네살 왕의 어전 사령관 느부사라단에 의해 예루살렘 성이 함락되었다. 느부사라단은 한 달 뒤 예루살렘 성읍과 예루살렘 성전을 불태우고, 예루살렘 사면 성벽을 헐어 버렸으며, 유다인들을 포로로 잡아갔다(2차 포로: 830명). 이후 느부사라단은 주전 582년 예루살렘을 떠나 립나에 있는 바벨론 왕에게 가면서 다시 유다인들을 사로잡아 갔다(3차 포로: 745명, 렘 52:13~15, 28~30).

## 고고학적 발견

열왕기상 6장 2~8절에는 솔로몬이 얼마나 아름답고 웅장하게 성전을 건축했는지 기록되어 있다. 안타깝게도 솔로몬이 건축한 성전의 위치는 물론 흔적조차 발견되지 않았다. 학자들 대부분은 솔로몬 성전이 신약시대에 헤롯 대왕이 지은 유대인의 성전에 있었고 현재는 무슬림의 황금돔이 있는 자리에 있었을 것으로 본다. 많은 학자들은 솔로몬 성전을 성서의 표현대로 재현하려고 노력하고 있다. 다행스러운 일은 솔로몬의 성전이 히람에 의해 파송된 두로와 시돈 사람들에 의해 건축되었기 때문에 현재 시리아와 레바논 지역에서 발견되는 주전 10세기경 신전이나 궁전의 모습을 통해 예루살렘 성전의 평면도와 그 내부 장식 등을 상상해 볼 수 있다. 현재 남아 있는 예루살렘 성 북쪽 성벽 아래에는 솔로몬이 성전을 건축하면서 돌을 떠낸 지하 채석장이 있다(참고. 왕상 5:27~31). 시드기야 동굴이라고 불리는 이곳은 유다 왕국의 마지막 왕 시드기야가 예루살렘 성벽이 파괴되자 바벨론 군사들의 포위망을 뚫고 도망갈 때(렘 52:7) 이용한 것으로 믿고 붙인 이름이다. 이곳은 오스만투르크(터키)의 슐라이만 대제가 예루살렘 성을 재건축할 때(1537~1547년) 돌로 막아두었던 것을 1854년 겨울에 발견하여 일반에게 공개하였다.

상아 석류(제사장의 홀)

히스기야 시대 인구의 증가로 늘어난 다윗 성에 살 집이 부족해지자 사람들은 다윗 성의

서쪽 언덕에 집을 짓고 살기 시작하였는데, 산헤립의 군대가 쳐들어온다는 소식을 들은 히스기야는 다윗 성의 무너진 곳을 보수하기 위해 이들 가옥들을 헐어 성벽을 견고하게 했다(사 22:9~10). 그리고 그는 예루살렘 성 밖에 있는 기혼 샘물을 터널을 뚫어 수로를 만들어 실로암 못으로 끌어들였고, 밖으로 외성(2중 성벽: 외벽은 3m, 내벽은 6m 두께)을 쌓아 이를 보호하였다(왕하 20:20; 대하 32:30).

1838년 이스라엘을 탐사하였던 미국의 성서학자 에드워드 로빈슨(E. Robinson)은 기혼샘에서 시작하여 실로암 못까지 533m 길이의 S자 모양의 히스기야 터널을 발견하였다. 최근 터널과 기혼 샘 주변을 재발굴한 하이파 대학의 로니 라이히(R. Reich) 교수에 의하면, 주전 9~8세기경 기혼 샘에서 다윗 성의 경사면을 따라 건설되었다가 주전

출처 : www.thrutour.co.kr

8세기 말 사용이 중단되었다. 이 터널이 히스기야 터널로 밝혀진 것은 벽면에서 발견된 글귀 덕분이다. 주전 8세기에 히브리어 글자체로 양쪽 끝에서 장인들이 터널을 파들어 갔으며 1.5m 정도 남겨두고 틈새에서 들리는 소리로 서로 만나게 되었다는 내용이다.

히스기야는 서쪽 언덕에도 새 성벽을 쌓았고, 무방비 상태로 놓여 있던 북쪽에도 공성퇴 공격을 대비해 두께가 7m나 되는 거대한 성벽과 무너진 채 발견된 상태만으로 8m나 되는 높은 망대를 세웠다. 이 과정에서 갑자기 성벽을 세우다 보니 가옥들을 헐지 않고 그 위에 성벽을 세웠는데 예루살렘 성벽의 기초에서 가옥의 일부분이 발굴되어 이사야의 기록을 뒷받침해 준다.

2005년과 2008년 히브리 대학교 에일랏 마질 교수가 나윗 성을 발굴하면서 바벨론이 파괴한 폐허 속에서 당시 예레미야를 모함한 장관들 중 셀레먀의 아들 유갈과 바스훌의 아들 그다랴의 불라(Bulla: 인장이 찍혀 있는 점토 덩어리)를 발견했다. 왕의 장관들은 분명 예레미야가 예언했던 유다의 마지막을 현장에서 경험했을 것이다. 그들은 바벨론의 칼과 기근과 전염병 속에서 죽었거나 바벨론으로 끌려가 포로가 되었을 것이다.

## 성서 이야기

**삼하 24:1, 10~12, 15~18, 25; 대상 21:1, 18, 28~30, 22:1** 다윗 왕은 자신이 통치하는 이스라엘 전역에 인구조사를 명령했다. 그 후 그는 마음에 자책이 들어 하나님께 회개하였으나 하나님께서 선지자 갓을 통해 이 일로 이스라엘에 내릴 재앙 세 가지 중에 하나를 택하게 하셨다. 그는 땅에 사흘 동안 전염병을 내리는 것을 택하였다. 하루 사이에 전염병으로 칠만 명의 백성이 죽었고, 천사가 예루살렘도 멸하려 할 때 하나님께서는 재앙을 멈추게 하신다. 다윗은 하나님께 자신이 죄를 지었으니 자신과 자신의 가정을 치라고 기도한다. 갓의 조언대로 아라우나의 타작마당에서 여호와 하나님을 위하여 제단을 쌓고 번제와 화목제를 드리니 이스라엘에 내리던 재앙이 그쳤다. 다윗이 인구조사를 하게 된 이유에 대한 다른 시각이 존재한다.

**대상 22:1, 6~13** 다윗은 여호와 하나님을 위한 성전을 건축하려 하나 하나님이 허락하지 않으신다. 다윗은 아들 솔로몬에게 성전 건축을 부탁한다.

**왕하 19:14~16, 19~20** 앗수르 왕 산헤립이 쳐들어오자 히스기야는 그가 보낸 편지를 가지고 여호와의 성전에 올라가 기도한다. 선지자 이사야는 그의 종을 보내 하나님께서 '내게 기도하는 것을 들었다'고 하셨다고 전한다.

**렘 38:2~3** 선지자 예레미야는 예루살렘 성이 바벨론 군대에 의해 멸망당할 것이며, 항복하는 자는 살 것이라고 예언했다.

## 말씀 묵상

▶ 다윗의 인구조사에서 배운다.

1. 잘못된 목적에서 행한 일(인구조사)은 죄가 된다.
2. 회개기도만으로 충분하지 않았다(온전한 회개).
3. 믿는 자에게도 사탄의 유혹은 있다.

▶ 능력 있는 기도(히스기야의 기도)

1. 이사야에게 중보기도를 요청하다(합심).
2. 성전에 나와 하나님의 구원을 간청하다.
3. 참 하나님이심을 나타내 달라고 구하다.

▶ 성막과 예루살렘 성전(왕상 6:1~36)

1. 움직이는 성전인 성막(광야)과 움직이지 않는 성전(가나안)으로 바뀌었다.
2. 겉모습(형태)은 바뀌었으나 기본 구조와 성전 기물은 변하지 않았다.
3. 성막시대부터 시작된 정교 분리가 지켜졌다.
   (레위 지파는 예배를 주관하고, 유다 지파가 이스라엘을 다스리다.)

18

북왕국 이스라엘의 마지막 수도

# 사마리아

북왕국 이스라엘의 왕이 된 오므리는 세멜이 소유한 타원형의 길게 경사진 언덕이 있는 산을 은 2달란트를 지불하고 산 후 이곳에 성읍을 건설하고 그 이름을 땅의 주인의 이름을 따라 사마리아라고 불렀다(왕상 16:24). 에브라임 지파에게 배분된 이 지역은 물이 풍부하고 비옥한 토양으로 이루어져 있어 주전 18~13세기에는 나무 숲이 우거져 있던 곳이다(수 17:15; 렘 50:19).

지형적으로 적의 공격을 방어하기에 유리한 위치에 60만 평방미터에 이르는 언덕 꼭대기에 세워진 사마리아 성은 난공불락의 요새였다. 오므리 왕은 디르사를 버리고 이곳을 왕국의 수도로 삼았다. 북왕국의 수도가 된 사마리아는 팔레스타인의 중앙 산악지대에 위치한 이스르엘 골짜기부터 벧엘까지의 에브라임 산지의 대표 도시가 되었다. 오므리는 죽어 이곳에 장사되었고(왕하 16:28), 그의 아들 아합이 뒤를 이어 왕이 된 이후에도 160년간 북왕국의 수도로 사용되었다.

선지자 이사야는 사마리아를 '에브라임의 머리'라고 표현하였는데(사 7:9) 이것은 이 도시가 '북왕국을 상징하는 도시'였음을 보여준다. 앗수르 문서에도 북왕국 이스라엘 출신 사람들을 '사마리아 사람'이라고 불렀으며, 북왕국 이스라엘 왕조는 사마리아를 세운 오므리의 이름을 따서 '베이트 오므리'(beit omri) 곧 '오므리 일가'라고 불렸다.

아합 시대에 아람 왕 벤하닷 Ⅱ세는 32명의 왕들

과 연합하여 사마리아를 공격하였으나 함락시키지 못하고(왕상 20:1) 오히려 붙잡혀 포로가 되었다. 그는 부친이 빼앗은 이스라엘 성읍들을 돌려주고 다메섹에 아합의 거리를 만들겠다고 약속했다. 그렇지만 아합이 죽자 벤하닷은 다시 사마리아를 에워쌌으나(왕하 6:25) 선지자 엘리사의 예언처럼 병거 소리와 말 소리와 큰 군대의 소리를 듣고 황급히 도망쳤다(왕하 7:6~7).

주전 724년 앗수르의 살만에셀 V세는 사마리아 성을 포위하고 공성퇴와 용병을 동원하여 공격하였다. 이스라엘 왕 호세아는 항복하였으나 공격은 계속되었는데, 주전 722년 살만에셀에 이어 왕이 된 사르곤 II세에 의해 함락되었고, 북왕국 이스라엘은 멸망하였다(왕하 17:5~6; 참고. 님루드의 앗수르 궁전 5번 방의 벽 부조). 사마리아의 동쪽 경사면에서 사르곤에게 바쳐진 비문이 발견되었다.

앗수르는 사마리아를 비롯한 북왕국 이스라엘을 '사메리나'라고 불렀다. 앗수르는 자신들이 점령한 나라들의 백성들을 다른 곳으로 이주시켜 살게 하는 정책을 폈는데, 유다로 간 사람들을 제외하고 남은 사람들은 바벨론과 구다와 아와와 하맛, 스발와임에서 이주되어 온 사람들과 섞여 살게 되었다(왕하 17:24). 포로로 끌려간 27,290명의 북왕국 이스라엘 백성들은 할라와 하볼, 메대의 여러 고을에 흩어져 살았다(왕하 17:6).

앗수르를 멸망시킨 바벨론 통치시대에 사마리아는 그리 중요한 도시가 아니었다. 그렇지만 주전 5세기 헬라(페르시아) 시대에 사마리아는 다시 한 번 팔레스타인 북부지역의 수도 역할을 하게 되었다. 느헤미야가 예루살렘 성을 중수할 때 총독 산발랏이 다스리는 사마리아는 군대가 있을 만큼 중요한 도시였다(느 4:7~8).

주전 332년 알렉산더가 이스라엘을 점령하면서 수천 명의 마케도니아 군인들이 거주하면서 사마리아는 요새화되었다. 이 헬라 도시는 주전 108년 유대 하스모니아 왕조의 요한 히르카누스에 의해 무너졌다. 그러나 주전 63년 로마의 폼페이우스가 이스라엘을 점령하면서 사마리아의 중요성은 다시 부각되었다. 로마 황제 아우구스투스 옥타비아누스는 주전 37년 헤롯을 유다 왕으로 삼으면서 사마리아를 선물로 주었다. 헤롯은 사마리아에 새로운 로마 도시를 세우고 황제의 헬라어 이름을 따서 '세바스테'(Sebaste)라고 불렀다.

## 고고학적 발견

사마리아에서 발견되는 고고학적 흔적은 주전 9세기 아합의 아버지 오므리 왕 시대부터 발견되었다. 1900년대 초 하버드 대학교 고고학 팀은 사마리아에서 오므리의 궁전을 발굴하였는데, 궁전은 주변 지역보다 4m 정도 높여진 바위산 정상에 세워졌다. 궁전 바로 아래에서는 오므리의 무덤으로 추정되는 바위를 뚫어 만든 두 개의 무덤이 발견되었다.

오므리의 궁전은 아합 시대에 사마리아 언덕의 편편한 꼭대기를 거의 차지할 정도로 확장되었고, 이전보다 화려하게 베니게 양식으로 건축되었다. 난간이 있는 이층으로 건설된(개역개정 성경에는 2층을 '다락'이라고 번역함) 궁전은 90×180m로 상자를 연결해 놓은 것처럼 방을 연결하여 벽을 쌓은 포곽벽으로 둘러쌓았다. 당시 사마리아 성에는 적어도 7,000명 이상이 거주하였을 것으로 추정한다. 그렇지만 몇몇 학자들은 이 왕궁이 아합 시대 이후에 세워졌다고 주장하기도 한다.

궁정 안에 행정동으로 사용된 건물에서는 주전 8세기경에 기록된 히브리어로 기록된 63개의 오스트라카(Ostraca)가 발견되었다. 사마리

아의 오스트라카는 북왕국 이스라엘에서 발견된 유일한 문서로서 글자체와 문법적인 형태를 보아 아합의 아들 여로보암 시대(재위: 주전 785~749)에 쓰인 것으로 보인다. 내용은 당시 기름과 포도주, 곡식 등의 거래 목록이 영수증처럼 사용된 것으로 추정된다.

사마리아 궁전은 상아궁전으로도 불렸다. 그것은 열왕기상 22장 39절에 기록된 사마리아의 상아궁전을 연상케 해주는 상아 조각들로 벽을 장식하거나 의자, 침대 등에 크기가 작은 상아 조각들을 붙인 방이 발견되었기 때문이다. 특히 궁전의 4번 건물에서 500여 개의 상아 조각들이 발견되었는데 상아 조각에는 여인이 창가에 고개만 내밀고 있는 모습, 로투스 꽃과 종려나무 가지, 그리고 날개 달린 그룹(캐룹) 등이 베니게의 예술 기조를 따라 새겨져 있다. 흥미로운 사실은 같은 모양의 상아 조각들이 앗수르의 님루드 궁전에서도 발견된다는 것이다. 님루드 궁전은 사르곤 Ⅱ세의 궁전으로 아마도 그는 북왕국 이스라엘의 수도 사마리아를 점령하고 상아궁전에 있던 상아 조각들을 전쟁의 노획물로 뜯어가 자신의 궁전을 짓는 데 사용하였을 것이다.

아합 왕은 사마리아에 바알의 신전을 건축하고 바알을 위하여 제단을 쌓았다(왕상 16:32). 성서에는, 사마리아에는 하나님이 아닌 다른 신을 섬기는 산당이 있었다고 기록되어 있다(왕상 13:32; 암 8:14). 예후는 아합에 속한 자들을 진멸하면서

사마리아에 있는 아합의 신전을 파괴하였다(왕하 10:17~18). 선지자 이사야가, 사마리아에는 조각한 신상이 있었고, 이스라엘 자손들이 우상을 섬겼다고(사 10:10~11) 말하고 있는 것을 보아 사마리아에서의 우상숭배는 예후 시대 이후에도 계속된 것으로 보인다. 호세아 선지자는 사마리아에서의 우상에 대하여 '이스라엘의 멸망의 날에 사마리아의 송아지 즉 바알 신상이 산산조각이 날 것'이라고 예언하였다(호 8:6). 이 예언은 앗수르의 사르곤 Ⅱ세에 의해 성취되었다.

사마리아에 남겨진 헬라 시대의 흔적으로는 도시를 둘러싸고 있는 성벽과 연결되어 있는 둥글게 돌을 쌓아 올린 지름 13m의 거대한 세 개의 탑들이다(현재 19켜의 돌들이 남겨져 있다). 후대에 둥근 탑은 사각형으로 대치되었다. 이곳에서는 헬라 시대 동전들과 인장이 찍혀 있는 손잡이 달린 항아리들이 발굴되었다.

헤롯은 사마리아에 신도시 세바스테를 건설하였는데 그 흔적이 지금도 많이 남아 있다. 그는 구약시대에 아합의 궁전이 있었던 자리에 로마의 신 코르(Kore)를 섬기기 위한 25m 높이의 큰 신전을 세워 로마의 황제 세바스테에게 헌정하였고, 북쪽 경사면에는 거대한 극장을 세웠다. 도시는 4km 길이의 성벽으로 둘러져 있었고, 성 안의 주민들은 사마리아 동쪽의 샘에서 광장까지 이어지는 지하수로를 통해 물을 제공받았다. 현재 아랍 도시와 밭인 도시 바깥 지역에서 로마 시대의 묘와 석관이 발견되고 있다.

사마리아는 여호수아가 묻힌 장소이기도 하며(삿 2:9), 사사 드

보라의 고향이기도 하다(삿 4:5). 초대교회의 전승에 따르면, 세례 요한은 죽어 사마리아에 장사되었으며 세바스테의 남쪽 경사면은 요한의 머리가 묻혀 있는 장소로 유명하다. 주후 5세기, 이 장소에 요한 기념교회가 세워졌다. 후대에 이 교회에는 수도원 등 여러 건물이 더 세워졌으나 현재는 일부만 이슬람 사원으로 사용되고 있다.

고대 사마리아 유적에 대한 새로운 발굴이 영국 고고학 학교, 팔레스타인 탐사기금, 그리고 예루살렘 히브리 대학교의 고고학자 컨소시엄으로 이루어진 합동탐사단(Joint Expeditin)에 의해 1931~1935년까지 공동으로 이루어졌다. 이 발굴에 참여한 고고학자들 가운데 캐슬린 케니언(Karthleen Kenyon)은 영국의 모티머 휠러(Mortimer Wheeler)에 의해 개발된 발굴지역을 가로세로 5m의 정사각형 모양으로 구획하여 작업을 하되 발굴 작업장 사이에 공간(보크)을 두고 유적의 층서를 발굴하는 방법을 사용하였다. 이 방법은 케니언-휠러 발굴방법(Kenyon-Wheeler excavation method)으로 알려졌는데 가장 정확하고 세심하다고 평가되고 있는 층서학적 발굴방법이다.

## 성서 이야기

**왕하 7:18~20** 아람 왕 벤하닷 Ⅱ세가 이끄는 아람 군대가 사마리아 성을 에워쌌으나 선지자 엘리사의 예언처럼 하나님께서 이적을 베풀어 주셔서 일시에 퇴각하여 사마리아 백성은 구원을 받았다.

**요 4:4~9; 마 10:5; 행 1:8, 8:4~25** 예수님께서는 친히 사마리아인들에게 복음을 전하셨지만, 열두 제자를 파송할 때는 사마리아인의 고을에는 가지 말라고 명하셨다. 그렇지만 부활 승천하시면서 제자들에게는 성령 세례를 받은 후에 예루살렘과 온 유대와 사마리아와 땅 끝까지 이르러 주님의 증인이 되라고 명하셨다. 이 말씀에 순종하여 사마리아 성에 복음을 전한 사람이 빌립이었다.

**눅 10:25~37** "내 이웃이 누구니이까?"라는 율법교사의 실문에 대한 납변으로 예수님은 '선한 사마리아인의 이야기'를 하시고는 "가서 너도 이와 같이 하라"고 말씀하셨다.

※ 신약시대에 사마리아인('사마리탄')이라고 불린 사람들은 1983년부터 시작된 세겜의 그리심 산 발굴 결과와 여러 문헌을 살펴볼 때 앗수르의 이주정책으로 이방 민족과 북왕국 이스라엘 사람들과의 혼혈인이 아니다. 그들은 주전 2세기 초 유대교로부터 독립한 에브라임과 므낫세, 그리고 레위 자손의 일부로 모세오경만 경전으로 삼고, 그리심 산을 야훼가 선택한 성지로 믿고 지금까지 전통을 지키며 이곳에 살고 있다.

## 말씀 묵상

▶ 살고 죽는 것이 믿음에 달렸다(왕하 7장).

여호와의 말씀은 반드시 성취되므로 믿어야 산다. 믿지 않으면 큰 일 난다.

1. 아람 군대가 모두 도망갔다는 아름다운 소식을 전한 나병환자들
2. 구원받은 사마리아 성 사람들
3. 구원의 기쁜 소식은 들었으나 밟혀 죽은 장관

▶ 동문서답 속에 숨겨진 영생의 길(눅 10:25~37)

1. 율법교사의 질문(25절)과 예수님의 답변과 질문(26절, "율법에 무엇이라고 기록되었느냐")
2. 예수님의 질문(26절)과 율법교사의 답변(27절), 예수님의 답변(28절, "이를 행하라 그러면 살리라")
3. 율법교사의 질문(29절)과 예수님의 질문과 답변(답변 37절, "가서 너도 이와 같이 하라")

19

최대 곡창지 이스르엘 평원의 도시들

# 이스르엘과 다아낙

이스르엘 골짜기는 지형학적으로 북쪽으로는 갈릴리와 남쪽으로는 갈멜 산지와 사마리아 산지 사이에 동서로 길게 요단 계곡과 맞닿아 있는 곳으로 약 200만 년 전에 형성된 넓은 평지이다. 산지로 둘러싸여 있으면서 비옥한 토양인 붉은 테라로사로 이루어져 있는 이 골짜기는 과거는 물론 현재에도 이스라엘의 곡창지대로 주전 4500~3300년경의 유물이 발견될 정도로 오래전부터 사람들이 정착해 살던 곳이다. 그리고 이곳은 서쪽으로 지중해 연안과 맞닿아 있어 고대의 국제도로인 해변 길이 지나고 계곡을 따라 동서로 요르단 동편 고원지대를 지나는 왕의 도로를 내륙으로 연결해 주는 동서도로가 지나고 있는 교통의 요충지로 이곳을 차지하기 위한 전쟁이 자주 일어났던 곳이다. 사사기에 기록된 드보라와 바락의 군대가 하솔의 군대장관 시스라와 벌인 전쟁(삿 4~5장), 기드온의 전쟁(삿 6~7장), 길보아 산에서의 사울과 블레셋의 전쟁(삼상 31장)이 이곳에서 있었으며, 유다 왕 요시야와 애굽 왕 느고의 전쟁(대하 35:20~25)도 이 골짜기에서 벌어졌다.

이스르엘 골짜기 안에는 성서에 자주 등장하는 므깃도, 이스르엘, 벧산 등이 있다. 이들 가나안의 도시들은 막강한 도시들로 여호수아 17장 16절에서 요셉 자손이 이 지역을 분배받자 "골짜기 땅에 거주하는 모든 가나안 족속에게는 벧 스안과 그 마을들에 거주하는 자이든지 이스르엘 골짜기에 거주하는 자이든지 다 철 병거가 있나이다"라고 할 정도였다.

이곳이 이스르엘 골짜기로 불리는 것은 골짜기 중앙에 '신이 밭을 갈다'라는 뜻을 지닌 도시인 이스르엘이 있었기 때문이기도 하지만 골짜기의 풍요로움을 나타내기 위해 그렇게 불렸을 수도 있다.

## 가. 이스르엘(Jezreel)

팔레스타인에서 가장 넓고 풍요로운 평야지대에 자리 잡은 이스르엘(Tel Yizreel)은 주전 14세기 이전에 이미 도시의 형태를 갖추고 있었다. 이것은 주전 14세기에 기록된 이집트의 아마르나 문서에 도시의 이름이 언급되고 있기 때문이다. 이스르엘이라는 도시의 이름은 도시를 건설한 사람의 이름에서 따왔을 것으로 보인다. 여호수아는 이곳을 잇사갈 지파에게 분배하였으나(수 19:18) 철 병거를 가지고 있던 막강한 이들을 쫓아내지 못하였고, 사울 왕 때에서야 비로소 이스라엘의 영토가 되었다(참고. 삼상 29:1).

주전 1006년 블레셋은 이스르엘 골짜기를 완전히 장악하고, 갈릴리의 지파들과 에브라임 산지에 사는 요셉의 지파들을 분리시키려고 쳐들어와 모레 산 기슭에 있는 수넴에 진 쳤고 사울이 이끄는 이스라엘군은 이스르엘에 있는 샘 곁에 진을 쳤다. 이어 길보아 산에서 벌어진 전투에서 사울 왕과 그의 세 아들, 그리고 그의 군대는 전멸하였고, 이스르엘 골짜기의 중요한 성읍들은 블레셋의 지배 아래 들어갔다.

길보아 전투에서 도망하여 목숨을 건진 사울의 군 사령관 넬의 아들 아브넬은 이스라엘의 수도를 요단 강 동편 마하나임으로 옮기고 사울의 아들 이스보셋을 왕으로 삼았는데 이때 온 이스라엘을 '길르앗과 아술과 이스르엘과 에브라임과 베냐민'이라고 말함으로써 이스르엘이 이스라엘의 매우 중요한 도시

임을 드러냈다(삼하 2:9). 솔로몬 왕 때 이스르엘은 이스라엘의 다섯 번째 행정구역이 되었다(왕상 4:12).

이스라엘이 남과 북으로 나뉘면서 이스르엘은 북왕국 이스라엘 땅이 되었다. 성서를 보면 '아합이 나봇의 포도원 가까이에 왕궁을 가지고 있었다'고 기록되어 있는 것(왕상 21:1)으로 보아 아합이 이스르엘을 요새화하여 견고하게 하고 왕궁을 지었음을 알 수 있다. 아합은 그의 왕궁 가까이에 있는 나봇의 포도원을 탐냈으나 얻지 못하자 그의 아내 이세벨이 나봇이 사는 성읍 장로들에게 나봇을 죽일 계책이 담긴 편지를 보내 나봇을 죽게 만들었고, 아합은 그의 포도원을 차지하였다. 하나님께서는 선지자 엘리야를 아합에게 보내 개들이 나봇의 피를 핥은 곳에서 아합의 피도 핥을 것과 이세벨의 시체도 이스르엘의 개들이 먹게 될 것이라는 저주를 선포하셨다(왕상 21장).

주전 842년 아합의 아들 요람은 사위 유다 왕 아하시야와 함께 길르앗 라못에서 아람 왕 하사엘과 싸우다가 부상당하여 치료를 위

해 이스르엘로 돌아왔고, 아하시야 왕은 그를 문병하러 왔다(왕하 8:29). 그때 선지자 엘리사는 제자 하나를 예후에게 보내 그에게 기름 부으며 '여호와 하나님의 이름으로 이스라엘의 왕을 삼는다'고 선포하고 "너는 네 주 아합의 집을 치라"는 하나님의 명령을 전한다.

살만에셀 3세의 기념비(Obelisk) : 조공 드리는 예후

예후는 홀로 병거를 몰아 이스르엘로 가서 나봇의 토지에서 유다 왕 아하시야와 함께 마중 나온 이스라엘 왕 요람을 죽이고 그의 시체를 밭에 던진다. 그리고 그는 도망가던 아하시야를 죽이려고 쫓아가 구르 비탈에서 부상을 입히고 돌아와 이세벨을 '창 밖으로 던지라'고 명하여 죽여 그녀의 살을 개들로 먹게 한다(왕하 9장). 또 사마리아에 있는 귀족들에게 편지하여 아합의 아들들을 죽여 그 머리를 이스르엘로 가져오게 하고, 이스르엘에 남아 있는 아합의 집에 속한 모든 자들을 죽였다(왕하 10:11). 그러나 9세기 말 예후 시대에 아람 왕 하사엘의 이스라엘과 유다 공격으로 이스르엘은 철저히 파괴되었고, 더 이상 도시도 성도 건설되지 않은 채 버려진 언덕이 되었다.

## 고고학적 발견

1987년 아랍어로도 이스르엘이라는 이름의 어원이 남겨져 있었던 지린이라 불리는 유적지 근처에서 건물을 짓기 위해 불도저로 땅을 파면서 들어 올린 흙 속에서 고대 유물들과 건축에 사용된 벽돌들이 함께 발견되었다. 이로써 1990~1996년 텔아비브 대학교의 우시쉬

킨(D. Ussishkin) 교수와 영국 고고학자 우드헤드(J. Woodhead)의 지휘 아래 대대적 발굴이 시행되었다. 이곳에서는 후기 철기시대의 요새와 석동기, 초기·중기·후기 청동기, 페르시아, 헬라, 초기 로마, 비잔틴, 오토만 시대의 유적과 토기가 발견되었다.

발굴을 통해 이스르엘에서는 주전 9세기, 즉 아합의 시대 때 건설된 거대한 요새가 발견되었다. 289×157m의 직사각형 궁전은 모나게 잘 다듬은 돌을 쌓아 기초를 만들어 건축한 성벽을 가지고 있었다. 성벽의 각 모서리에는 망대가 있었고, 성벽을 둘러 폭 8~12m, 깊이 6.5m의 해자(성벽을 둘러 파놓은 물 웅덩이 구조물)가 파져 있었다. 이것을 통해 이스르엘은 상당한 방어태세를 갖추고 있던 견고한 성이었음을 알 수 있다.

## 성서 이야기

**왕상 21:29** 이스라엘 왕 아합이 범죄한 일로 하나님께서는 엘리야를 보내 재앙을 선포하셨다. 이 소리를 듣고 그가 회개하자, 하나님께서는 재앙을 그의 아들 세대로 연기하셨다.

**왕하 9:25, 36~37** 예후가 아합의 아들 요람의 시체를 나봇의 밭에 던짐으로 하나님의 예언은 성취되었다. 이세벨에 관한 예언도 성취되었다.

## 말씀 묵상

▶ 아합의 회개

1. 왕이라도 하나님의 말씀은 지켜야 한다.
2. 아무리 악한 자라도 진정한 회개는 하나님의 긍휼을 얻게 한다.
3. 심판에 관한 하나님의 말씀은 반드시 성취된다(공의의 하나님).

### 나. 다아낙

텔 타아낙(Tel Tanakh)과 동일시되는 다아낙은 이스르엘 골짜기 남쪽 므깃도 물가에 위치한 40m 높이의 언덕 위에 건설된 가나안의 도시이다. 도시는 악고 평야와 제닌 지역을 연결하는 도로와 벧산에서 사론 평야를 연결하는 도로가 교차하는 지점에 있다. 이곳은 여호수아에 의해 정복되어(수 12:21) 므낫세의 소유로 분배되었으나(수 17:11) 살고 있던 가나안 사람들을 몰아내지 못한 도시이다. 이스라엘이 강성해진 후에 비로소 이스라엘 사람들은 이들 가나안 족속에게 노역을 시킬 수 있었다(삿 1:28).

다아낙은 사울이 길보아 산지에서 죽은 후 이스르엘을 점령한 다윗에 의해 이스라엘 영토가 되었다. 솔로몬이 이스르엘 골짜기를 한 관할 지역(다섯 번째)으로 배분할 때 다아낙은 이 골짜기의 중요한 도시였다(왕상 4:12).

## 고고학적 발견

다아낙에 대한 발굴은 1966년에 시작되었다. 발굴과 지표 조사를 통하여 이곳에서는 초기·중기·후기 철기, 페르시아 시대의 지층과 토기가 발견되었다. 특히 이곳에서는 주전 10세기까지 가나안의 문화와 관련이 있는 유물들이 발견되었는데 가나안의 종교적 모습을 가장 잘 묘사하고 있는 제대가 발견되어 많은 학자들의 관심을 받았다. 모두 4층으로 이루어진 높이 53cm의 제대는 주전 10세기의 연대로 추정되며 점토를 빚어 만든 것이었다. 제대 표면에는 바알과 아세라 같은 여러 가지 가나안 신들의 형상이 묘사되어 있고, 꼭대기 부분이 안으로 살짝 움푹 들어가 있는 것으로 보아 제물을 올렸거나 제수를 담았을 것으로 보고 있다.

## 성서 이야기

삿 1:27 므낫세 지파 사람들은 하나님의 약속을 믿고 이스르엘 골짜기의 성읍과 마을들을 차지하려고 싸우지 않음으로 그들을 쫓아내지 못했다.

"므낫세가 벧스안과 그에 딸린 마을들의 주민과 다아낙과 그에 딸린 마을들의 주민과 돌과 그에 딸린 마을들의 주민과 이블르암과 그에 딸린 마을들의 주민과 므깃도와 그에 딸린 마을들의 주민들을 쫓아내지 못하매 가나안 족속이 결심하고 그 땅에 거주하였더니"(삿 1:27).

## 말씀 묵상

▶ 약속의 조건

-하나님의 약속 중에는 조건부 약속이 있다. 하나님이 주시는 복 중에는 조건부 복이 있다.

-조건을 충족시켜야 얻을 수 있고, 누릴 수 있다.

1. 하나님의 축복의 약속을 믿으라.
2. 하나님께서 약속하신 복을 사모하라.
3. 하나님의 약속을 믿고 믿음으로 도전하라.

## 20 시대에 따라 주인이 바뀌는 접경도시들
# 게셀과 벧세메스

남북으로 이집트와 아람, 그리고 메소포타미아의 주요 도시들을 연결하는 지중해변의 해변 길에 인접해 있으면서 동서로 팔레스타인의 중앙 산악지대 서쪽에 있는 아얄론 골짜기를 따라 예루살렘과 여리고를 지나 요단 동편 고원지대를 지나는 왕의 도로를 연결하는 도로가 지나는 곳에 게셀이 있다. 게셀에서 남동쪽으로 멀지 않은 곳에는 팔레스타인의 중앙 산악지대의 서쪽에 있는 소렉 골짜기 언덕 위에 벧세메스가 있고, 벧세메스 서쪽 길을 따라가면 해안도로 도상에 위치한 블레셋의 도시 에그론을 만난다. 남쪽 길을 따라가면 쉐펠라의 아세가와 라기스로 통한다.

게셀과 벧세메스는 모두 주전 2000년쯤부터 도시가 형성되어 발전했으며, 지정학적으로 중요한 곳에 위치해 있음으로 해서 종종 이스라엘의 역사에 그 이름이 등장한다.

## 가. 게셀

성서시대의 중요한 도시 중 하나인 게셀은 현재 예루살렘에서 남서쪽으로 30km 떨어져 있는 텔 엘-제제르(Tel el-Jezer)이다. 교통의 요충지였던 이곳에는 주전 2000~1500년경부터 요새화된 가나안의 도시가 자리하고 있었다. 고고학 발굴을 통해 게셀 성에서 돌로 쌓은 높은 성벽과 양쪽에 탑을 세워 망대로 사용했던 성문 자리가 발견되었으며, 5m 높이의 성벽을 버티도록 누벽을 쌓아 보호한 흔적도 발견되었다.

가나안의 도시 게셀은 이집트의 투트모세 Ⅲ세(주전 약 1479~1425년)에 의해 주전 1477년쯤 파괴되었고, 이집트의 속국이 되었다. 이집트

의 카르낙 신전에 투트모세가 게셀을 파괴했다는 기록이 있고, 고고학적으로도 도시가 대화재로 무너진 것을 확인할 수 있다. 주전 14세기 아마르나 문서에는 게셀의 왕들이 이집트의 바로에게 충성을 맹세했다고 기록되어 있다. 이집트는 20년 동안 게셀의 왕들을 네 번이나 갈아치웠다.

게셀의 언덕 꼭대기에서 주전 14세기 후반에 궁전이 건축되었고, 4m 두께의 성벽이 세워진 흔적이 있는 것을 보아 이집트의 지배력이 약화되었을 때 이집트로부터 독립한 것으로 보인다. 그렇지만 이집트 왕 메르넵타(주전 약 1212~1202년)는 가나안 원정을 하면서 이 도시를 다시 한 번 파괴하였다. 그의 전승 기념비에서 그가 파괴한 가나안의 도시 중에 게셀의 이름을 발견할 수 있다. 그렇지만 이집트의 가나안 통치는 오래가지 못했고 다시 게셀은 재건되었으며, 주전 13세기 말기 여호수아가 이끄는 이스라엘이 라기스를 공격하자 게셀 왕 호람은 라기스를 도우러 출병하였으나 패하여 진멸되었다(수 10:33). 이후 게셀의 인구는 줄어들었고, 도시는 축소될 수밖에 없었다.

여호수아에 의해 게셀은 에브라임 지파에게 분배되었으나 에브라임이 그들을 쫓아내지 못함으로 가나안 족속들은 노역을 담당하면서 그곳에 거주할 수 있었다(수 16:10; 삿 1:29). 해안에 거주하던 블레셋이 강성해지면서 에그론과 가까운 이곳은 블레셋의 지배 아래 들어갔으며, 이곳에서 블레셋 사람들과 가나안 사람들이 섞여 살았다. 다윗은 게바에서 게셀까지 블레셋 사람들을 쳐서(삼하 5:25) 블레셋의 경계를 가드와 에그론과 아스돗의 외곽까지 축소시킴으로써 블레셋이 더 이상 이스라엘을 위협하지 못하게 만들었다. 블레셋은 이스라엘의 속국이 되었다.

이집트의 왕 바로는 전에 자신들이 가나안 사람들을 죽이고 탈취하여 불사른 바 있는 게셀을 솔로몬에게 아내로 준 자신의 딸의 예물로 삼았다. 솔로몬은 게셀을 비롯하여 므깃도와 하솔에 요새를 건축하였는데 이는 해안도로와 북쪽으로 가는 주요 도로를 장악하기 위해서였다(왕상 9:15~17). 게셀은 르호보암 시대에 애굽 왕 시삭에 의해 주전 925년에 파괴되었고, 주전 732년 앗수르의 디글랏 빌레셀 Ⅲ세에 의해 또다시 파괴된 후에는 더 이상 사람들이 거주하지 않았다.

## 고고학적 발견

게셀에서는 1871년부터 1990년까지 지속적인 발굴이 이뤄졌다. 초창기에 발굴된 고대 흔적을 잘못 해석해 고고학적 연구가 계속된 곳이기도 하다. 예를 들어, '솔로몬 성문'의 경우 초창기 고고학자 맥칼리스터(MaCalister)는 마카비 즉 주전 2세기쯤의 탑이라고 해석하기도 했다. 2006년부터는 미국 남서침례신학대학원(Southwestern Baptist Theological Seminary)의 오르티즈(S. Ortiz) 교수가 이스라엘 유물청과 함께 게셀의 발굴 결과를 다시 한 번 점검하고 출판하는 일을 하고 있다. 1902~1909년 사이 맥칼리스터가 발굴한 7m 깊이의 수갱과 24m의 수로는 백 년의 시간이 지나면

서 폭풍과 바람, 수천 톤의 흙으로 뒤덮였지만 다시 찾아냈다.

고고학적 발굴에 의하면, 블레셋의 영향 아래 있었던 주전 12~11세기 게셀에 다시 행정건물들이 들어섰고, 가나안과 블레셋의 여러 다른 토기들이 함께 발견되었다. 또 사무엘하 5장 25절의 '다윗이 블레셋 사람들을 게바에서 게셀까지 쳤다'는 기록을 볼 때 이때에는 블레셋 사람들이 게셀로 이주하여 가나안 사람들과 함께 거주한 것이 분명하다.

게셀에서는 이목을 끌 만한 독특한 유물들이 많이 발굴되었는데, 1873년 언덕 주변을 둘러싸고 몇백 미터 떨어져 도시의 경계를 나타내는 13개 비석들이 발견되었다. 주전 1세기 것으로 추정되는 히브리어로 새겨진 기록들은 '게셀 경계'를 보여주고 있어 도시의 이름뿐만 아니라 도시 전체 영역의 크기를 가늠할 수 있게 해준다.

또한 게셀 유적지의 남서쪽 평지에서 발견된 10개의 돌들은 발견 당시 땅바닥에 누워 있었지만 고대에는 분명 세워져 있어 마치 성서에서 말하고 있는 입상, 혹은 주상(히브리어 마쩨봇)의 역할을 했던 것으로 보인다. 가장 큰 돌의 높이는 3m이고, 이 중 하나는 제단의 형태를 띠고 있으며, 또 다른 하나는 제물을 담을 수 있도록 큰 그릇의 형태를 하고 있다. 고대 근동에서는 조각한 돌만 신의 상징으로 생각한 것이 아니라 자연석을 세운 자체만으로도 신의 모습 혹은 신의 영역이라고 생각했다. 이러한 예는 야곱이 벧엘에서 만난 하나님의 집에 왜 돌을 세웠는가를 설명해 준다. 대부분 학자들은 이 돌들이 세워진 장소가 해안도로를 지나가는 상인들을 대상으로 한 제의가 행해진 종교적 장소일 것이라는 데 동의하고 있다.

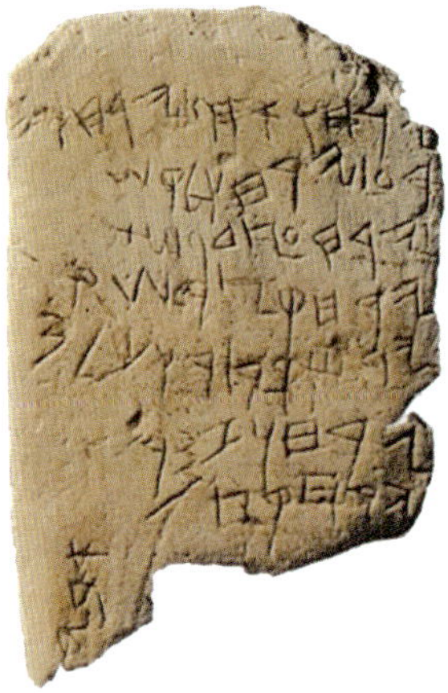

또 다른 흥미로운 발견은 길이 10cm밖에 안 되는 작은 석회석 조각이다. 주전 10세기 중반 이후로 연대가 추정되는 이 조각은 히브리어 기록 중 가장 오래된 것으로 '게셀 달력'이라 불린다. 모두 7줄의 글자들이 새겨져 있는데 내용은 12개월을 계절별로 나눠 농경의 순서를 이야기하고 있다. 학자들은 문자의 생김이 너무나 유치하고 서툰 솜씨로 쓰였기에 공문서는 아니라고 보고 있다. 올브라이트(W. F. Albright)는 조각의 크기가 한 손 안에 들어올 만큼 작은 것으로 보아 서기관이 되려고 하는 학생들의 학습용 기록일 것이라고 추정했다.

게셀 달력의 역할이 무엇이었는지는 아직도 풀리지 않은 수수께끼지만, 이 달력이 고대 이스라엘의 역사와 농경에 대해서 시사해 주는 바는 크다. 우선 이곳에서 이스라엘의 요새와 함께 히브리어가 발견되었다는 것은 주전 10세기 중반 이후 솔로몬 시대에 '이집트 바로가 게셀을 솔로몬에게 주었다'는 성서적 역사와 일맥상통하기 때문이다. 더불어 이스라엘의 농경 순서와 올리브, 보리, 포도 등 주요 작물을 언급한 것도 고대 농경문화를 연구하는 데 도움이 된다.

게셀에서는 므깃도와 하솔에서 발견된 것과 똑같은 성문이 발견되었다. 양쪽에 방이 세 개씩 있어 육방 성문으로 불리는 성문으로 누가 세운 것인지는 논란이 있지만, 모두 동시대의 것으로 보인다. 대부분 학자들은 이

독특한 성문을 세운 사람이 솔로몬이라고 보고 있어 '솔로몬 성문'이라 부른다. 특히 게셀의 성문은 솔로몬이 건축했음이 확실시되고 있는데 이는 성문이 세워진 바로 밑에서 주전 10세기 초(다윗의 시대) 유물들이 발견되었고, 성문은 세워진 지 얼마 후 르호보암의 시대에 시삭에 의해 주전 925년 파괴된 것으로 드러났기 때문이다.

## 성서 이야기

**수 16:10** 에브라임 자손들은 게셀에 거주하는 가나안 족속을 쫓아내지 못했다.

**삼하 5:22~25** 다윗은 르바임 골짜기까지 쳐들어온 블레셋 군대들을 쳐서 게바에서 아얄론 골짜기를 따라 내려가며 게셀까지 추격했다.

## 말씀 묵상

▶ 다윗의 승리 전략

1. 전략가이신 하나님께 기도하여 지혜를 얻었다.
2. 다윗은 하나님의 전략에 따라 행동했다.
3. 승기를 잡은 다윗은 적을 이스라엘 땅에서 완전히 몰아냈다.

## 나. 벧세메스

히브리어로 '태양의 집'이라는 뜻의 벧세메스는 팔레스타인의 중앙 산악지대 서쪽의 소렉 골짜기에 위치해 있으며, 블레셋과 경계를 이루는 도시로 소라와 딤나가 가까이 있다. 고대 벧세메스는 예루살렘에서 서쪽으로 20km 떨어진, 아랍어로 '아인 쉠스'(Ain Shems)라는 마을 인근에 있는 3만$m^2$ 언덕(해발 250m)이다. 주전 2000년쯤부터 사람이 살기 시작하면서 도시가 형성되었던 벧세메스는 여호수아에 의해 유다 지파에게 분배되었으나(수 15:10~11) 레위인에게 분배된 성읍이다(수 21:16). 동명이지로 성서에는 네 곳의 벧세메스가 나온다.

이스라엘이 블레셋과의 선쟁인 에벤에셀 전투에서 실로에 있는 여호와의 언약궤를 전쟁터로 옮겨 왔음에도 패하고 언약궤를 블레셋 사람들에게 빼앗겼다(삼상 4장). 블레셋 사람들은 빼앗은 언약궤를 아스돗에 있는 다곤 신전에 두었는데, 다곤 신상이 넘어지고 도시가 독한 종기로 인하여 고통을 당하게 되자 다른 블레셋 도시의 신전으로 보냈다. 그러나 언약궤가 머무는 곳마다 독한 종기가 퍼지자 블레셋 사람들은 두려움의 대상이 된 언약궤를 이스라엘로 돌려보내기로 하고 멍에를 메어 보지 않은 두 마리 암소가 끄는 수레에 실어 보낸다. 빼앗겼던 언약궤가 일곱 달 만에 돌아온 곳이 벧세메스이다. 벧세메스 사람들은 암소들을 잡고, 수레를 태워 번제를 드렸다. 이때 안타깝게도 벧세메스 사람들 중 어떤 이들은 여호와의 궤를 들여다보다가 (오만) 칠

십 명이 죽임을 당한다. 이 일로 두려워진 벧세메스 사람들은 전령을 기럇여아림 주민에게 보내 언약궤를 옮겨가라고 전하였고(삼상 6장), 기럇여아림 사람들은 언약궤를 옮겨다가 산에 사는 아비나답의 집에 들여놓는다(삼상 7:1).

주전 10세기에 솔로몬은 블레셋과 경계를 이루고 있는 벧세메스를 요새화하고 행정도시로 만들었다(왕상 4:9). 열왕기상에서는 솔로몬의 두 번째 행정구역에서 주요 도시로 언급되었다. 이곳은 북왕국 이스라엘의 왕 요아스가 유다를 치러 이 성에 이르렀을 때에 맞서 싸우던 유다 왕 아마샤(아마시야)가 사로잡힌 곳이기도 하다(왕하 14:11~13). 유대 왕 아하스 때에는 블레셋 사람들이 올라와 벧세메스와 주변지역을 빼앗아 살았다(대하 28:18).

주전 8세기 이후 벧세메스는 블레셋 도시 에그론과 함께 올리브 기름 생산을 주업으로 하는 산업도시가 되었다. 올리브 기름을 짜는 돌추과 그릇이 유적지 전역에 걸쳐 발견되었다. 주전 701년 앗수르의 산헤립이 유다 46개의 도시를 파괴하였을 때 벧세메스도 앗수르의 손에 넘어갔고, 폐허가 된 상태로 버려졌다. 이후 잠시나마 사람들이 거주했던 흔적이 발견되지만, 주전 587년 바벨론의 느부갓네살 Ⅱ세에 의해 완전히 파괴되었고, 더 이상 아무도 살지 않는 도시가 되었다.

## 고고학적 발견

벧세메스의 발굴은 1911~1912년, 1928~1933년 미국과 영국의 전폭적인 지지를 받으면서 시작되었다. 안타깝게도 발굴의 기술이 발전하지 못했고 모든 것은 이스라엘 왕국시대로 해석되어 재탐사가 필요했다. 1971년 이스라엘 고고학자 엡스타인(C. Epstein)의 발굴로 이스라엘이 벧세메스를 정복하기 전 이곳에 요새화된 가나안 도시와 신전이 있었다는 사실이 밝혀졌다. 또 도시 이름의 유래도 밝힐 수 있었다.

1990년부터는 텔아비브 대학교의 부니모비츠(Sh. Bunimovitz)와 레더만(Z. Lederman) 교수의 지속적인 관심 아래 현재까지 발굴이 시행되고 있다. 텔아비브 대학교의 주요 관심은 이스라엘 정복 시대부터 왕국시대까지 이스라엘과 관련된 흔적들을 찾는 것이었다. 발굴 결과 벧세메스 언덕의 북동쪽에서는 거대한 벽과 이 벽을 지탱하는 누벽이 함께 발견되었다. 성벽 중에는 방들을 연결하여 만든 포곽벽도 있었다. 여기에는 위급한 상황에서 도시를 몰래 빠져나갈 수 있는 비밀 문도 만들어져 있었다.

벧세메스를 요새화하는 과정에서 성내에 물을 공급할 수 있는 물 저장고가 만들어졌는데, 이것은 비가 오지 않는 건기가 일곱 달 내내 지속되는 이스라엘의 기후 조건 때문이었다. 한 번에 800㎥의 빗물을 모아 저장할 수 있는 물 저장고는 암반을 파내 지하에 네 개의 큰 홀이 십자 모양으로 만들어졌으며, 전체 벽면은 회칠을 하여 방수 처리를 했고, 다시 회칠한 수로들이 도시의 도로들로 뻗어나가 도시민들에게 물을 공급할 수 있도록 설계되었다.

벧세메스는 철 제련소도 갖추고 있었다. 다양한 제련용 도구와 제련을 하고 남은 찌꺼기들이 발견되어 이곳에 산업적 시설도 마련되어 있었음을 알 수 있었다. 철 제련소는 이스라엘 유적지에서는 흔하지 않은 것으로 벧세메스가 상업적, 지형적으로 중요한 위치에 있었음을 알려 주고 있다.

유적지 전반에 걸쳐서 발견된 사사시대의 마을에서는 2층으로 지어진 이스라엘의 전형적인 가옥이 발견되었다. 일상용품으로 사용되던 토기들과 더불어 맷돌, 화로 등이 함께 발견되어 구약시대 삶의 모습도 재현해 볼 수 있었다. 금으로 만든 장식품들과 포장된 넓은 방이 있는 부유한 상류층의 집도 발견되었다.

흥미로운 것은 주변 유적지들과 언덕에서는 같은 시대에 돼지 뼈가 발견되는데, 벧세메스에서는 이 시대부터 돼지 뼈가 전혀 발견되지 않는다는 점이다. 이 시대부터 돼지를 금기시했던 이스라엘 사람들이 거주하였음

을 보여준다. 특히 2012년에 발견된 지름 1.5cm 인장에는 한 사람이 동물을 마주하고 서 있는 장면이 새겨져 있는데, 소렉 골짜기를 무대로 했던 삼손의 모습과 자주 비교되고 있다.

## 성서 이야기

**삼상 6:14~16, 19** 블레셋에게 빼앗긴 여호와의 궤는 벧세메스로 돌아왔고, 사람들은 여호와께 번제와 다른 제사를 드렸다. 그 안을 들여다본 사람들 (오만) 칠십 명이 죽임을 당했다.

## 말씀 묵상

▶ 돌아온 여호와의 궤

1. 여호와의 궤는 블레셋에게 져서 빼앗긴 것이 아니라 이스라엘이 하나님과 멀어졌기 때문에 빼앗긴 것이다.
2. 여호와 하나님께서는 스스로 자신의 체면과 명예를 지키시는 분이시다.
3. 영적 호기심이 큰 화를 부를 수 있다.
(하나님을 시험치 말라.)

## 21 유다 왕국의 부흥의 산실이 된 예루살렘(3) -제2성전시대

주전 586년 예루살렘은 바벨론 왕 느부갓네살의 어전 사령관 느부사라단에 의해 함락되었다. 예루살렘 성읍과 성전은 불태워졌으며, 사면 성벽은 헐렸고, 유다인들은 바벨론으로 사로잡혀 갔다. 그러나 바벨론은 오래가지 못했다. 주전 562년 느부갓네살이 죽으면서 급격히 몰락했는데, 그의 후계자 세 명에 의해 7년간 다스려졌으나 주전 556년에는 하란의 나보니두스(Nabonidus)가 왕권을 장악했고, 그는 수도를 테마(Tema)로 옮기는 한편 바벨론의 행정을 그의 아들 벨사살(Belshazzar)에 맡겼으나 죽임을 당하고 메대 사람 아하수에로의 아들 다리오가 왕이 되었다. 주전 539년에는 안산 왕이었던 고레스(Cyrus)에 의해 바벨론 제국이 망하고 바사 제국(Persia)이 창건되었다.

바사 왕 고레스는 제국 내에 여러 민족들의 민족 감정과 종교적 속박을 완화시키는 정책을 펼쳐 포로들을 고향으로 돌려보냈다. 그의 재위 1년에 예루살렘에서 여호와 예배를 부활시킬 것과 유다인 포로들의 귀환에 관한 조서가 내려졌고(스 1:1~4; 대하 36:22~23), 세스바살(스룹바벨)이 유다 총독으로 임명되었다. 주전 537(8)년 스알디엘의 아들 스룹바벨은 요사닥의 아들 제사장 예수아와 함께 왕명에 따라 예전에 바벨론 사람들이 빼앗아 온 예루살렘 성전의 기물들을 찾아가지고, 고국으로 돌아가기를 원하던 유다인들(종들을 포함하여 49,697명)을 데리고 4개월의 긴 여정 끝에 유다 땅에 이르렀고, 그들은 각자의 성읍으로 돌아갔다. 당시 예루살렘의 인구는 1,500명 정도밖에 되지 않았으며 성벽도 없는 작은 마을에 불과하였다. 바벨론에 의해 파

괴된 도시는 당시까지도 복구되지 못했으며, 히스기야가 포함시켰던 예루살렘의 서쪽 언덕은 황폐한 가운데 버려져 있었다.

유다인들이 바벨론에서 돌아온 지 7개월 만에 예수아와 스룹바벨의 형제들이 일어나 예루살렘에 여호와의 제단을 다시 만들고 그 위에 여호와께 번제를 드림으로 제사가 회복되었다. 그렇지만 성전 재건을 위한 지대도 놓지 못하다가 2년 두 달 만에 솔로몬이 세웠던 성전 자리에 새 성전 건축을 시작할 수 있었다. 그러나 곧 유다인의 바벨론 포로 기간에 가나안 땅에 정착해 살고 있던 사람들의 방해로 건축은 다리오 왕(다리오 Ⅰ세) 제2년까지 중단되었으나 결국 공사는 재개되어 다리오 왕 재위 6년, 즉 주전 516년 아달월 셋째 날에 완성되었고, 스룹바벨 성전 또는 제2성전이라고 불리는 성전 봉헌식이 이루어졌다(스 6:15~16). 이것은 예레미야의 예언처럼 예루살렘 성전이 바벨론에 의해 파괴된 지 70년 만의 일이었다. 스룹바벨 성전은 고레스 왕의 명령에 따라 높이와 너비 각각 60규빗(약 30m)에 이르도록 지어졌다(스 6:3). 이후에도 유다인들의 귀환이 이어져 주전 457년 아닥사스다 Ⅰ세 때에는 에스라의 지도 아래 1,758명(스 7~10장), 주전 445년 아닥사스다 Ⅱ세 때에는 느헤미야의 지도 아래 귀환하였다. 특히 느헤미야는 호론의 산발랏, 암몬의 도비야와 아라비아의 게셈의 반대와 위협에도 불구하고 52일 만에 예루살렘 성벽을 재건하였다(느 1~13장). 그러나 안타깝게도 이 시대에 세워진 성전의 자취는 지금으로선 찾아내기가 어려워졌다. 예루살렘의 성전이 있었던 바로 그 자리에 현재는 이슬람 사원이 세워져 있다.

마케도니아의 왕 알렉산더는 주전 334년 정예병 3,500명을 이끌고 바사 원정에 나섰고, 소아시아에 있는 바사 총독들의 군대들을 격파하고 내륙으로 진군하여 저항 세력들을 진압하면서 길리기아의 수도 다소를 점령한 후 남진하여 수리아의 아마누스 산맥의 무리안두루스에 도착했다. 거기서 그는 다리오 Ⅲ세와 그의 군대가 그의 배후인 이수스(Issus/잇수스)에 도착했다는 소식을 듣고 후방으로 달려가 기병대로 공격하여(주전 333년) 격파하였다. 알렉산더는 해변 길을 따라 남진하여 수리아를 지나 주전 332년 7월에 두로를 점령하였다. 그는 계속 남진하여 가사를 공격하여 2개월 만에 점령하였다. 가사 공성 중에 그는 헬라 기병대를 보내 아바티아를 공격하였고, 이두매의 수도 라기스에도 군대를 보냈으며, 예루살렘으로 가 대제사장을 만났다. 그는 주전 331년 진군을 계속하여 이집트를 점령하였고, 다시 북쪽으로 올라가면서 군대를 사마리아와 여리고에 보내 점령하였다. 주전 331년에 그는 가우가멜라의 이수스 전투에서 간신히 목숨을 건지고 도망하였던 다리오 Ⅲ세와 그의 남은 군대를 만나 그들을 격파하고 바벨론, 수사, 페르세폴리스를 점령하였다. 다리오는 카스피해로 도망갔으나 결국 부하들에 의해 죽임을 당함으로 바사제국이 멸망하였다. 알렉산더는 동부 페르시아를 지나 인도의 간지스 골짜기에 이르렀으나 그의 군대가 더 이상 진군하는 것을 거부하자 그곳에서 인더스 강 하구를 거쳐 바벨론으로 돌아오던 중 병을 얻어 주전 323년 6월 32세의 나이로 바벨론에서 죽었다.

알렉산더에게는 동생 빌립과 유복자로서 후에 알렉산더 Ⅳ세가 있었으나 실권은 그의 휘하 장군들에게 넘어갔고 헬라 제국은 분열되었다. 알렉산더의 부하 장군이었던 페르디카스(Perdicas)는 섭정을 하였으나 죽고, 이어 다른 장군이었던 안티고누스(Antigonus) 모노탈무스는 마케도니아의 왕이 되었고, 프톨레미(Ptolemy)는 이집트, 셀레우쿠스(Seleucus)는 바벨론의 총독이 되었고, 이 둘이 연합하여 1차 수리아 전쟁 때 이수스에서 안티고누스를 격퇴시킴으로 헬라 통일제국의 꿈은 깨졌고, 이들은 각자 이집트와 수리아의 왕이 되었다. 예루살렘을 중심으로 한 팔레스타인은 주전 198년까지 프톨레미의 통치를 받았다. 주전 260~255년에 이집트 프톨레미 Ⅱ세와 수리아 안티오쿠스 Ⅱ세 사이에 벌어진 2차 수리아 전쟁에서 이집트가 승리하였으므로 변화는 없었다.

프톨레미 통치 시대에 유다는 예루살렘의 아래 남쪽 지역에서 제

사장을 중심으로 하는 독립적인 자치구역으로 남았다. 아람어로 '유다'라는 뜻을 가진 예후드(YHDH)가 기록된 동전을 사용한 흔적이 있어 유다인들 사이에 상업적인 거래가 있었음을 증명해 주고 있다. 동전에는 주로 꽃잎 세 개로 이루어진 백합화 모습이 새겨져 있지만 독수리라든가 올빼미, 심지어 사람의 형상들도 나타나 있다. 이는 다양한 신을 믿고 형상들을 만드는 헬라 문명의 영향을 받은 것으로, 형상을 새기지 말라는 성경의 율법을 지키지 않고 있는 모습을 보여준다. 유다인들의 문화는 이미 헬라 문명에 깊이 젖어들고 있었던 것이다. 헬라화된 유다인들은 예루살렘의 다윗 성 서편에 '아크라'(Acra)라는 구역에 헬라인들과 함께 살았다.

이집트의 프톨레미 Ⅲ세는 주전 246~240년에 셀레우쿠스 Ⅱ세를 공격하였는데(제3차 수리아 전쟁) 안디옥과 실루기아의 항복을 받고, 이어 바벨론을 공격하였으나 이집트 내에서의 반란으로 돌아갔다. 셀레우쿠스 Ⅱ세는 주전 242년 수도 안디옥으로 다시 돌아왔고, 주전 240년 메소포타미아를 다시 정복하였다. 셀레우쿠스 Ⅲ세에 이어 수리아 왕이 된 안티오쿠스 Ⅲ세는 주전 219년에 이집트 원정을 시작하였으나, 라비 전투에서 이집트 프톨레미 Ⅳ세의 군대와 마주쳤고 전세가 불리하자 팔레스타인에서 퇴각하였다. 주전 201년 안티오쿠스 Ⅲ세는 다시 팔레스타인을 공격하였고 가사까지 공격하여 마침내 성을 정복하였으나, 스코파스가 이끄는 프톨레미 Ⅳ세의 이집트 군에 패퇴하였다. 스코파스는 안티오쿠스 Ⅲ세 편을 든 예루살렘을 점령하고 파니아스(바니아스)로 진군하여 다시 안티오쿠스 Ⅲ세의 군대와 싸웠으나 패하고 도망갔다.

이집트 군을 격파한 안티오쿠스 Ⅲ세가 예루살렘으로 가자 유다인들은 그를 환대하였고, 스코파스가 아크라에 남기고 간 이집트 군과 함께 싸우기까지 하였다. 그는 유다인들의 환대에 많은 호의를 베풀었다. 유다 사람들에게 율법에 따라 살 것을 허락하고, 예루살렘 성전에서 자신들의 제사를 지내고 제사장들이 그 제물을 갖도록 허락했다. 장로회와 제사장, 서기관들에게 인두세와 소금세를 면제해 주었으며, 예루살렘 주민들에게도 같은 특전을 3년간 누리게 함과 동시에 강제노역의 3분의 1을 면제해 주었다. 아울러 그는 죄수들을 석방하고 의식상 부정한 고기를 성 안에 들여오는 것을 금하였다.

제사장들과 부유한 상류층에 속한 헬라파 유다인들은 집안과 무덤을 사람이나 동물의 형상들로 장식하였으며, 헬라의 언어와 관습을 흉내 내면서 부와 권력을 더욱 축적했다. 그중에 대제사장 야손(Jason)은 예루살렘에 헬라 도시들처럼 체육관이나 극장 같은 유대교 전통과는 거리가 먼 시설들을 세우려 하였다.

이집트를 굴복시킨 안티오쿠스 Ⅲ세는 소아시아 일대를 점령한 데 이어 로마의 숙적 한니발(Hannibal)을 거느리고 그리스에 상륙하였으나 로마 군단에게 패하여 주전 191년 델모불라에서 평화조약에 서명하는 대신 소아시아를 포기하고 막대한 배상금을 지불하였다. 이후 그의 아들 셀레우쿠스 Ⅳ세와 안티오쿠스 Ⅳ세는 장차 다가올 로마와의 전투를 준비할 필요를 느끼게 되었다. 이에 안티오쿠스 Ⅳ세(안티오쿠스 에피파네스)는 올림피아의 제우스(Zeus) 신을 중심으로 종교적 통일을 통해 나라를 강력히 단합시키고자 하였다. 이에 그의 아버지 안티오쿠스 Ⅲ세의, 유다인들에게 그들의 독립성을 존중하겠다는 약속을 깨뜨리고 헬라인 제사장 메넬라우스를 후원하였다.

주전 170년 안티오쿠스 Ⅳ세는 이집트를 공격하여 톨레미군을 격파하고 멤피스에 도착한 후 자신을 이집트 왕으로 선포한 후 알렉산드리아를 공격하였다. 그러나 알렉산드리아를 함락시키지 못하고 주전 169년 아시아로 돌아가던 중 폐위당했던 대제사장 야손이 토비아인들의 도움을 받아 예루살렘을 점령하려 한다는 첩보를 접하고 예루살렘으로 돌아와 성전금고를 탈취하였다. 그는 이듬해인 주전 168년 다시 이집트로 향하여 알렉산드리아 전방

6.5km까지 진격하였으나 로마의 포필리우스 라에나스와 마주쳤고, 그의 퇴각 명령을 받고 굴복하여 귀국하면서 무시아(Mysia)의 용병 사령관 아폴로니우스(Apollonius)를 총독으로 임명하여 그의 군대 2만 명과 함께 예루살렘에 파견하였다. 아폴로니우스는 예루살렘의 아크라를 요새화하였고, 서편 언덕에 헬라식 도시를 건설하였다.

안티오쿠스 Ⅳ세는 예루살렘의 하나님의 집을 제우스와 디오니시우스 신전으로 만들려고 결심하였다. 그는 이스라엘의 하나님을 헬라의 신들과 동일시하는 한편, 유다인들로 하나님을 예배하지 못하게 하고 다른 신들에게 제사를 드리도록 강요하였다. 주전 167년에는 하나님께 드리는 제사와 안식일과 절기 같은 전통을 지키지 못하도록 금지령을 내렸다. 유다인들은 그의 정책에 강력하게 반대하였고, 유대교 전통에 충실한 보수적인 제사장들은 우상숭배를 거절하고, 성전의 제물을 셀레우쿠스 왕조에 보내지 않았다. 아폴로니우스는 왕의 명령을 따르지 않는 유다인들을 박해하였다(종교박해). 그들은 심지어 할례를 행하는 유다인이면 아이는 물론 가족까지 모두 죽였고, 예루살렘 성전에 유다인들이 가장 불경하게 여기는 돼지의 피를 뿌렸다. 이 사건은 유다인들에게 오히려 경각심을 불러일으켰을 뿐 아니라 반란을 유발시켰다.

예루살렘 서쪽에 위치한 모딘(Modin)이라 불리는 보수적인 제사장

들이 그 중심에 섰다. 하스몬 가문의 제사장 맛타디아스(Mattathias)와 그의 다섯 아들은 제우스에게 제사하라는 왕명을 거역하고 이를 시행하라고 보낸 왕의 대리자를 죽이고 제단을 파괴하고 고프나 산지로 도망하였다. 이들은 율법을 지키려는 경건한 유대인들인 '하시딤'과 합류하여 그의 피신처에서 나와 이방 신전을 뒤엎고 유대 마을들을 선동하고 예루살렘에 거주하던 헬라화된 유다인들과 싸우게 만들었다. 반란을 진압하기 위해 아폴로니우스가 나섰지만 주전 166년 르보나 비탈길 전투에서 맛타디아스가 죽고 지휘권을 인계받은 그의 아들 유다스 마카비우스에게 패하고 전사하였다. 유다는 자신과 형제들을 히브리어로 '망치'라는 뜻을 가진 '마카비'라 불렀다.

아폴로니우스가 패했다는 소식과 예루살렘에 헬라화된 사람들이 고립되어 고통을 당한다는 소식을 들은 안티오쿠스 Ⅳ세는 셀레우쿠스군 사령관 세론(Seron)과 그의 군대를 파견하였으나 벧호론의 험준한 길에서 유다스 마카비우스의 기습 공격에 대패하였다.

바사와 메대와 전쟁 중이던 안티오쿠스 Ⅳ세는 주전 165년에 다시 세론의 상관 루시아스(Lysias)에게 유브라데 서쪽의 행정을 위임하였고, 루시아스는 톨레미를 비롯한 여러 장수들에게 많은 군사를 주어 반란을 진압하게 하였다. 그의 군대는 엠마오에 진을 치고 반란군 수색에 나섰으나 오히려 유다의 전략에 말려 자신의 진지가 불타자 해안으로 퇴각하였다가 다시 예루살렘으로 진군하다가 벧술에서 유다에게 공격을 당하여 패한 후 퇴각하고 말았다.

유다스 마카비우스는 예루살렘으로 돌아와 그의 부하들과 함께 성전을 정결케 하고, 오랫동안 돌보지 않아 부서진 부분을 개수하였다. 주전 165년 기슬렙월 25일 요나단 마카비우스는 대제사장이 되어 성전에서 3년 반 동안 중단되었던 제사를 하나님께 드리고 정결례를 행하였다. 이때 성전을 밝히기 위하여 등대에 불을 켰다. 이것이 하누카(Hanukkah/ '성전을 봉헌하다'의 의미) 절기로, 8일 동안 빛을 밝히고 기름진 음식을 먹는 것은 이를 기념하기 위한 것이다. 성경은 이 명절을 수전절이라 번역했으며, 예수님께서도 수전절을 기념하기 위해 예루살렘으로 올라가신 일이 있다(요 10:22). 유다스 마카비우스는 시온산과 벧술을 요새화하였다.

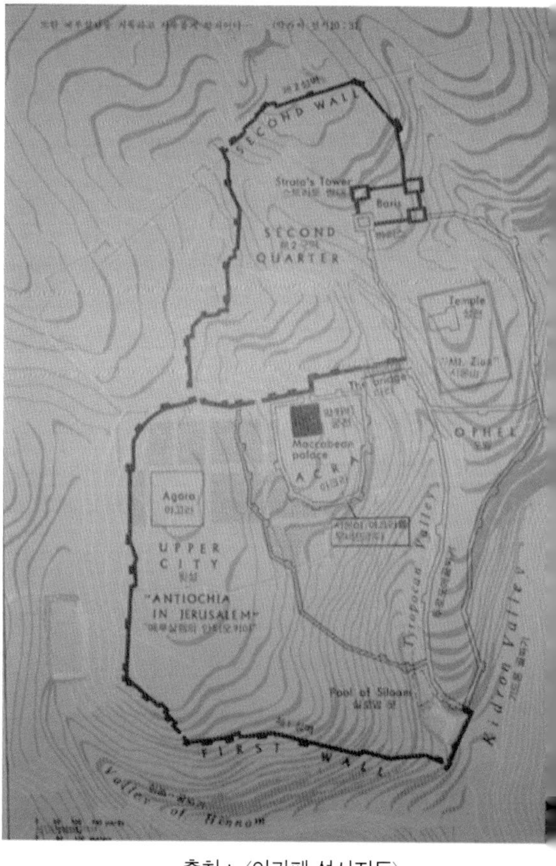

출처 : 〈아가페 성서지도〉

셀레우쿠스와의 대립은 계속되었지만 유다의 거주지들을 빼앗고 헬라화된 유다인들은 다시 유대교로 개종했다. 요나단은 셀레우쿠스 왕국의 몰락을 이용하였는데 데메트리우스 I세와 II세를 도와 유대의 독립을 허락받았고, 마카비우스 형제들 중 막내인 시몬 마카비우스는 주전 142년 대제사장이요, 군사들의 최고 장관이요, 유대의 통치자로 추대되었다. 이것이 하스모니아 왕조의 시작이었다.

주전 141년에는 시몬이 아크라도 정복하였고, 예루살렘 서쪽 언덕 주위에 성벽을 쌓고 성전산과 서쪽 언덕 사이에 투로포에온 골짜기를 건너는 다리를 놓았고, 아크라 자리에 궁전을 건축하였다. 예루살렘 북쪽에 성벽을 쌓아 도시를 확장(제2구역)하는 한편 성전산 북쪽에 망대들을 쌓아 요새(제2성벽)를 강화하였다(그중 하나는 아리스토불루스 I세 때에 '스트라토 망대'라 불렸다).

하스모니아 왕조는 예루살렘을 수도로 하는 독립국가로 성장하기 시작했다. 이스라엘을 떠났던 유다인들이 돌아오면서 예루살렘의 인구는 배로 늘어났다. 다양한 장소에서 돌아온 다양한 사람들이 어우러지면서 예루살렘 안에는 종교적 색깔을 달리하는 이들이 생겨나기 시작했다. 하스모니아 왕조 때에는 종교적 발전뿐 아니라 정치적, 경제적 발전도 더해졌다. 도시는 확장되었고 성벽이 세워졌으며, 건물들은 늘어났다. 마카비서 10장 10~11절에 의하면 요나단 마카비우스는 예루살렘 성벽을 더 강화하기 위해 네모로 각지게 깎은 돌로 성벽을 보수했다. 그의 작업은 막냇동생 시몬 마카비우스에 의해 완성되어 예루살렘 사면이 모두 벽으로 둘러싸이게 되었다(마카비 13:10).

안타까운 것은 하스모니아 왕조가 유대교 신앙을 지키기 위해 시작되었음에도 불구하고 점차 헬라화되었다는 것이다. 자녀들 이름 중에 알렉산더 같은 헬라 이름이 사용되고, 의복이나 건축 역시 헬라의 영향을 받았다.

하스모니아 왕조는 얀네우스 사후 그의 아내 알렉산드라(Alexandra)가 다스렸으나 주전 67년 그녀가 죽은 후에 두 아들 휼카누스 II세와 아리스토불루스 II세 사이에 벌어진 내란으로 로마가 개입하게 되었다. 로마는 세력이 약했던 휼카누스로 유대인들을 통치하게 하였으나 아리스토불루스의 지지자들이 예루살렘을 내놓기를 거절하자 주전 63년 로마의 폼페이(Pompey)는 예루살렘으로 진격했다. 예루살렘 윗 성과 왕궁을 장악하고 있던 훌카누스 지지자들은 폼페이에게 성문을 열어 주었고 아리스토불루스의 지지자들이 장악한 성전 요새도 점령하였다. 주전 37년 헤롯이 유다 왕이 되면서 유다의 제사장을 중심으로 하는 하스모니아 왕조는 사라지고 말았다.

## 고고학적 발견

고고학적 발굴에 의하면, 유다인들이 바벨론에서 돌아왔을 당시 예루살렘 성에는 성전산과 다윗 성 자리에서만 거주의 흔적이 발견될 뿐이었다. 에일랏 마잘 교수는 다윗 성 안의 G구역에서 이 시대에 세워진 벽의 일부분을 찾아냈다.

이스라엘의 주전 1세기~주후 1세기 역사를 기록한 요세푸스의 기록에 의하면, 예루살렘에는 당시 체육관과 극장이 있었다. 고고학자들은 그 흔적을 찾기 위해 많은 노력을 하고 있지만 현대의 예루살렘은 고대 도시 위에 세워진 도시여서 거주민들을 몰아내고 발굴하는 것이 쉽지 않다. 아직 이 건물들의 흔적은 발견되지 않았다. 그러나 주전 2세기 초 예루살렘에 체육관과 극장을 세우려 했던 대제사장 야손의 무덤은 현재 라하비야라 불리는 예루살렘 북서쪽 지역에서 발견되어 그가 역사적 존재임이 증명되었다.

고고학자들은 하스모니아(하스몬) 왕조 시대에 세운 성벽들을 예루살렘 곳곳에서 발견했다. 예루살렘 구시가지 욥바 성문 옆 다윗 탑이라고 불리는 곳과 최근 이 탑 아래 고가도로 밑에서 발견된 '마밀라'라 불리는 지역에서 하스모니아 왕조 시대 성벽의 흔적을 찾을 수 있었다. 예루살렘 성전 동쪽 벽은 하스모니아 왕조가 세운 벽으로 헤롯 시대에 확장된 이음선을 볼 수 있다. 하스모니아 왕조 성벽의 벽돌은 헤롯 시대 벽돌보다 돋을새김이 더 튀어나와 있다.

2008년에는 이스라엘 고유물청 고고학자들이 예루살렘 '구도시' (Old City) 남쪽 경계 밖의 시온 산자락에서 하스모니아 왕조가 지배하던 주전 2세기경에 지어진 성벽 유적과 3.2m 높이의 탑을 찾아냈다. 이 발굴작업을 이끈 고유물청의 예히엘 젤링거는 "고대 성벽 터의 발견으로, 예루살렘이 남쪽으로 팽창해 성서 시대에 이르러 가장 크게 확대되었음을 알 수 있게 되었다"고 설명했다. 그는 고대 성벽의 길이가 현재 예루살렘 구 도시의 둘레인 4km보다 훨씬 긴 6km에 이르며, 성벽 이음새에는 모르타르나 접착물질 등이 전혀 사용되지 않았다고 말했다.

## 성서 이야기

**스 1:2~3** 바사 왕 고레스는 유다 예루살렘에 성전을 건축하라고 명령하였다. 이사야 44장 28절과 45장 1절에서 여호와 하나님께서는 고레스를 "내 목자"라고 부르셨다.

**렘 29:10** 예레미야는 바벨론으로 잡혀간 유다인들이 칠십 년 만에 돌아올 것을 예언하였다.

**요 10:22** 신약시대의 유다인들은 겨울에 예루살렘에서 수전절을 지켰다.

## 말씀 묵상

▶ 고레스의 하나님

1. 여호와는 역사를 주관하시는 하나님이시다.
2. 여호와는 자신의 말을 성취하시는 하나님이시다.
3. 여호와는 돌아오게 하시는 하나님이시다(이스라엘 자손을).

▶ 수전절에 듣는 하나님의 목소리

1. 예루살렘 성전은 다시 정결케 될 것이다(새 예루살렘 성).
2. 네 마음의 성전을 정결케 하라.
3. 교회를 정결케 하라.

# 22 성탄의 도시 베들레헴과 민속박물관이 된 도시 마레사

팔레스타인의 중앙 산악지대에 예루살렘과 헤브론을 남북으로 연결해 주는 길이 지나는 산등성에 위치한 마을이 베들레헴이다. 동으로 엘라 골짜기를 따라 지중해 쪽으로 내려가면 아세가와 가드로 이어지는 길이 지난다. 아세가에서 쉐펠라 평지를 남북으로 이어지는 길을 따라가면 마레사와 만나 라기스에 이른다.

베들레헴은 유다 왕 다윗의 고향으로, 다윗의 후손에서 나신 예수 그리스도와 관련이 있는 곳으로 성경 중심에 등장하는 중요한 도시 중 하나이다. 그리고 마레사는 성경에 몇 차례밖에 언급되지 않은 도시이지만 과거 유다 산지에서의 이스라엘 조상들의 생활상을 잘 보여주는 문화의 보고이다.

## 가. 베들레헴

예루살렘 남쪽으로 7~8km 정도 떨어져 있는 베들레헴은 해발 775m의 석회암으로 이루어진 이중 구릉 위에 세워진 유다 지파에 속한 아름다운 성읍이다. 베들레헴(Bethlehem)이란 지명은 '빵(떡)의 집'이라는 뜻이며, 옛 이름은 에브랏(에브라다: 비옥한)이다(창 48:9; 룻 4:11; 미 5:2). 이곳은 동명의 스불론의 성읍과 구별하기 위하여 유다 베들레헴(삿 17:7), 또는 베들레헴 에브라다(미 5:2)로 불렸다. 사사시대에 베들레헴의 입산이 이스라엘의 사사가 되어 7년을 다스렸다(삿 12:8~12).

유다 베들레헴에 살던 엘리멜렉은 흉년으로 그의 아내 나오미와 두 아들을 데리고 모압 지방에 가서 살면서 모압 여인들을 며느리로 삼았다. 그들이 그곳에서 거주한 지 10년쯤 되었을 때 나오미는 남편과 두 아들을 잃고 둘째 며느리인 룻을 데리고 고향으로 돌아와 살

게 되었다. 룻은 보아스(엘리멜렉의 친척)를 만나 결혼하여 다윗의 할아버지인 오벳을 낳았다(룻 1:2, 4:13). 이새의 여덟 번째 아들로 태어난 다윗은 이곳에서 그의 형들과 함께 양을 치며 살았다. 사사이며 선지자였던 사무엘은 이곳에서 이새의 아들 다윗에게 이스라엘의 왕이 될 것이라고 예언하였고(삼상 16:1, 4, 12~13), 훗날 다윗은 헤브론에서 유다 왕으로 7년 6개월을 다스렸고, 북부 이스라엘 지파들의 요구에 따라 사울에 이어 왕으로 기름 부음을 받아 33년간 이스라엘 전체를 다스렸다.

북왕국 이스라엘이 분리 독립한 후 르호보암은 국방을 강화하기 위하여 이곳에 요새를 건축하였다(대하 11:6). 그리고 이곳은 바벨론 포로 이후에 귀환한 사람들의 고향이기도 하다(스 2:21).

제정 로마시대의 초대 황제 아우구스투스(아구스도/ 옥타비아누스, 주전 31~주후 14년) 황제는 인구조사를 위하여 호적신고를 하라고 명을 내렸다. 주전 6년경 유다 지파 사람이었던 요셉은 임신한 아내 마리아와 함께 호적을 하려고 베들레헴에 와서 예수님을 낳았다.

헤롯 왕은 동방에서 박사들이 자신의 궁전에 찾아와 유대인의 왕으로 나신 이에게 경배하고자 했을 때, 대제사장과 서기관들에게 물어 베들레헴에 왕이 태어날 것을 알게 되었다. 그는 박사들을 베들레헴으로 보내며 "가서 아기에 대하여 자세히 알아보고 찾거든 내게 고하여 나도 가서 그에게 경배하게 하라"고 부탁했으나 박사들이 돌아오지 않자 베들레헴과 그 모든 지경 안에 있는 두 살 이하의 모든 사내아이를 죽였다(마 2:1~18).

유다인이 일으킨 코크바 반란 사건(132~135년)으로 로마에 의해 예루살렘은 다시 황폐화되고, 유대인들이 이곳에 사는 것이 금지되었다. 주후 135년 하드리아누스 황제는 예수 탄생 동굴에 아도니스 즉 담무즈 신을 섬기는 제단을 건설하여 메시아 전승이 전파되는 것을 막았다. 그러나 주후 313년 콘스탄티누스에 의해 기독교가 공인된 종교가 된 이후 그의 어머니 헬레나에 의해 339년 예수님이 탄생하신 동굴 위로 모자이크와 프레스코 화법으로 화려하게 장식된 십자가 형태의 바실리카풍 교회가 세워졌고, 수많은 순례자들이 베들레헴을 찾게 되면서 마을은 복원되었다. 이후 교회가 비잔틴 왕국에 반기를 든 사마리아 사람들에 의해 파손되고, 지진과 화재로 무너질 위기에 처하자 유스티니아누스 황제는 기존의 건물을 헐고 새로운 교회당을 재건하여 주후 529년에 완공하였다(희랍 정교회 소속의 예수탄생기념교회).

주후 638년 팔레스타인은 회

교도들이 점령하여 통치하기 시작하였는데, 이때 다른 성지들처럼 이 교회도 페르시아 아랍인들에 의해 파괴될 뻔하였다. 교회를 불사르기 전에 안을 돌아보던 그들은 벽화에서 아기 예수에 경의를 표하는 페르시아 복장을 한 동방 박사들의 모습을 보고 자신들의 조상이 그려진 예배당을 소중히 여기게 되었다. 이후 이곳은 기독교인들과 이슬람교인들이 함께 예배드리는 종교적 공존의 장소가 되었다.

"이교도들이 점령한 그리스도의 무덤을 구하자"는 슬로건으로 뭉친 유럽 연합군은 주후 1099년 6월 6일 이스라엘의 엠마오에 진을 쳤는데, 베들레헴으로부터 온 한 무리의 기독교인들로부터 사라센 아랍인들이 성탄교회를 파괴하려 하니 도와달라는 요청을 받고 탄크리드의 지휘 아래 100명의 십자군 기사들이 밤새 말을 달려 베들레헴으로 향하였고 그들은 아무런 저항도 받지 않고 도시를 장악할 수 있었다. 그리고 이 지역에 약 한 세기 동안 '예루살렘 라틴왕국'을 건설하였는데, 주후 1100년의 성탄절 날 자정에 이곳의 성탄교회에서 새로운 왕국의 초대 왕 볼드윈 1세의 대관식을 거행했다.

서기 15세기 이후 성탄교회는 유럽의 가톨릭과 그리스-러시아 정교회의 주도권 투쟁으로 점철되었다. 성탄 동굴의 예수 탄생 자리에는 1717년 정교회 측이 설치한 14꼭지의 별 모양의 은판이 있고, '동정녀 마리아가 이곳에서 예수 그리스도를 낳았다'는 글귀가 라틴어로 새

겨져 있다. 이 은별은 1853년에 발생했던 러시아와 유럽 연합군 사이에 치러진 크리미아 전쟁의 한 원인이 되기도 하였다.

오늘날 베들레헴은 팔레스타인 자치지구에 속해 있어 분리 장벽으로 둘러져 있다. 베들레헴의 주민은 약 30,000명이며 이 중 80% 이상이 이슬람 교도들이다. 나머지는 구교 계통의 기독교인들이다.

## 고고학적 발견

베들레헴은 5000여 년 전부터 사람들이 모여 살기 시작하였던 곳으로, 예수님이 태어나심으로 초기 기독교인들의 이목이 집중되기 전까지 한적한 동네였다. 베들레헴에서의 본격적인 고고학적 발굴은 1934년에 시작되었다. 교회 발굴에 있어 드물게 성탄교회 내부를 파헤쳤는데, 제단을 장식했던 대리석을 들어내자 한가운데에 원형과 세 겹의 팔각형으로 둘러싸인 초기 제단의 모습이 드러났다. 팔각형은 비잔틴 건축에서 전통적으로 승리를 기념하는 것으로 가버나움의 베드로 장로 기념교회와 그리심 산 정상의 마리아 기념교회들에서도 발견되었다. 교회당 바닥에서는 약 70cm 아래에 기하학적 무늬로 장식된 아름다운 모자이크 바

닥이 드러났다.

교회 지하에는 여러 갈래의 동굴들이 있는데 이 중 한 동굴은 헤롯에 의해 희생된 어린 영혼들을 위한 것이고, 다른 하나는 성서를 라틴어로 번역한 서기 4세기의 성서학자 제롬을 기념하기 위한 동굴이다.

베들레헴의 지표조사를 통하여 석동기, 청동기, 초기·후기 철기, 페르시아, 헬라, 초기·후기 로마, 비잔틴 시대의 토기들이 발견되었다. 유적지는 콘스탄티누스 시대부터 오토만 시대까지의 건물들이 있다.

## 주변 유적지

베들레헴은 다윗의 우물(삼하 23:16)과 라헬의 무덤이 있는 곳이다. 야곱이 밧단아람에서 가나안 땅으로 돌아올 때에 라헬이 막내아들 베냐민을 낳다가 죽어 에브랏 길에 장사하였는데(창 35:19), 오늘날 베들레헴 분리장벽의 출입구 부근의 길가에 자리하고 있다.

## 성서 이야기

**룻 4:14~17** 남편을 잃고 자식도 없이 시어머니를 봉양하고자 나오미를 따라 베들레헴에 온 룻은 집안의 기업을 무를 자인 보아스와 결혼하여 아들을 낳아 오벳이라고 이름을 지었다. 오벳은 다윗의 아버지인 이새의 아버지였다.

**삼하 23:15~17** 블레셋과 싸우던 다윗은 자신의 고향 베들레헴 성문 곁 우물 물을 마시기 원했고, 그의 세 용사가 블레셋 사람의 진영을 돌파하고 지나가서 물을 길어 왔으나 다윗은 마시기를 기뻐하지 않고 그 물을 여호와께 부어 드렸다.

마 2:1 헤롯 왕 때에 생명의 떡이신 예수님께서 빵의 집인 베들레헴에서 탄생하셨다(요 6:33~35, 41~58). 이스라엘 자손들은 대대로 가나안 땅에서 나는 밀이나 보리로 빵을 만들어 먹었다.

## 말씀 묵상

▶ 성경의 책 이름이 된 여인

이방인으로 이스라엘에 시집 온 룻

1. 시부모의 신앙을 본받아 신앙의 복을 받은 여인이다.
2. 시어머니를 잘 봉양하여 새로운 삶의 복을 받은 여인이다.
3. 시어머니를 잘 봉양하여 자손의 복을 받은 여인이다.

▶ 떡집에서 듣는 떡 이야기

베들레헴은 떡집이다.

1. 이스라엘 백성들은 광야에서 하늘에서 내린 떡 만나를 먹었다.
2. 베들레헴에서 생명의 떡이신 예수님이 탄생하셨다.
3. 교회는 생명의 떡집이어야 한다.

## 나. 마레사

히브리어로 '소유'라는 뜻을 가지고 있는 마레사는 여호수아에 의

해 유다 지파에게 분배된 성읍이다. 이곳은 라기스에서 아세가를 거쳐 북으로 기브온으로 올라가는 고대도로와 헤브론에서 가드로 가는 고대도로의 교차로에 위치한 교통의 요충지이며, 북쪽에는 나할 구브린(N. Guvrin)으로 추정되는 스바다(Zephathah) 골짜기가 있다. 마레사는 부드러운 석회암(연석회암)으로 이루어져 있는 세펠라 평지에 자리하고 있어 주변이 비옥한 토질에 강수량도 풍부하여 농작물 경작이 용이하므로 오래전부터 사람들이 정착하여 살던 곳이다.

이스라엘이 남북으로 분열되자 유다 왕 르호보암은 왕국의 영토를 방비하기 위해 중요한 성읍들을 견고하게 건축했는데 그중 하나이

다(대하 11:5, 8). 주전 901년 구스 사람 세라가 많은 군사와 병거 300대를 가지고 마레사를 치러 올라오자, 유다 왕 아사는 스바다 골짜기에 진을 치고 하나님께 기도를 드리고, 하나님을 의지하고 나가 구스 사람들을 쳐서 이기고 그랄까지 추격하여 구스 사람들을 죽였다(대하 14:9~15). 이스라엘의 8세기 예언자인 미가가 유다와 예루살렘의 멸망을 예언하면서 함께 멸망을 예언한 성읍이다(미 1:15).

## 고고학적 발견

페르시아 시대에 마레사와 유다 남부지역에는 에돔 사람들(이두매인)이 살았으며, 시돈과 그리스 사람들도 이곳에 정착해 살았다. 고대 메르사인 베이트 구브린(Beit Guvrin)을 끼고, 북동쪽에 번성했던 성읍 마레사는 주전 40년경 하스모니아 왕소의 권력 싸움에서 밀려난 아리스토불루스 Ⅱ세의 아들 안티고누스(Antigonus)와 합세하여 예루살렘을 점령한 팔디아(Parthia)의 왕자 파코루스가 이끄는 팔디아군에 의해 파괴되었지만, 이후에도 베이트 구브린만큼은 여전히 중요한 거주지가 되었다.

성서시대 이후에도 팔레스타인의 중요한 성읍이었으며, 유세비우스가 성지의 이정표를 베이트 구브린을 기점으로 표시할 정도였다.

텔 산다하나(Tell Sandahannah)와 동일시되는 베이트 구브린 유적에서는 저수조, 식량 창고, 대형 비둘기 사육장, 곡

식을 갈고 기름을 짜는 곳 등으로 사용된 흔적이 남아 있는 여러 개의 석회암 동굴들이 발견되었다. 유적지에는 정결탕(메크베)이 있는 유대 산지의 주거형태인 동굴집이, 주변에는 로마와 비잔틴 시대의 유대인 공동묘지, 교회, 원형경기장, 십자군 요새, 마믈룩 시대와 오토만 시대의 이슬람 사원 같은 보존가치가 높은 건물 유적들이 많이 남아 있다. 따라서 이곳 베이트 구브린 마레샤 국립공원은 2014년 6월 이스라엘의 여덟 번째 유네스코 세계문화유산으로 선정되었다.

## 말씀 묵상

▶ 믿음의 유비무환(대하 14:1~12)

1. 여호와 하나님으로 우리에게 평안을 주시게 하라.
2. 견고한 성읍을 건설하라.
3. 여호와 하나님으로 우리의 적과 싸우시게 하라.

23

# 구속사의 중심이 된 도시 예루살렘(4)
## -헤롯 성전

유다인들의 독립왕조로 100년간 이스라엘을 통치했던 하스모니아 왕조의 몰락은 로마를 유대 땅으로 불러들였고, 주전 63년 예루살렘을 장악한 로마의 폼페이(Pompey)는 유대를 수리아 주재 로마 총독의 감독 아래 두고 훌카누스 Ⅱ세를 다시 제사장이 되게 하고, 행정권은 하스모니아 왕조의 장관으로 로마의 하수인 노릇을 했던 이두매 사람인 안티파테르(Antipater)에게 맡겼다. 아리스토불루스 Ⅱ세는 로마로 추방되었다. 폼페이와 율리오 가이사(Julius Caesar) 간의 내전 때에 안티파테르는 시저를 도왔고, 시저가 승리하자 유대 행정관으로 임명받았다. 훌카누스 Ⅱ세를 한 지역의 총독으로 임명하였고, 유대인들의 도움에 보답하여 욥바와 에스드라엘론 평야를 반환해 주었다.

안티파테르는 그의 장자 바사엘(Phasael)을 예루살렘 총독으로 임명하였고, 나이 어린 헤롯(Herod)은 갈릴리 총독으로 임명하여 그의 통치영역을 나누어 주었다. 주전 44년 로마에서는 율리오 가이사가 암살되고 내란이 다시 일어났지만 그와 그의 아들들은 로마 통치자들에게 복종함으로써 권력을 유지할 수 있었다. 주전 43년 안티파테르가 암살되자 헤롯은 아버지의 원수를 갚고 나머지 대적들을 진압하였다. 주전 42년 그는 그의 형 바사엘과 함께 유대 전역의 통치자로 임명되었다.

유브라데 강 건너편에 살던 팔디아인들(Parthian)이 수리아를 침입하였을 때 아리스토불루스 Ⅱ세의 아들 안티고누스(Mattathias Antigonus)는 이들과 합세하였고, 예루살렘에서는 바사엘과 헤롯에 반란을 일으켜 팔디아인들에게 성문을 열어 주었다. 바사엘과 훌카누스는 투옥되었는데 바사엘은 자살하였고, 훌카누스는 제사장 노릇을 하지 못하도록 불구를 만들었다. 안티고누스는 예루살렘에서 왕위에 올랐다. 헤롯은 그의 가족과 함께 남쪽으로 피신했다가 마사다로 가서 가족들을 남겨두고, 나바티아로 해서 이집트를 거쳐 로마로 갔다.

주전 40년 헤롯에게 호의적이었던 옥타비안(Octavian)과 마크 안토니(Mark Antoney)는 원로원을 설득하여 그를 유대의 왕으로 임명하고, 서부 이두매와 사마리아 땅을 유대에 첨가시켜 주었다. 주전 39년 그는 로마 군인들과 함께 돌레마이에 상륙하였고 그해 겨울 갈릴리에서 그의 통치를 시작하였다. 그는 욥바를 거쳐 마사다로 가서 가족을 구한 후에 오레사를 정복하고 예루살렘으로 쳐들어갔다. 그러나 로마군들이 안티고누스에게 뇌물을 받고 공성을 멈추고 월동을 위해 해안으로 철수하였으나, 헤롯은 겨울 동안 찌포리(세포리스)를 정복하였다.

주전 38년 여름 로마군 사령관 막케루스가 헤롯을 돕기 위해 파견되었고, 그와 그의 연합군은 예루살렘으로 향하여 공성을 계속하여 주전 37년 여름에 함락시켰다. 다수의 시민이 살육당하였고, 안티고누스는 마크 안토니의 명령으로 처형당하였다. 예루살렘에 입성한 그는 아내 도리스를 버리고 하스몬 왕조의 공주 미리암과 혼인함으로 명실상부하게 유대의 통치자가 되었다. 그는 스스로를 '바실레우스', 즉 '왕'이라 불렀다. 이로써 헤롯 왕조가 시작되었다.

악티움 해전으로 후에 황제 아구스도(Augustus)가 된 옥타비안은 헤롯에게 호의를 베풀어 주전 30년에 헤롯 왕국의 가다라와 힙푸스 지방은 물론 해안의 아스갈론과 도라를 제외한

여러 도시들을 추가해 주었다. 주전 23년에는 바타네아와 드라고닛, 아우라니티스를 평정시키는 임무를 맡았고, 20년에는 가울라니티스(골란)를 수중에 넣음으로 그의 왕국은 크게 확장되었다.

로마와 그 문화를 사랑하였던 헤롯은 그의 통치를 공고히 하기 위해 예루살렘을 요새화하였는데, 세 개의 강한 망대가 있는 자신의 궁전을 윗성 북서쪽에 건축하였다. 그는 또한 부유한 헬라화된 사람들이 사는 지역에 극장을 세우고, 윗성을 보호하기 위해 성벽을 쌓았으며, 제2성벽의 북쪽 성문과 성벽을 강화하였다. 윗성에 로마 도시들처럼 극장을 지었고, 성전산 남쪽 아래 성에는 경기장을 건설하였다.

헤롯은 아울러 로마 도시들처럼 베들레헴 남서쪽 5km 떨어져 있는 알카데르라는 마을에 직사각형 형태의 폭 100m, 60m, 10m의 저수지 세 개를 만들어 연결하고('솔로몬의 못'), 엔-에탐을 비롯한 네 개의 샘에서 물을 끌어다가 채우고, 지하로 물길을 만들어 예루살렘 성으로 끌어와 사용하였다. 요세푸스에 따르면, 물길은 예루살렘 서쪽에 도착해 성전 안으로 이어졌다고 한다. 학자들은 성전으로 이어지는 아치 형태의 다리인 '윌슨 아치'로 보고 있다.

백성들의 환심을 사기 원했던 헤롯은 성전산의 남쪽 경사진 언덕 지역을 확장하고 성벽을 쌓고, 스룹바벨 성전을 헐고 그 자리에 원형대로 로마식 건축양식으로 아름다운 성전을 건축하였다. 그는 주전 19년에 공사를 시작하였는데 성전은 9년 만에 완공되었고, 성전산 사면은 네 줄로 162개의

백색 대리석 기둥에 고린도 양식으로 조각된 기둥머리를 만들고 그 위에 나무로 만든 지붕을 얹은 행각(솔로몬의 행각)을 만들었다. 이후에도 공사는 계속되어 주후 64년에야 부속건물까지 완공되었다. 예수님이 그의 공생애 기간 동안 여러 차례 예루살렘 성전을 방문하셨을 때 보았던 성전은 헤롯 성전이다. 그러나 안타깝게도 이 성전의 흔적을 찾는 것도 쉽지 않고 현재 이곳에는 바위돔(Dome of Rock)이라 불리는 모스크가 세워져 있어 발굴도 어렵다.

헤롯은 성전산 북서쪽의 모서리에 마카비우스 무리들이 망대를 세웠던 옛 바리스 자리의 사면 구석마다 망대로 둘러져 있는 거대한 로마군의 요새를 세우고 안토니우스의 이름을 따라 안토니아 요새라 불렀다. 요세푸스에 의하면, 네 개의 망대 중 세 개는 높이가 50규빗이었으나 성전 안을 감시할 수 있는 남동쪽 망대는 70규빗이나

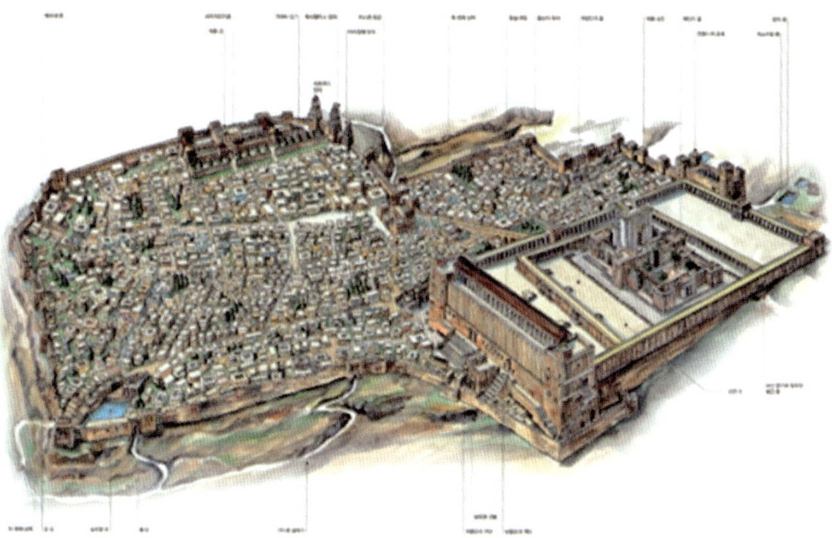

출처 : www.m.zum.com

되었다. 주로 가이사랴에서 거주했던 로마 총독들은 명절에 예루살렘에 올라와 이 요새에 머물면서 유대인들의 동정을 살폈을 것이다. 학자들은 로마 총독 본디오 빌라도(주후 26~36년)도 여기에 머물면서 예수님을 재판했을 것으로 본다.

그는 예루살렘 외에도 여러 도시와 요새를 건설하였는데 스트라토 망대가 서 있는 곳에 항구도시 가이사랴를 건설하였고, 사마리아를 재건하고 그 이름을 황제 아구스도에게 경의를 표하여 세바스테(Sebaste)라 명명하였다. 그는 드고아에 헤로디움(Herodium)과 여리고의 겨울 궁전, 그리고 사해 양편에 마사다(Masada)와 마케루스(Macherus)에 요새화된 별궁을 지었다. 주전 4년 헤롯은 여리고에 있는 겨울 궁전에서 요양하다가 죽었다.

## 고고학적 발견

로마와 그 문화를 사랑하였던 헤롯은 로마식 기둥과 건축양식을 도입했다. 도시의 이름은 로마의 황제에게 바치는 이름을 사용하였다. 그러면서도 헤롯은 여전히 유대인들에 대한 견제를 잊지 않았다. 건축물에 신의 형상이나 동물을 그려 넣는 것은 유대교의 율법에 어긋난 것이었기 때문에 꽃이나 기하학적인 무늬들로 건물을 장식했다. 그렇다고 로마의 예술 사조를 완전히 포기하지 않았는데, 요세푸스의 기록에 의하면 헤롯은 성전 입구에 금으로 만든 독수리를 장식했는데 이것이 그 증거이다.

### 헤롯 성전

우리는 헤롯 성전의 모습을 알 수 없다. 성전의 모습을 재현할 때

요세푸스의 기록에 의지할 수밖에 없다. 따라서 그것을 기초로 헤롯 성전의 모습을 구성해 보면 다음과 같다.

성전은 이 마당보다 15규빗(1규빗은 약 50cm) 높은 단상 위에 세워졌다. 단상까지 가려면 14개의 계단을 올라가야 했으며, 단상에는 돌로 울타리를 세워 경계를 쌓았다. 울타리에는 9개의 입구가 있었고, 중간에는 돌비석들이 세워져 있었는데 그중 하나가 발견되었다. 비석에는 헬라어로 "이방인은 성소를 두르고 있는 이 울타리 안으로 들어와서는 안 된다. 누구든지 이 법을 어길 시에는 죽음으로 그 죄를 다스릴 것이다"라고 기록되어 있었다.

울타리 안쪽은 다시 동쪽과 서쪽으로 나뉘어 있었는데, 동쪽은 '여인들의 안뜰'이었다. 여인들은 성전 그 자체에는 들어갈 수 없었기 때문에 제사가 드려지는 동안 이곳에서 기다려야만 했다. 성전 안뜰로는 오직 남자들만이 들어갈 수 있었다. 여인들의 안뜰에서 성전 안뜰로 들어가기 위해서는 다시 15개의 계단을 올라 금과 은으로 장식된 아름다운 니카노르 성문을 통과해야 했다.

성전 안뜰의 벽을 따라서 제사용기를 보관했던 곳을 비롯해 여러 제사와 관련된 용도로 사용되는 방들이 있었다. 안뜰의 서쪽에는 다시 12개의 계단이 있어 성전 자체가 세워져 있는 단상이 있었다. 단상 위의 성전 입구 앞에는 제물을 태우기 위한 제단이 있었다. 제단은 정사각형으로 4면의 길이가 50규빗이었으며, 높이는 15규빗이었다. 제단의 북쪽에는 24개의 링을 땅에 박아 제단에 바쳐질 동물을 묶어 놓았다. 8개의 대리석 탁자가 있어 희생제물들을 준비할 수 있

었다. 남쪽에는 청동으로 만든 물두멍이 있어 제사장들이 정결례를 취할 수 있었다.

헤롯의 성전은 60×20규빗(1규빗은 약 50cm)의 솔로몬 성전과 같은 크기로 지어졌다. 높이는 40규빗으로 금장식으로 지어진 2층 건물이었다. 측면에는 제사용기와 제사장들이 사용했던 방들이 3층 규모로 마련되어 있었다. 방과 방은 계단과 문으로 연결되어 있어 이동이 자유로웠다. 성전 입구에는 포도넝쿨과 사람만 한 포도송이를 금으로 만들어 장식하였다. 입구에는 솔로몬 성전의 야긴과 보아스 두 개의 기둥 대신 네 개의 기둥을 세웠다. 기둥머리는 고린도 양식으로 금장식이 되었던 것으로 보이며, 독립적인 기둥이 아니라 건물에 반원 형태로 붙어 있는 기둥이었다. 주후 132년 유대인들의 독립운동 당시 바르코크바 동전이 주조되었는데, 동전에는 네 개의 기둥이 있는 성전 입구 모습이 그려져 있다. 성전 벽 전체를 이러한 기둥들이 둘러싸고

있었다.

성전 내부는 성소와 지성소로 나뉘었다. 성소와 지성소 사이에는 자색 청색 홍색으로 수놓은 휘장(커튼)이 드리워져 있었다. 이 휘장은 길이 18m, 폭 9m, 두께가 한 뼘만큼 되었다. 이 휘장을 들기 위해서 제사장 300명이 동원되었다는 기록이 있다. 잘 알려진 것처럼 휘장 안으로 들어갈 수 있는 사람은 제사장들 중 당일의 순서를 맡은 이들이었다. 지성소로 들어가는 휘장 앞에는 성막과 솔로몬 성전에도 있었던 진설병상이 북쪽에, 메노라(일곱 가지의 등잔대)가 남쪽에 놓여 있었다. 헤롯 성전의 메노라는 예루살렘을 파괴한 로마 장군 디도(Titus)가 전리품으로 챙겼다. 로마의 디도 개선문에 그 장면이 그려져 있다.

### 헤롯 궁전

예루살렘의 북서쪽에 위치한 것으로 알려진 헤롯 궁전은 하스몬 왕조의 궁전을 더 확장하여 재건축한 것이었다. 궁전의 중앙은 기둥들로 둘러싸여 있는 정원으로 연못과 나무들이 있었다. 정원을 중심으로 아그립바와 시저라 불리는 두 개의 구역으로 나뉘었다. 각 구역에는 연회장과 목욕탕, 수백 개의 방들이 있었다. 현재 '다윗 망대'(Tower of David)라 불리는 곳에서 궁전의 일부분을 볼 수 있다. 오스만 터키가 이스라엘을 통치했을 때(1517~1917) 이곳을 감옥으로 사용하면서 상당히 파손되었다.

헤롯은 궁전을 효과적으로 방

어하기 위해 세 개의 망대를 세우고 그의 큰형 바사엘과 아내 미리암, 그리고 친구 히피쿠스의 이름을 따서 불렀는데 그중에 히피쿠스 망대의 기초 부분이 지금까지 남아 있다. 요세푸스에 따르면, 바사엘 망대는 그 높이가 44m에 이르렀다고 한다. 궁전은 4~5m 정도 높게 쌓은 남북으로 304m, 동서로 54m의 넓은 기반 위에 세워졌다.

헤롯은 가이사랴와 헤로디온, 여리고 등에도 아름다운 궁전(별궁)을 가지고 있었기에 그들이 항상 이 궁전을 사용한 것은 아니었다. 헤롯의 궁전은 그의 자녀들이 유대 땅을 통치할 때도 여전히 궁전으로 사용되었다. 예수님의 십자가 처형이 유월절에 이루어졌기 때문에 당시 갈릴리 왕국의 분봉왕 헤롯 안티파스 역시 마침 예루살렘에 머물고 있었다. 그는 이 궁전에서 예수님을 업신여기며 조롱하는 행위를 하였을 것이다(눅 23:7~12).

헤롯이 건설한 요새화된 별궁 중 하나인 헤로디움은 예루살렘 남쪽 15km, 베들레헴 동남쪽 5km에 위치해 있다. 이곳에서 헤롯 왕의 무덤이 2007년 히브리 대학교 에후드 네쩨르 교수 팀에 의해 발굴되었다.

### 성전산

헤롯은 예루살렘 성전이 세워져 있는 성전산(Mountain of the Temple) 남쪽을 확장하였다. 성전산의 동서 폭은 약 274m로 골짜기로 이루어져 있기 때문에 넓히지 못했지만 남북의 길이는 약 487m로 넓혔으며, 확장된 성벽의 흔적은 지금도 성전산 벽의 동쪽에서 볼 수 있다. 성전산의 벽을 쌓기 위해 사용된 직사각형의 돌은 평균 길이가 70cm이고, 무게는 28t이며, 가장 큰 돌은 길이 13m에 무게가 무려 600t이나 되었다. 이런 돌들을 구하기 위해 헤롯은 예루살렘 남쪽 석회석 산지를 채석장으로 사용하였다. 일부 학자들은 이 지역이 한때 다윗 성의 일부분이었고, 어쩌면 다윗과 유다 왕들의 무덤이 있었던 지역이었을 것으로 생각한다.

헤롯의 건축에만 사용된 베이지색 석회석을 깎아 만든 돌들은 구약시대의 다듬은 돌과 그 양식이 유사하지만 더 정교한 기술로 깎은 돌이 사용되었다. 특히 헤롯 시대에 사용된 돌에는 가장자리에 5cm 정도 튀어나왔거나 반대로 사각형 구멍이 나 있다. 이것은 줄을 걸거나 막대를 끼우기 위한 구멍으로 돌을 옮기거나 기중기로 들어올리기 위한 것으로, 돌을 쌓고 나면 이 튀어나온 부분을 제거했는데, 일부는 지금까지 남아 있다.

헤롯은 성전산을 확장하면서 기존 언덕의 경사면을 편평하게 만들어야 했기 때문에 돌을 쌓아 둥근 아치 모양으로 만들고 위에 플랫폼을 깔았다. 현재 이 둥근 아치들은 성전산 남쪽 끝에 있는 알악사(al-Aqsa) 모스크 지하에 여전히 서 있으며 '솔로몬의 마구간'이라 불린다.

예루살렘의 성전산 서쪽은 골짜기이기 때문에 서쪽에 사는 유대인들은 성

전에 가기 위해 골짜기를 내려와 다시 산을 오르는 수고를 덜기 위해 서쪽의 벽 남쪽에 아치 형태의 다리들을 만들었다. 1838년 성서의 문자적 정확성을 입증하기 위해 성지 탐사를 떠난 미국인 목사 에드워드 로빈슨은 카이로를 출발하여 예루살렘에 도착했는데 성전 터를 관찰하다가 요세푸스의 기록에 나오는 다리의 아치를 발견하였고, 1967년 이후 이 지역에 대한 집중적인 발굴 결과 아치의 무너진 돌들이 15m 아래서 발견됨으로 '로빈슨의 아치'로 명명되었다.

남쪽에서 성전산으로 올라가기 위한 계단이 발굴되었고, 계단 꼭대기의 입구는 후대에 막아 버렸지만 문의 형태를 확인할 수 있는 성전으로 들어가는 문들의 흔적도 발굴되었다. 중앙에 있던 문은 '훌다 문'이라고 불렸는데 지금도 당시 입구 윗부분을 장식했던 조각의 일부분이 남아 있다.

계단 주변에서는 크고 작은 수십 개의 미크베(Mikveh: 정결 목욕탕)들이 발견되었다. 미크베는 신약시대 유대인들이 정결의식을 행하던 것으로 계단과 몸을 담그는 욕조 두 부분으로 이루어져 있고, 내부는 여러 번 두껍게 회칠해 방수가 되도록 했다. 초기 형태의 미크베는 주전 2세기 하스모니아 왕조 시대의 유적에서 발견되었다. 로마 시대까지 성전산 주변에서는 300개가 넘는 미크베가 발견되었다. 현재 성전산 위 알악사(Al-Aqsa) 무슬림 사원

아래에서도 유대인들이 정결례를 행했던 미크베의 흔적이 발견된 바 있다.

헤롯 성전에 오르려면 성전산 남쪽 훌다 성문으로 들어가 성전산으로 올라갈 수 있었는데 알악사 모스크 1층 내부에는 이 훌다 문을 지나 성전산으로 이어지는 복도가 남아 있다. 이 복도의 천장에는 헤롯 시대의 장식이 여전히 남아 있다. 알악사 모스크의 남쪽 끝이 헤롯 시대에는 벽으로 둘려 있었다. 그 벽의 한 부분에는 안식일과 절기를 알리기 위해 제사장이 나팔을 부는 장소가 있었는데 이 장소를 표시하는 돌이 발견되었다.

성전산 위에는 백색의 대리석으로 만든 162개의 기둥들이 4열로 성전산 전체를 둘러 서 있는 행각이 있었다. 기둥의 기둥머리는 고린도 양식으로 조각되었으며 그 위에 나무로 만든 천장과 지붕이 씌워져 있었다. 이 행각의 동쪽 부분을 '솔로몬의 행각'이라고 불렀는데, 아마도 이곳에 솔로몬과 관련된 고대 건물의 흔적이 있었을 것으로 추정된다.

### 예루살렘 성

예루살렘 성 북쪽에서 베데스다(뜻: '자비의 집', '은혜의 집') 못이 발굴되었다. 주전 8세기경 히스기야 시대에 세탁자의 밭(왕하 18:17; 사 7:3, 36:2)으로 알려졌고, 주전 200년경 하스모니아 왕조가 다시 사용한 이 못은 주전 1세기까지 자연동굴의 모습이었으나 벽돌을 쌓아 물을 저장할 수 있는 저수지의 형태로 바뀌었다. 헤롯 아그립바 I세가 예루살렘 성을 확장하면서 베데스다 못도 성 안으로 들어와 양문 곁

에 놓이게 되었다. 19세기 초 예루살렘의 양문 안쪽 왼편에 위치한 성 안나 교회 마당에서 성경에 묘사된 것처럼 다섯 개의 행각(기둥)이 있는 못이 발견되었다. 학자들은 이구동성으로 이곳을 베데스다 못으로 확신했다. 예루살렘이 멸망한 후 이곳에는 로마의 신전이 들어서기도 했고, 비잔틴 시대에는 교회가 세워지기도 했다.

히스기야 시대에 예루살렘 성에는 아래 못이 있었는데 히스기야 왕은 앗수르의 산헤립과의 전쟁을 준비하면서 기혼 샘에서 시작되는 물길을 없애고 지하로 터널을 파 아래 못에 물을 모았다(사 22:9). 예루살렘 남쪽 기드론 골짜기와 힌놈 골짜기가 만나는 지점에 위치했던 것으로 보이는 이 못은 신약시대에는 실로암(뜻: '보냄을 받았다')이라 불렸다. 예루살렘이 로마에 멸망당한 후 실로암 못도 버려져 땅속으로 사라졌다.

주후 5세기 비잔틴 시대에 로마의 엘리아 유도키아 여제가 실로암 못을 기념하는 못을 만들었다. 2004년 예루살렘 남서쪽에 위치한 '실로암' 마을에서 하수구 공사를 벌이던 중 오래된 돌로 만들어진 계단을 발견했고, 이듬해 발굴을 통해 기혼 샘에서 시작해 히스기야 터널로 들어온 물을 모아 두었던 곳을 찾아냈다. 직사각형의 못은 크게 세 개 층으로 이루어져 있고, 각 층에는 다섯 개의 작은 계단이 있었다. 발굴이 진척되면서 이 못

이 앞선 시대에 사용된 못(비잔틴 시대) 위쪽에 건설된 것이라는 사실이 밝혀졌다. 더욱이 신약시대의 못에서는 주전 1세기~주후 1세기 사이의 동전이 발견되었다.

## 주변 유적지

### 텔 모짜

예루살렘 서쪽 지역의 텔 모짜(Tel Motza)에서 초기 유다 왕국의 종교 관습과 의식을 알 수 있는 진귀한 흔적이 최근에 발견되었다. 이스라엘 문화재청(IAA)은 텔아비브와 예루살렘을 잇는 주요 고속도로 개선에 앞서 2,750여 년 된 제례용품이 발견된 보관실과 성전이 있는 텔 모짜의 고고학 유적지 발굴작업을 진행하고 있다.

이스라엘 문화재청의 대표 발굴 감독자인 안나 에이리크(Anna Eirikh), 히무디 칼라일리 박사(Dr. Hamoudi Khalaily), 슈아 키실레비츠 박사(Dr. Shua Kisilevitz)는 "제1성전이 있던 유다 왕국 시대의 예배 건물은 거의 남아 있지 않기 때문에 텔 모짜의 발굴은 이례적이고 놀라운 일이다. 또한 이곳은 수도 예루살렘과 가깝고 당시 유다 왕국의 성스러운 중심지 역할을 했기 때문에 이 건축물의 독자성은 더더욱 주목할 만하다"라고 전했다. 고고학자들에 따르면, 이 유적지의 여러 발굴물 중에서 사람 모양의 토기 조각상들이 있다. 그중 긴 수염이 묘사된 조각상이 있는데 그 이유는 아직 밝혀지지 않았다.

이전부터 텔 모짜와 그 주변 지역에서는 다양한 시대의 유물들이 발견되었으며, 고고학적으로 매우 중요한 곳으로 알려져 있다. 이곳은 1990년대부터 2000년대 초반까지 1번 고속도로로 새로운 길을 내기 위한 준비단계 중에 발견되었다. 당시 지역 고고학자들은 이 지역이 여호수아서에 언급된 유대와 인접한 베냐민 지파의 땅 안에 있는 마을 '모사'(수 18:26)와 동일한 것인지 한 번 더 확인해 볼 것을 제안했고, 이곳에서 창고가 있는 큰 공공건물과 상당한 양의 곡식이 발견되었다. 이를 통해 고고학자들은 이 장소가 예루살렘의 곡식 공급을 위한 중요한 창고였음을 확인했다.

최근 이 지역을 이해할 수 있는 또 다른 중요한 발굴이 있었다. 고고학자 에이리크(Eirikh), 칼라일리 박사(Dr. Khalaily), 키실레비츠 박사(Dr. Kisilevitz)는 "현재 진행되는 발굴작업에서 전제 군주 시대(철기 시대 IIA, 주전 1000~925년) 초기의 대형 건축물 일부가 발견되었는데 이 건축물 벽면은 거대하고, 고대 근동(현재의 중동) 지역의 성전 건축 방법을 따라 입구는 동쪽으로 넓게 나 있다. 또 동쪽에서 떠오르는 햇빛은 성전 안쪽에 놓인 물체를 가장 먼저 밝게 비추도록 설계되어 있는데, 이는 신이 내부에 존재하고 있음을 상징한다. 제단으로 보이는 정사각형 구조물이 신전의 뜰에 나와 있으며 그 옆에 제사용품 보관실이 있다. 그 내부에는 성배(신성한 종교의식에서 사용되는 바닥이 높은 그릇) 파편, 장식이 있는 종교 의식용 받침대, 그리고 두 종류의 수많은 토기 조각상들과 함께 제사를 위해 사용되던 토기 그릇들이 있었다. 이 토기 조각상 중에는 곱슬머리에 납작한 모자를 쓴 사람의 얼굴 조각상(인간화된 신을 상징)과 주로 말 모양을 한 동물 조각상, 이렇게 두 종류의 조각상이 있다"고 전하며, "이번 발굴에서 성스러운 건축물과 제사용품 보관실을 함께 발견하고, 특히 해안(海岸)의 영향을 받은 것을 증명할 만한 중요한 증거가 되는 의인화된 작은 조각상을 찾은 것은 매우 큰 성과이며, 앞으로도 폭넓은 연구가 필요하다"라고 강조했다. 또 현장 감독관은 텔 모짜에서 최근 발견된 발굴품들은 전반적으로 유다 왕국의 신전과 잘 알려지지 않았던 제사 의식의 존재를 알려 주는 진귀한 고고학적 증거이며, 그중에서도 (히스기야와 이사야 때의) 전제 군주 시기 말 왕국 전체에 모든 제사 장소를 없애고 오직 예루살렘 신전에서의 제사의식을 거행하도록 했던 종교개혁 전의 예루살렘 지역을 연구할 수 있는 귀중한 자료가 된다고 전했다.

## 성서 이야기

**눅 23:7~12** 총독 빌라도는 예수가 나사렛 출신이라는 것을 알고 헤롯에게로 보냈다. 갈릴리 분봉왕 헤롯은 예수에 대한 소문을 들었기 때문에 예수를 보고자 했다. 그러나 예수님은 그 앞에서 어떤 이적도 행하지 않으셨다.

**요 2:15~16** 예수님은 성선에서 장사하는 자들을 내어쫓으심으로 성전을 정결하게 하셨다.

**요 9:1~12** 예수님 일행이 길을 가다가 맹인을 만났을 때 제자들은 이 사람이 맹인으로 태어난 것이 누구의 죄 때문인가 물었고, 예수님은 '이 사람이 눈먼 자가 된 것은 하나님이 하시는 일을 나타내심'이라고 말씀하시고 진흙을 이겨 그의 눈에 바르고 실로암 못에 가서 씻으라고 명하여 보내셨고, 이 맹인은 실로암 못에서 씻어 고침을 받고 돌아왔다.

## 말씀 묵상

▶ 당신은 왜 예수를 보려고 하는가?

1. 예수를 책잡으려 예수를 만나 보려 했던 바리새인과 율법사들
2. 이적 행하심을 보려고 예수를 만나 보려 했던 헤롯 안티파스
3. 메시아이신 예수를 만나 보려고 예루살렘에 올라온 사람들

▶ 실로암 못에 가서 씻으라!

1. 예수님은 눈먼 자를 다시 보게 하심으로 자신이 메시아이심을 증명하셨다.
2. 모든 질병은 죄의 결과가 아니라 하나님의 영광을 위한 것도 있다.
3. 하나님의 특별한 이유가 있을 때 기도 응답과 성취 사이의 시간이 길어진다.

24

# 예수의 고향 나사렛과 소년 가장 예수의 일터 찌포리

애굽 땅에서 이스라엘로 돌아온 요셉과 마리아의 가족은 요셉의 고향인 갈릴리의 나사렛에서 살았다. 산비탈에 위치한 작은 농촌 마을인 나사렛에 자리를 잡은 요셉은 목수(석수)였기 때문에 약 1시간 반 정도의 거리에 위치한 갈릴리의 수도인 찌포리에 자주 가서 일했을 것이다. 나사렛 같은 작은 마을에서 목수(석수)가 할 일은 그다지 많지 않았을 것이기 때문이다. 예수님 당시에 분봉왕 헤롯 안티파스는 도시 건설을 계속하고 있었기 때문에 갈릴리 전역에서 목수(석수)들이 동원되었을 것이다. 따라서 요셉도 소년 예수님과 함께 나사렛 뒷산 산등성이에서 훤하게 내려다보이는 이 도시에서 일을 했을 것이다.

## 가. 나사렛

요셉이 그의 가족들과 함께 애굽에서 돌아와 정착한 곳은 예수의

아버지 요셉과 어머니 마리아의 고향인 갈릴리 지역의 작은 시골마을인 나사렛이다. 나사렛이란 이름은 히브리어로 '넷째르'로 '가지'라는 뜻이다. 구약성경에 단 한 차례도 언급되지 않은 예수님 당시의 나사렛은 해발 350m 정도 되는 산등성이에, 오늘날 수태고지교회 주변에 형성된 작은 마을이었고, 회당이 있었다. 고고학자들은 주후 1세기 당시의 나사렛에는 5만 평방미터(㎡) 정도의 크기에 약 400여 명이 살고 있었던 것으로 추정한다.

2세기경 '마리아의 집'이라고 믿어지는 이곳에는 회당 형태의 교회가 지어졌고, 4세기 초 비잔틴 시대에 회당 형태의 교회를 헐고 교회를 지었다. 7세기까지 사용되던 교회는 이 지역을 장악한 아랍계 무슬림들에 의해 파괴되었으나, 11세기 말 십자군들이 들어와 교회를 다시 세웠다. 그러나 이슬람 세력이 다시 팔레스타인을 통치하면서 폐허가 되었다. 그러다가 1730년 프란시스코 교회가 허락을 받아 급히 교회를 지었고, 1877년 확장하였다. 이후 프란시스코 교회는 옛 건물을 헐고 다시 지어 1969년 완공하였는데 이것이 현재의 수태고지교회이다.

## 고고학적 발견

오늘날 수태고지교회 주변에서 많은 고대 유물들이 발굴되었다. 이곳이 농촌이었음을 입증하는 창고, 수로시설, 올리브 짜는 틀, 그리고 곡식을 빻는 맷돌들이 발견되었으며 초기 철기시대(주전 9~6세

기)의 토기들도 있다. 나사렛에서 사람들이 거주했던 많은 동굴(grotto)들이 발견된 것을 통하여 볼 때 이들은 동굴을 이용한 가옥에서 생활했던 것으로 보인다. 이런 동굴은 여름에는 시원하고 우기인 겨울에는 건조하고 따뜻하다. '마리아의 집'도 이러한 동굴집이었을 것이다. 아울러 이곳은 당시 갈릴리의 수도였던 찌포리에서 5km 정도 떨어진 곳으로 목수(석수)였던 요셉은 쉽게 일자리를 구할 수 있었을 것이다.

2010년 이스라엘 문화재청(Israel Antiquities Authority; IAA)은 수태고지교회 옆에 나사렛 국제 마리아 센터를 짓기에 앞서 땅을 파던 중 최초로 예수 시대의 주거 시설 유적을 발견했다. 건축물은 규모가 작고 수수한 것으로 보아 나사렛에서 가장 전형적인 주거시설이었을 가능성이 높은데, 이것으로 유대인 마을의 집 형태는 물론이거니와 예수님 시대의 삶의 모습이 어떠했는지 알 수 있게 해주었다는 점에서 매우 중요한 발견이라고 할 수 있다.

수태고지교회는 1969년 가톨릭 신앙에서 마리아의 집과 동일시되는 장소에 지어졌으며, 그전에 있었던 세 교회의 흔적 위에 자리하였다. 그것들 중 가장 오래된 것은 비잔틴 시대(4세기경)의 것이다.

교회에서 230~700m 떨어진 곳에서 20여 개의 고대 무덤들이 발견되었다. 고대 이스라엘에서 무덤은 동네 밖에 위치해 있었으므로 고대 나사렛의 크기와 위치를 짐작할 수 있는 단서가 된다. 이런 자료들을 통해 1세기경에 나사렛이 계곡 안쪽에 위치한 작은 유대인 마을이었다는 것을 알 수 있다.

## 나. 찌포리(세포리스)

'새'라는 뜻을 지닌 '찌포리'는 성경에 한 번도 언급되어 있지 않지만 매우 중요한 도시로, 목수(석수)였던 예수의 아버지 요셉이 주로 일했던 장소(건설 현장)로 여겨지는 곳이다. 이곳은 나사렛에서 북서쪽으로 5km 떨어져 있으며 나사렛 산지에 자리 잡고 있는 구릉 위에 세워진 도시이다. 이 도시는 주변을 감시하고 적의 공격에 방어하기 용이한 언덕 위에 자리 잡고 있으며, 수량이 풍부한 샘과 주변에 비옥한 농경지와 벧 넵토바 골짜기를 흐르는 시내가 있으면서 갈릴리 지역을 연결해 주는 동서도로와 남쪽으로 가는 길이 교차하는 교통의 요충지에 위치해 있다. 찌포리는 주전 7세기 앗수르 시대부터 사람들이 거주하기 시작하여 헬라 시대부터는 도시로 발전하였으나 주전 104~103년 유다스 아리스토불루스(Judas Aristobulus) I세의 갈릴리 성복 후 유대 도시로 화하였다. 주전 1세기경 로마 시대에 들어와서는 갈릴리 북부 지역의 주요 행정도시 역할을 하던 곳이다.

이후 하스모니아 왕조의 도시였지만 안티파테르에 의해 어린 나이에 갈릴리 총독으로 임명된 헤롯(Herod)은 이곳에서 갈릴리를 다스렸다. 주전 42년에 그는 그의 형 바사엘과 함께 유대 전역의 통치자로 임명되었으나, 2년 후 팔디아인들(Parthian)의 수리아 침입 때 합세한 안티고누스(Mattathias Antigonus)에 동조한 반란으로 도망하여 이집트를 거쳐 로마로 도망갔다. 그리고

그는 주전 40년 로마에서 유대인의 왕으로 임명받았고, 이듬해 로마 군사들과 함께 유대 땅으로 돌아와 갈릴리에서 그의 통치를 시작하는 한편 주전 37년 겨울에는 로마군의 도움을 받아 눈보라를 뚫고 이곳을 점령하여 로마에 바쳤다. 당시 찌포리에 살고 있던 유대인들은 로마에 대항했으나 점령당하였고 거주민들은 죽임을 당하거나 노예로 팔려갔다. 로마 군인들은 찌포리에서 사마리아까지를 잇는 로마 도로를 건설하였다.

주전 4년 헤롯 대왕 사후 황제 아구스도(Augustus)에 의해 갈릴리의 분봉왕이 된 헤롯 안티파스(안디바)는 찌포리를 수도로 정하고 갈릴리의 보석 같은 자율적인 도시라는 의미로 '오토크라토리스'(Autocratoris)라고 명명하고 성을 쌓고 로마식 도시를 건설하였다. 그는 이곳에 자신의 왕궁과 부속 건물들과 원형극장, 모자이크로 포장된 도로와 시장 거리(Cardo), 회당, 그리고 지하 저수조를 건설하였고, 왕의 관료들과 부자들의 화려한 주택들과 일반 주택들이 들어섰다. 도시는 번성해 나갔고, 갈릴리 지역에서 가장 번창한 도시가 되었다. 그러나 안티파스가 주후 18~20년 사이에 수도를 갈릴리 호숫가의 티베리아(Tiberias, 디베랴)로 이전하자 많은 사람들이 이주해 가면서 급격히 쇠퇴하였다. 주후 39년 로마 칼리굴라(Caligula) 황제는 아그립바(Agrippa) I세에게 이 땅을 주었다. 주후 41년에는 그에게 로마 황제 글라우디오(Claudius)가 아켈라오의 영토까지 하사함으로 그의 조부 왕국 전부를 다스리는 왕이 되었다.

주후 66~70년에 여러 유대 도시들이

로마에 반역하여 로마군에 대항하였을 때 찌포리는 로마에 대해 어떠한 저항도 하지 않았다. 오히려 로마의 베스파시아누스 장군을 반갑게 맞아들였다. 그렇다고 해서 찌포리가 완전히 로마화된 것은 아니었다. 이곳에서 주조된 동전은 로마 도시들의 동전에 등장하는 사람의 얼굴이나 신, 동물들의 모습의 아닌 넝쿨이나 종려나무, 보리 같은 식물을 담고 있어 형상을 만들지 말라는 유대의 법을 지키려고 노력한 흔적이 보인다.

주후 132~135년에 일어난 바르 코크바(Bar Kokhba) 혁명이 실패한 후 많은 유대인들이 이곳으로 이주하면서 찌포리는 갈릴리 지역 유대인들의 종교적 중심지가 되었다. 랍비 유다 하나시와 같은 유명한 랍비들이 이곳으로 이주하면서 이곳에는 유대인의 탈무드 학교인 예쉬바가 세워졌고, 주후 200년경에는 유대 민족의 최고 의결기관인 산헤드린이 이곳으로 옮겨 오면서 유대교의 중심이 되었다. 이곳에서 유다(랍비 유다 하나시)는 구전 율법으로 탈무드의 기본이 되는 미쉬나를 최종 편집하였다. 주후 363년 갈릴리 지역의 지진으로 인해 잠시 파괴되기는 했지만 찌포리는 갈릴리의 중심지로서 유대인과 로마인, 심지어 기독교인까지 평화롭게 함께 어울려 사는 도시가 되었다. 그러나 번창했던 찌포리는 주후 217년 유대교의 중심지가 티베리아스로 이동하면서 쇠퇴기를 맞았다.

오늘날 멀리서 찌포리를 바라보면 주후 12세기에 건설된 십자군 시대의 요새가 눈에 들어오는데, 주후 1187년 예루살렘 십자군 왕의 명을 받은 기 들루시냥이 이끄는 성전 기사단이 이곳에서 전열을 정비한 후 성묘교회에서 가져온 '예수의 나무 십자가'를 들고 행진하여 히팀 언덕으로 출정하여 아랍군과 최후의 결전을 벌였다. 이 전투에서 십자군은 참패하였고, 아랍군은 찌포리 요새를 파괴시켰다. 폐허로 남겨진 찌포리 망대는 주후 18세기 중엽 갈릴리의 통치자 다하르 엘-오마르의 아들에 의해 재건되었다.

## 고고학적 발견

1931년 여름 미국 미시간 대학의 워터맨 교수는 찌포리라고 불리는 나사렛 근처의 한 고대 유적지를 발굴하였다. 두 달 동안의 발굴로 서기 1세기에 건설된 4,500명을 수용할 수 있는 로마식 극장과 별장의 흔적을 찾아냈다. 이로써 예수의 어린 시절 그의 교육적, 문화적 배경을 이 도시에서 찾으려는 새로운 관점의 연구가 시도될 수 있었다.

찌포리의 본격적인 대규모 발굴은 1985년부터 이스라엘의 히브리 대학과 듀크 대학 공동으로 시작되었다. 아름다운 모자이크로 장식된 회당과 저택들이 속속 발견되었는데 이로써 이곳은 로마-비잔틴 시대 유대교의 중심지로 각광을 받기 시작하였다. 현재까지 발굴된 찌포리의 유적들은 대부분 신약시대 직후인 서기 2~6세기의 회당과 귀족들의 저택 등인데 60여 곳에서 발견된 모자이크는 당시 갈릴리 지역의 화려했던 모습을 보여준다.

찌포리의 부유함은 '갈릴리의

모나리자'로 불리는 모자이크가 발견된 로마 빌라에서 목격된다. 주후 200년경에 세워진 이 빌라는 바닥에 화려한 모자이크가 깔려 있고 U자 형태로 사람들이 둘러앉아 포도주를 마시면서 모자이크를 감상하고 연회를 즐길 수 있는 홀이 마련되어 있는 건물이었다. 주후 363년 지진에 의해 무너진 건물은 이후 더 이상 사용되지 않으면서 상당 부분의 모자이크가 보존될 수 있었다. 오랜 시간에 걸쳐 복구된 모자이크에는 포도주의 신 디오니소스와 목동의 신 판, 영웅 헤라클레스 등이 어울려 연회를 즐기고 있는 모습이 새겨져 있었다. 위에서 언급한 갈릴리의 모나리자는 이 모자이크의 한 부분을 차지하는 것으로 젊고 아름다운 여인의 모습

을 하고 있는데, 아마도 미의 여신 비너스를 묘사한 것으로 보인다.

찌포리에서는 유대인들의 흔적 또한 상당히 많이 발견된다. 자갈돌로 포장된 도로 위에서는 아이들이 남겨 놓은 것 같은 낙서들이 발견되었다. 낙서 중에는 고대 게임을 위한 밑그림도 있지만 성전 안에 있었던 여섯 가지 촛대를 그린 것도 있다. 제사를 드리기 전에 혹은 안식일 전에 몸을 씻는 관습을 행했던 '미크베'라 불리는 유대인들의 독특한 정결례 탕도 발견되었다.

1994년에는 주후 5세기경에 세워진 회당이 발견되었다. 15×7m의 건물로 예루살렘을 향하여 지어졌다. 회당의 바닥에도 로마 건물들처럼 모자이크 장식이 있는데 출입구는 기도실로 이어지고 있고, 기도실 바닥에는 성전에서의 제사 모습이라든가 제사용 도구들, 성서 이야기를 주제로 한 여러 가지 심벌들과 20여 개의 헬라어와 아람어로 된 비문들이 새겨져 있다. 그렇지만 중앙을 장식하고 있는 태양 수레를 타고 가는 헬리오스와 황동 십이궁도(조디악)도 있는 것을 보아 유대교가 점차 로마의 영향을 상당히 받았다는 것을 알 수 있다. 찌포리에서 기독교의 세력이 점차 커지면서 유대교의 위상은 점점 작아졌고 회당 역시 도시 언저리에 위치해 있었다.

십자군 시대부터 찌포리가 예수의 모친 마리아의 고향이라는 전승이 생겨났다. 이 전승을 믿는 사람들은 찌포리 언덕의 서쪽 지역에 마리아의 어머니 안나를 기념하는 교회당을 세웠다.

## 성서 이야기

**마 2:23** 선지자가 예언한 "나사렛 사람" - '이새의 줄기로 한 가지(넷째르)'(사 11:1)

**눅 2:39** 예수님의 고향(본 동네) 나사렛

**눅 4:16~30** 예수님께서는 나사렛 회당에서 순서를 따라 이사야 61장 1~2절을 읽으시고 "이 글이 오늘 너희 귀에 응하였느니라"고 선포하셨다.

**마 13:57~58** 예수님은 나사렛 사람들이 자신을 배척하자 "선지자가 자기 고향과 자기 집 외에서는 존경을 받지 않음이 없느니라"고 말씀하시고 그들이 믿지 않음으로 거기서 많은 능력을 행하지 아니하셨다.

## 말씀 묵상

▶ 나사렛 회당에서 선포된 구원의 아름다운 소식(눅 4:16~30)

1. 예수님은 심령이 가난한 자에게 천국을 선포하시는 메시아이시다.
2. 예수님은 자유와 놓임을 선포하시는 메시아이시다.
3. 예수님은 하나님의 나라와 심판을 선포하시는 메시아이시다.

▶ 기적의 세 가지 장애물(마 13:54~58)

1. 예수를 믿지 않음
2. 기적을 믿지 않음
3. 기적에 대한 작은 믿음

25

갈릴리 호숫가 예수의 본 동네

# 가버나움

주전 2세기부터 정착이 시작된 유대인 마을인 가버나움은 갈릴리 호수 북쪽 해변에 위치한 '나훔의 마을'이라는 뜻의 '크파르 나훔'(Kfar Nahum)이라는 유적지다. 대략 60,000~100,000㎡ 정도의 유적지의 이름이 아랍어로 '탈훔'(Talhum), 즉 '훔의 폐허 언덕'이라 불려 왔기 때문에 1830년대 성서의 땅을 답사했던 에드워드 로빈슨에 의해 쉽게 가버나움으로 인식될 수 있었다.

주전 2세기쯤 하스모니아 왕조 시대부터 도시가 세워졌으며, 도시 자체를 둘러싸고 있는 방어벽은 없었지만 해안가까지 도시가 확장되어 있어 신약시대에는 1,500명 정도의 사람들이 살고 있었던 것으로 보인다. 1세기 예수님 당시 갈릴리 호수 주변으로 14개 이상의 어촌이 형성되었는데 가버나움은 갈릴리 호수 주변 도시 중에서 어업이 가장 번성했던 도시였다. 이곳에는 800m가 넘는 방파제와 배를 정박시킬 수 있는 부두가 있다. 이 도시는 다메섹에서 가이사랴, 그리고 이집트까지 이어지는 해변 무역노로(Via Maris)가 지나가는 무역이 발전한 도시 중 하나였다. 유적지에서는 바닥을 돌로 포장한 로마식 도로가 함께 이 해변 무역도로가 지나가는 표시가 새겨진 마일스톤(Milestone)이 발견되었다. 아울러 상부 요단 강과 인접해 있는 가버나움은 분봉왕 헤롯 안티파스가 다스리는 갈릴리 왕국과 분봉왕 헤롯 빌립이 다스리는 왕국의 경계에 위치해 있어 세관이 있었다.

예수님이 침례 요한에게 침례를 받으실 때 성령이 비둘기같이 그의 머리 위에 강림하셨는

데 이때 예수님은 성령 충만을 받으셨다. 이후 예수님은 성령에 이끌려 유대 광야로 나가 40일간 시험을 받으셨으나 승리하시고 성령의 능력으로 나사렛에 있는 집으로 돌아오신다. 그리고 얼마 후 침례 요한이 헤롯 안티파스에게 붙잡혔다는 소문을 듣고 가족들을 데리고 나사렛을 떠나 가버나움으로 이사하신다(마 4:13). 스불론 땅에 있는 나사렛에서 납달리 땅에 있는 가버나움으로 이사하심은 선지자 이사야를 통하여 하신 말씀을 이루시기 위해서였다(사 9:1~2). 그리고 거기서 예수님은 성령의 능력으로 천국 복음을 전하기 시작하셨고, 그 소문은 사방으로 퍼져나갔다.

마가복음은 예수의 공생애 시작을 가버나움의 회당에서 출발하고 있는데, 이 회당은 로마의 백부장이 세운 것이다(눅 7:1~5). 예수님은 이곳에서 하나님의 말씀을 가르치시고 귀신 들린 자를 고치시고(막 1:21), 이 회당의 회당장 야이로의 죽은 어린 딸을 살려 주셨다(막 5:22; 눅 8:41). 예수님은 가버나움의 회당뿐만 아니라 갈릴리의 여러 회당에 다니면서 하나님의 말씀을 가르치셨고, 많은 기적을 행하심으로 뭇 사람에게 칭송을 받으셨다(눅 4:14~15). 예수님은 그의 3년 반의 공생애 대부분의 시간을 갈릴리 지역에서 보내셨는데 특히 이곳 가버나움을 중심으로 활동하셨다.

## 고고학적 발견

1800년대 후반 프랑스 수도사들은 가버나움 지역에 관심을 갖기 시작했고, 발굴을 통해 신약시대와 비잔틴 시대에 사용된 유적들을 발견했다. 수도사들은 유적들을 보호하기 위해 주변에 울타리를 두르고 야자수 등을 심어 순례객들이 방문할 수 있도록 만들었다. 본격적인 가버나움 발굴은 1900년대 초반에 이루어졌는데 회당이라든가 집터, 그리고 베드로의 집이라 불리는 교회터 등이 발견되어 신약시대 가버나움에 대한 많은 자료를 수집할 수 있게 되었다.

가버나움 유적지는 현재 가톨릭 프란체스코 수도회에서 관리하고 있다. 유적지에 들어서자마자 눈에 띄는 것은 마치 하늘에 떠 있는 것처럼 보이는 8각형 모양의 거대한 회색 빛깔의 베드로의 집 기념교회이다. 이 교회의 건물은 베드로의 집터 혹은 1세기 가옥형태의 교회(house church) 위에 지어졌다. 1세기의 흔적은 이후 다시 한 번 확장되었는데 가옥의 성격이 그대로 남아 있는 부분도 있었지만, 교회 예배실로 사용된 것으로 보이는 방은 다른 방들보다 크게 만들어졌고 중앙에 아치를 만들어 천장을 지탱하도록 했다. 북쪽의 벽은 역청을 사용하여 더 두꺼우면서도 튼튼하게 보호했다. 바닥은 새로 포장되었고 벽들은 회칠이 다시 입혀졌다. 프랑스 수도사들은 이 집을 '거룩한 인슐라'라 불렀다. 이 집은 총 3개의 층이 쌓여 있는 것으로 발견되었는데, 주전 1세기에 처음 지어진 집과 4세기와 5세기에 걸쳐 교회가 세워진 층이 있다.

1세기 후반에 세워진 집은 조심스럽게 리

모델링된 것을 볼 수 있다. 벽들은 흰색의 회칠로 뒤덮였고 벽 위에는 글자들이 쓰여 있다. 총 131개의 비문이 발견되었는데 헬라어와 아람어, 고전 시리아어와 라틴어로 쓰였다. '예수'의 이름뿐만 아니라 '그리스도', '주님', '가장 높으신 하나님' 등이 언급되어 있다. 기독교의 상징인 다양한 형태의 십자가가 그려졌고 특별히 '로마의 도우미' 베드로라고 쓰여 있었다. 글씨뿐만 아니라 여러 가지 색깔로 그린 꽃으로 장식된 십자가에서 석류, 무화과 등의 그림들도 발견되었다. 그리고 이 집에서는 등잔만이 발견될 뿐 더 이상 살림 도구용 그릇들은 발견되지 않았다. 대부분의 학자들은 이 집이 처음에는 일반적인 개인 집이었으나 점차 종교적 모임이 있었던 장소로 탈바꿈했다고 주장하면서 초대 가정교회의 모습이라고 말하고 있다. 특별히 학자들은, 이 집은 베드로의 집으로 예수님이 베드로의 장모를 고치셨고 또 예수님이 가버나움에 머무시는 동안 지내셨을 곳으로서 예수의 승천 이후 기념 장소로 기도 모임이 이뤄지다가 교회가 되었다고 주장한다.

주후 5세기 이 가옥 형태의 교회(house church)는 허물고, 그 위에 팔각형 형태의 건물이 세워져 비잔틴 교회(Byzantine Church)로 사용되었다. 비잔틴 시대의 바실리카 교회들이 그랬던 것처럼 건물은 기둥들을 세워 지붕을 지탱했다. 특이한 것은 일반적인 바실리카 교회 건물이 두 줄로 기둥이 세워지는 것에 반해 이 건물은 팔각형이다. 주후 1세기 베드로의 집이라고 생각되는 팔각형 모양의 방 바로 위의 각 코너에 모두 여덟 개의 기둥을 세워 팔각형 모양의 교회 건물을 지었기 때문이다. 교회의 바닥은 모자이크로 덮여 있는데 보존 상태가 그다지 좋지 않지만 기형학적 무늬와 꽃이나 동물들 사이에서 작은 십자가들을 분명히 볼 수 있다. 교회의 동쪽에는 또 다른 방들과 연결되는 통로가 있었다. 이 통로는 세례를 주기 위한 구조물로 채워져 있어 이 건물의 용도가 교회였다는 데에 의심의 여지가 없다.

교회가 보수되었던 것처럼 주후 4세기 이전에 있던 집들 위에 다시 집들이 세워졌다. 주후 1세기의 집들이 잘 다듬지 않은 현무암으로 지어진 것에 반해 이제 질 좋은 역청과 잘 다듬은 벽돌을 사용한 집들로 건축되었다. 가버나움에는 유대인들과 기독교인들이 함께 거주했던 것으로 보인다.

흥미로운 건물은 교회에서 나와 북서쪽 방향의 마을을 지나면 반대편에 있는 회당 건물이다. 1866년 처음으로 가버나움에서 회당을 발견한 영국의 윌슨 장군은 이곳이 예수 시대의 가버나움 회당이라고 확신하였다. 그러나 발굴을 통해 이 회당은 주후 4세기경에 지어진 것으로 밝혀졌다. 회당의 기둥 조각에는 아람어로 회당의 후원자들의 이름이 기록되어 있다. 이로써 이것이 주후 381년 스페인의 성지 순례객 중 에게리아 여사에 의해 기록된 아름답고 정교하게 돌을 깎아 세운 회당이었음이 증명되었다.

이어진 발굴에서 흰색 석회석으로 지어진 기초석 아래에서 이전 시대에 지어졌던 검은색 현무암으로 된 건물의 기초석이 발견되었다. 회당이 원래 지어진 자리에 다시 지어지는 이스라엘의 전통에 따라 이 회당은 주후 70년께 로마에 의해 파괴되었다가 주후 250~300년쯤 석회석으로 다시 세워졌던 것으로 보인다.

회당은 선명한 흰색 석회석으로 지어져 누구나 멀리서도 볼 수 있

다. 갈릴리 호수 지역은 예루살렘과는 달리 석회석 산지가 아니기 때문에 이 회당이 먼 거리에서 비싼 값을 치르고 가져온 재료로 건축되었다는 사실을 감안한다면 분명히 특별한 기능을 했으리라 짐작할 수 있다. 회당 안과 밖 모두 여러 가지 다양한 조각들로 장식되어 있어 상당히 화려하다. 석회석으로 지어졌다는 것 외에 회당의 전체 구조는 고라신의 회당과 상당히 유사하다. 가버나움은 신약에서는 물론 요세푸스도 언급하고 있는 갈릴리 호수 해안가에 위치한 유대인의 마을이기 때문에 학자들은 이 건물이 회당이었다는 것을 확신하고 있다.

회당 전체는 기도와 회합을 위한 가장 큰 방과 서쪽의 작은 난간, 남쪽의 큰 난간(우리의 베란다 모습과 유사하다), 그리고 북서쪽에 작은 방들이 있는 네 구역으로 나누어져 있다. 회합을 위한 가장 큰 방은 24.4m×18.6m 크기로 비잔틴 시대의 바실리카 건물들처럼 두 줄로 기둥이 서 있어 방 전체가 세 구역으로 나누어져 있다. 기둥들의 꼭대기는 화려한 고린도 양식으로 장식되어 있었는데 포도넝쿨이라든가 무화과나무 잎, 독수리 등 정교한 모양들로 조각되었다. 고라신의 회당처럼 방의 서쪽과 동쪽 벽을 따라 돌로 된 벤치가 놓여 있어 회합이 있을 때 일반 유대인들이 앉아 있을 수 있었다.

이 건물의 조금 특이한 점은 입구가 예루살렘 방향인 남쪽으로 뚫려 있다는 것이다. 일반적

으로 유대인들은 예루살렘을 향해 기도했기 때문에 이 경우 남쪽은 성경을 읽는 모세의 자리나 회당장이 설 수 있는 높은 곳에 위치해야만 한다. 아마도 가버나움의 도시 구조상 회당의 입구는 마을을 향해 있어야 했고 남쪽 대신 북쪽 벽에 회당장이 서는 자리가 있었을 것이다. 그렇기 때문에 예루살렘을 향해서는 등을 보일 수 없었던 유대인들은 회당으로 들어올 때 뒷걸음질 쳐야만 했을 것이다.

회당 내부의 벽들은 한때 회칠을 해 벽화를 그려놓았던 것으로 보인다. 기둥이나 문설주 대들보 등은 아름답게 조각되어 있었는데 그 중 눈에 띄는 것은 이스라엘 국기에 등장하는 다윗의 별과 유사한 별의 모습이라든가, 이스라엘에서 가장 풍부한 포도와 종려나무 가지의 모습이다. 더불어 수레 모습도 조각되어 가는 계단이 바깥쪽에 있어 마치 현대 회당처럼 여인들의 구역이 있었다고 보기도 했지만 이 가설은 후대의 발굴에서 증명되지 않았다.

가버나움의 종교적 중심이있던 베드로의 집 기념교회와 회당은 주후 363년 이스라엘을 강타했던 지진 때문에 무너졌으나 곧 보수되었을 것이다. 그러나 이 건물들은 모두 주후 7세기 아랍 무슬림들에 의해 파괴되었다.

1986년 이스라엘에 극심한 가뭄으로 갈릴리 호수 물이 많이 빠져 개펄이 수백 미터나 드러났을 때 기노사르라 불리는 키부츠에 사는 어부 모세 루판과 유발 루판 형제는 호숫가에서 진흙탕 속에 묻혀 있는 오래된 목조 구조물을 발견했는데, 이스라엘 유물청의 도움으로 12일 밤낮을 쉬지 않고 유물 구조 작업을 통하여 확인한 결과 고기잡

이 배였다. 발굴 이후에도 7년 동안 화학적 치료 등 복구와 보존 작업을 거쳐 보존된 배의 길이는 8.27m이며 너비 2.3m, 높이 1.3m로 배의 아랫부분이었다. '예수의 배'로 명

명된 백향목으로 만들어진 이 배는 돛대를 사용하거나 노를 젓도록 되어 있었고, 평평한 바닥은 해안 가까이에서 고기를 잡을 수 있는 구조로 되어 있다. 방사성 탄소연대 측정법과 배에서 발견된 토기와 못 등을 측정한 결과 주전 40년쯤 만들어져 주후 50년쯤까지 사용된 배였다. 예수 당시에도 사용되었던 이 배는 100년 가까운 시간 동안 백향목 외에 몇 가지 다른 목재로 거듭 수선한 것으로 드러났다. 이로써 갈릴리 주변에서 발견된 모자이크에 등장하는 배의 모습과 함께 1세기 갈릴리 호수에서 사용된 어선의 모습을 재현할 수 있었다.

최근 가버나움에서 새롭게 조사된 바에 의하면, 해안가에는 2×5m 크기의 반원형 돌을 쌓아 잘 지은 움푹한 두 개의 건축물이 있는데 건물 벽은 모두 하얗게 회칠을 해 방수 처리했다. 중앙에는 직

사각형의 탁자처럼 쌓인 돌이 있어 학자들은 이곳이 물고기를 사고팔았던 장소라고 보고 있다. 가버나움 조사에 의하면, 곡식을 갈아 가루를 만드는 수많은 맷돌과 올리브 기름을 짜는 틀들이 많아 어업뿐 아니라 농업을 통해서도 상당한 수익을

얻었던 것으로 보인다.

가버나움에서 발견된 가옥들은 다듬어지지 않은 현무암을 쌓아 만들어진 단층 건물들이다. 주후 1세기, 즉 신약시대에 지어진 현무암 집들은 모두 두 개의 안뜰을 중심으로 북쪽과 남쪽으로 뻗어 있었다. 방들은 대부분 작고 좁은 직사각형 모양이지만 두 개의 안뜰이 만나는 지점에 있던 동쪽의 방 하나는 길이가 7.5m에 이르는 꽤 큰 방이었다. 문이 없는 입구들이 안뜰을 향해 있어 안뜰은 마치 공동소유인 것처럼 보이는데 아마도 여러 가족이 모여 살았던 것으로 보인다. 방에는 낮은 창문이 만들어져 빛이 들어올 수 있는 구조였다. 돌로 포장되어 있는 안뜰에는 돌로 만든 화로가 있었고, 여러 가지 살림도구라든가 토기, 어업에 필요한 도구들이 함께 발견되었다. 가옥들에서 지붕 위로 올라갈 수 있는 계단도 함께 발견되었는데 지붕 천장은 아마도 나무 들보를 깔고 진흙을 섞은 나뭇가지 등으로 덮었을 것이다(참고. 마 2:4). 이런 가버나움의 집들은 고대에는 벽에 회칠이 칠해져 흰색을 띠고 있었겠지만 기본적으로 현무암으로 지어졌기 때문에 현재 검은색의 건물들만이 남아 있다.

## 주변 유적지

### 타브가

베드로와 안드레가 밤새 그물을 내렸던 장소는 현재 타브가라는

마을로 추정된다. 주후 1세기 요세푸스의 기록에 의하면, 가버나움에서 멀지 않은 갈릴리 남서쪽 해안가에 위치한 타브가는 '가버나움의 우물'로 알려져 있다. 히브리어로는 에인 쉐바(7개의 샘), 헬라어로는 같은 뜻의 헵타페곤이라 불렸다. 아랍어 이름인 타브가는 헬라어 이름에서 유래한 것으로 오랜 세월 유사한 발음으로 불리고 있다. 이 이름은 해안가에 7개의 따뜻한 물이 솟는 샘이 있어 유래된 것이다. 실제로 따뜻한 물이 있는 곳에는 플랑크톤이 풍부했고 물고기들이 많이 몰려들어 그물을 던지기에 최적의 장소였다.

타브가에는 예수님과 베드로의 마지막 대화를 기념하는 베드로 수위권 교회가 있다. 1933년 건축된 교회 내부에서 주후 4세기 비잔틴 시대에 세워진 교회의 기초석을 포함한 일부분을 볼 수 있다. 교회 밖 호수 바닥에서는 갈릴리 호수의 해수면이 내려갈 때 열두 제자를 기념하기 위해 세웠던 하트 모양의 기둥 받침을 또한 볼 수 있다. 교회 내부에는 전통적으로 예수께서 제자들을 위해

아침을 준비하셨다는 바위가 있다. 바위는 교회 밖의 기초석과 연결되는데 해안가에 접해 있는 기초석은 계단을 비롯한 항구의 모습 일부분이 남아 있다. 최근에는 강우량의 감소로 갈릴리 호수의 해수면이 급격히 내려감으로 물속에 잠겨 있던 항구를 둘러싸고 서쪽으로는 60m 길이의 방파제의 모습이 드러나 이곳이 고대 항구였음이 분명하게 드러났다. 교회의 남쪽에는 물고기 두 마리와 보리떡 다섯 개로 남자만 5,000명을 먹이시고도 남은 음식이 열두 바구니나 되었던 기적(마 14:13~36; 막 6:30~44; 눅 9:10~17; 요 6:1~14)을 기념하여 세워진 비잔틴 시대의 오병이어 교회 흔적이 발견되었다.

## 성서 이야기

**막 4:12~13** 예수님께서는 침례 요한이 헤롯 안티파스에게 붙잡혔다는 소식을 들으시고 갈릴리로 돌아오셨다. 그리고 가족들을 데리고 고향인 나사렛을 떠나 갈릴리 호수 북쪽 해변에 있는 가버나움에 가서 사셨다.

**요 6:53~59** 예수님께서는 유월절이 가까운 때에 오병이어의 기적을 베푸시고, 가버나움으로 돌아오셨다. 그리고 가버나움 회당에서 자신이 생명의 떡이라고 가르치셨다.

**눅 8:49~56** 예수님께서는 죽은 가버나움의 회당장 야이로의 외동딸을 살려 주셨다.

**요 21:15~19** 부활하신 예수님은 가버나움 인근의 갈릴리 호숫가에서 예수님을 기다리다가 고기를 잡으러 나간 베드로와 다른 제자들에게 그들을 부르실 때와 같은 기적을 베푸셨다. 이어 조반을 잡수실 때에 베드로에게 "네가 이 사람들보다 나를 더 사랑하느냐"고 세 번 물으시고 베드로에게 세 번 사랑의 고백을 받으시면서 저에게 목양의 사명을 주셨다.

## 말씀 묵상

▶ 참 믿음은(요 6:22~51)

1. 하나님의 일이다(29절).
2. 하나님의 뜻이다(40절).
3. 행함 있는 믿음이다(47절).

▶ 예수를 좇은 세 종류의 사람(요 21:15~19)

1. 벳새다 사람들같이 표적을 보고도 믿지 않는 사람(마 11:21)
2. 베드로같이 끝까지 믿고 따른 사람
3. 가룟 유다같이 마지막에 주를 배반한 사람

▶ 예수님이 명하신 목회자의 4대 사역(요 21:15~19)

1. 주님의 어린양을 먹이라.
2. 주님의 양을 치라(돌봄).
3. 주의 양을 먹이라.

26

## 많은 기적을 보고도 회개하지 않아
## 저주받은 도시들 벳새다와 고라신

애굽에서 이스라엘로 돌아온 예수님은 갈릴리에 있는 나사렛에서 사셨다. 예수님은 침례 요한의 사역이 시작되고 그에게 침례를 받으신 후에 성령으로 충만하여 갈릴리로 돌아오셨고, 천국 복음을 선포하심으로 공생애를 시작하셨다. 침례 요한이 헤롯 안티파스에게 붙잡힌 후에는 가버나움으로 이사하시고 제자들을 부르심으로 본격적인 사역을 시작하셨다. 예수님의 복음사역은 주로 갈릴리를 중심으로 이루어졌는데, 예수님께서 많은 기적을 베풀고 복음을 전하신 곳은 '복음의 삼각지대'(Evangelical Triangle)라고 불리는 갈릴리 호숫가에 있는 가버나움과 벳새다, 그리고 산등성이에 있는 고라신이었다.

## 가. 벳새다

구약성경에서는 언급되지 않다가 예수님의 사역과 함께 신약성경에 자주 등장하는 도시 중 하나가 벳새다이다. 히브리어로 '어부들의 집'이란 뜻의 벳새다는 예수의 제자들인 베드로와 안드레, 빌립의 고향(요 1:44, 12:21)으로 예수님의 복음사역의 중심 무대이다. 성서시대의 벳새다는 오늘날 갈릴리 호수 북동쪽 호숫가에서 2km 정도 떨어진 산등성이에 위치해 있는 엣-텔(et-Tel) 벳새다이다. 분봉왕 헤롯 빌립이 다스리던 이곳은 상부 요단 강을 사이에 두고 분봉왕 헤롯 안티파스가 다스리던 갈릴리 왕국과 경계를 맞대고 있으며, 예수님 당시에 이 강물은 갈릴리 호수와 맞닿아 있던 항구도시였다.

벳새다는 주전 14세기경 이집트의 아멘호텝 3세(Amenhotep Ⅲ)와 그의 아들 아멘호텝 4세(Amenhotep Ⅳ) 사이에 사용된 텔 엘-아마르나(Tell el-Amarna) 쐐기문자 점토판에 그술(Gesher) 왕국의 중심지로

그 이름이 언급될 정도로 오래전부터 사람이 모여 살던 도시국가였다. 이스라엘의 가나안 정복 때에도 이스라엘 자손들에게 정복당하지 않았던 이곳은 여호수아에 의해 납달리 지파에게 분배되었으나, 이들을 쫓아내지 못했으므로 결국 그들과 함께 거주하게 되었다(수 13:13).

주전 10~9세기경 그술 왕국의 수도인 벳새다는 현무암을 쌓아 건축한 성벽과 네 개의 방이 딸린 성문과 궁전이 있는 도시였다. 다윗은 그술 왕 달매의 딸 마아가와 결혼하여 압살롬을 낳았다(삼하 3:3, 13:37). 압살롬은 아버지에 대항하는 반란을 일으켜 결국 왕위를 잇지는 못하지만 그의 어머니와 같은 이름을 지어 준 그의 딸 마아가는 솔로몬의 아들 르호보암과 결혼하여 왕비가 되었다. 그녀는 가나안 신앙을 답습하여 아세라 신상을 만들어 섬기다가 결국 그의 아들 아사에게 폐위당하고 말았다(왕상 15:6).

9세기 이후 이곳은 북왕국 이스라엘의 땅이 되었다. 주전 732년 앗수르의 디글랏 빌레셀 Ⅲ세에 의해 결국 도시는 함락을 당했고, 화재로 불탄 도시의 흔적이 그대로 발견되었다. 이후 벳새다는 오랫동안 작은 마을로 남았다. 주전 332년 알렉산더 대제는 이 도시를 크게 일으켰고, 헬라 시대에 가나안 땅을 나누어 가졌던 프톨레미 왕조와 셀레우쿠스 왕조의 경계지역으로 상당히 번성했던 것으로 보인다.

물고기 두 마리와 보리떡 다섯 덩이로 남자만 5,000명을 먹이고도 열두 바구니에 남은 음식을 모은 기적이 벳새다 인근에서 일어났다. 벳새다에서는 눈먼 소경이 그에게 나오자 예수님께서 그의 눈에 침을 뱉고 그에게 안수하심으로 소경이 눈을 떴다(막 8:22~26). 이렇게 예수의 권능을 눈으로 목격했음에도 불구하고 벳새다의 사람들이 회개하지 않자 예수님은 저들을 책망하시면서 벳새다를 소돔과 비교하며 심판 날에 그들이 큰 고통을 당할 것이라고 말씀하셨다(마 11:21; 눅 10:13~15).

주후 30년경 헤롯 빌립은 벳새다를 크게 확장하여 성을 다시 쌓고 헬라-로마적 도시로 승격하고, 로마 황제의 어머니('리비아 줄리아'(율리아))의 이름을 따라 줄리아스라고 불렀다. 벳새다는 크게 성장했고, 도시에는 로마 황제 숭배의 신전도 있었다. 이곳에서 발굴된 로마 신전에서만 발견되는 '향을 피우는 청동 부삽'이 결정적인 단서이다. 주후 34년 헤롯 빌립은 이곳에서 죽어 이곳에 묻혔다. 요세푸스에 의하면, 벳새다는 제1차 로마 항쟁의 발화지역이었다. 주후 70년 로마의 손에 의해 멸망하면서 이곳은 작은 유대인 어촌이 되었다.

## 고고학적 발견

성서에서 언급된 갈릴리 호숫가에 위치해 있었던 벳새다를 찾는 노력은 오랫동안 지속되었다. 1839년 미국인 성서학자 에드워드 로빈슨은 요단 강 동편, 갈릴리 호수 북쪽에서 2km 떨어진 엣-텔(et-Tel) 벳새다를 벳새다로 추정했지만, 많은 학자들은 이 유적지가 갈릴리 호숫가에서 너무 멀리 떨어져 있어 호숫가에 위치한 엘-아라즈(el-Araz)라는 어촌이 더 적합한 장소라고 주장하였다. 그렇지만 이곳은 요세푸스의 기록에 의하면 헤롯 빌립이 벳새다를 크게 확장하고 성을 쌓았다는 기록과 일치하지 않고, 고고학적 발굴 결과 예수 당시에는 사람이 살지 않았다는 것이 밝혀졌다. 이로써 "벳새다는 역사 속에서 사라진 마을"이었다.

그러나 최근 지형학적 조사에 의하면 갈릴리 호수의 호수면은 과거에 지금보다 높았고 주후 363년 일어난 대지진으로 인해 호수면의 변화가 있었다는 사실이 발견되면서 엣-텔이 벳새다일 확률이 높다는 주장이 제기되었다. 라미 아라브(Rami Arav)에 의해 1987년부터 실행된 발굴은 이 사실을 입증했다. 엣-텔 벳새다에서 갈릴리 호수에 사는 갑각류의 미생물을 포함한 진흙들이 발견됨으로써 이 성읍이 한때는 갈릴리 호숫가에 위치해 있었음을 보여주었다.

벳새다에서는 헬라 시대인 주전 332년부터 주후 37년의 것으로 보이는 여러 채의 가옥들이 발견되었다. 그중 하나는 '어부의 집'이라고 불릴 만큼 낚싯바늘이라든가, 납으로 만든 그물 추, 돌로 만든 닻 같은 물고기 잡이와 관련된 여러 유물들이 발견되었다. 선두가 말 머리 모양을 한 베니게 어선에서 그물을 깁고 있는 두 사람의 모습이 새겨진 인장도 발견되었다. 이로써 이곳이 주후 1세기경 어업을 생업

으로 한 도시였음이 드러났다. 또 다른 유명한 집은 '포도주 제작자의 집'으로 헬라 시대의 포도주 항아리 4통과 값비싼 수입산 도기들이 발견되었다.

발굴 결과 철기시대(주전 1000~586년) 초기인 주전 10~9세기경의 벳새다는 상당히 요새화된 도시였음이 밝혀졌다. 발견된 궁전은 왕좌가 놓여 있었던 것으로 보이는 중앙의 방과 이 방을 둘러싼 8개의 방으로 이루어져 있었다. 궁전 안에서는 이집트의 장인의 신 프타에코의 작은 신상이 발견되었다. 이 궁전은 앗수르의 공격에도 허물어지지 않고 남았고 이후 몇 차례 보수되어 사용되었다.

앗수르에 의해 성이 함락되기 전의 도시 전체는 잘 다듬은 현무암을 쌓아 건축한 성벽으로 둘러싸여 있었다. 성벽 표면은 하얗게 회칠을 하여 멀리서 보면 흰색의 성벽으로 둘러싸인 거대한 요새였다. 성문 안쪽에는 도시의 영주나 재판관들이 백성을 만날 수 있는 돌로 만든 벤치가 놓여 있었다. 성문은 양쪽에 두 개의 방들로 구성되어 있는데, 태양에 말린 흙벽돌로 만들어졌으며 그 두께가 3m에 달한다. 성문 방들 중 하나에는 불에 탄 보리가 가득히 발견되어 식품 저장고로 사용되었음을 알 수 있다. 또 다른 방에는 디글랏 빌레셀 Ⅲ세와의 전쟁에서 사용했던 것으로 보이는 화살촉과 창촉들이 발견되었다.

성문의 양쪽 벽면에서는 움푹 파인 벽감이 발견되었는데 이곳에서 제의가 행해졌을 것이다. 오른쪽 벽감에서는 두 개의 계단으로 높게 만들어진 단상이 발견되었고 현무암으로 만든 큰 그릇과 향을 피웠던 제대와 용기들이 발견되었다.

이곳에서 발견된 유물들 중에 무엇보다 눈에 띄는 것은 현무암으로 만든 석상이다. 이 석상은 한때 위의 단상 위에 세워져 있던 것으로 성서에 자주 등장하는 입상이나 주상이다. 석상의 한쪽 면에 조각된 두 뿔이 달린 황소는 마치 인간처럼 서 있는 모습을 보이고 있으며 장검을 차고 있다. 이 석상에 대해서 학자들은 뿔의 모양이 마치 달의 모습을 하고 있어 도시를 보호하는 메소포타미아의 달의 신이라고 보거나 황소가 상징인 가나안이 천둥번개의 신인 비알로 보고 있다. 왼쪽의 벽삼 앞에는 계단은 없지만 또 다른 제의를 위한 단상이 마련되어 있다.

## 성서 이야기

막 6:32~44 예수님은 벳새다 들녘에서 날이 저물어 갈 때까지 여러 가지로 가르치셨다. 이때 예수님은 먹지 못하고 돌아가야 하는 무리들을 보시고 제자들에게 "너희가 먹을 것을 주라"고 하셨고, 너희에게 떡이 몇 개나 있는지 보라 하셨을 때 한 아이가 가져온 도시락에 있던 보리떡 다섯 개와 물고기 두 마리가 있다고 하자 예수님은 제자들에게 떼를 지어 푸른 잔디 위에 앉게 하셨다. 그리고 가져온 것을 축사하시고 나누어 주어 먹게 하셨는데, 이때 배불리 먹은 남자만 오천 명이 되었고, 남은 것을 거두어 보니 열두 바구니나 되었다(오병이어의 기적).

막 8:22~26 예수님은 벳새다에서 사람들이 데려온 맹인을 안수하여 고쳐 주셨다.

### 말씀 묵상

▶ 오병이어의 기적은

1. 말씀을 사모하는 자들에게 일어난 기적이다.
2. 하늘에게 내린 하나님의 떡을 맛본 기적이다(참고. 요 6:33).
3. 예수님이 생명의 떡임을 믿게 하는 기적이다(요 6:48).

▶ 부스러기를 주워라.

1. 은혜의 부스러기를 주워라.
   (작은 은혜를 곱씹으면 심령이 옥토가 된다.)
2. 시간의 부스러기를 주워라.
   (버려지는 시간들을 잘 쓰면 성공적인 인생을 살 수 있다.)
3. 재능(재물)의 부스러기를 주워라.
   (내가 가진 작은 것을 선한 일에 사용하면 받을 상이 커진다.)

## 나. 고라신

고라신은 갈릴리 호수 북쪽에서 멀지 않은 산등성이에 위치한 도시로 가버나움에서 동쪽으로 2.5km 떨어진 곳이다. 예수님의 주요 활동 무대였던 이곳은 마태복음(11:20~24)과 누가복음(10:13~15)에 각각 한 번씩 언급되고 있으나 이 두 구절의 내용은 같다. 신약성서는 이곳에서 예수께서 구체적으로 어떤 사역을 하셨는가에 대해 언급하고 있지 않지만 이 말씀을 통해 볼 때 고라신은 예수께서 많은 권능을 행하신 도시였음에 틀림없다. 고라신과 가버나움에는 로마 신전이 세워져 있는 벳새다와 달리 회당이 있었던 것으로 보아 이곳은 전형적인 유대 성읍이었음을 알 수 있다.

1962~1964년에 처음으로 고라신 유적지에 대한 고고학적 조사와 발굴이 시작되었고, 1980~1987년 보다 광범위한 발굴이 진행되었다. 유적지에서는 주후 1세기부터 사람이 살았던 흔적이 발견되었지만, 주요 건물들은 주후 3~4세기에 세워진 것으로 보인다. 건물들의 대부분은 갈릴리 지역에서 흔히 볼 수 있는 화산석인 검은색 현무암으로 지어졌다.

도시의 전체 면적은 10만$m^2$에 달하는데, 회당을 중심으로 5구역으로 나눈 모습과 유대인들이 안식일 전이나 회당에 가기 전 몸을 씻는 정결례를 행했던 미크베가 발견된 것은 이 도시가 유대인의 거주지였음을 보여준다. 유적지 내에서 많이 발견되는 올리브 기름을 짤 때 사용한 압축 돌들은 올

리브 기름이 이 도시 사람들의 주된 수입원이었음을 보여준다.

현무암으로 지어진 회당은 전형적인 갈릴리 양식으로 지어졌다. 갈릴리 양식의 회당 건물들은 두 줄의 기둥들이 세워져 전체 건물을 세 부분으로 나누는 바실리카 양식으로 지어졌고, 세 개의 입구 중 가운데 입구는 크게 만들어졌다. 고라신의 회당에서는 특별히 랍비들이나 서기관들이나 바리새인들 혹은 회당장이 토라를 읽고 나면 강론과 토론을 이끌던 '모세의 자리'라고 새겨진 현무암으로 만든 의자가 발견되었으며, 실내의 벽을 따라 일반인들이 앉았던 벤치 형태의 돌 의자도 발견되었다.

고라신의 회당 건물에서 우리의 이목을 끄는 또 다른 것은 한 쌍의 돌로 만든 사자 조각상과 건물 곳곳을 장식한 동물 형상과 독수리, 무장한 군사, 그리고 그리스 신화에 등장하는 메두사의 머리 등의 조각들이다. 조각상을 만드는 것을 금기시하던 유대인들의 건물에는 대부분 꽃이나 식물 혹은 기하학적 무늬들로 장식되는 데 반해 고라신의 회당은 율법을 어기고 이런 형상을 새겨 넣고 조각상을 세운 것이다. 회당은 주후 2세기부터의 흔적이 발견되며, 주후 4세기 파괴되었다가 주후 6세기에 다시 세워졌다.

## 성서 이야기

마 11:20~24 예수님께서 권능을 가장 많이 행하신 고을인 가버나움, 고라신, 벳새다가 회개하지 아니하므로 그들을 책망하시고 심판을 선포하셨다.

## 말씀 묵상

▶ 저주받은 도시들

1. 유대인이나 헬라인이나 회개하고 예수 믿지 않으면 멸망당한다.
   (고라신, 가버나움: 회당이 있음/ 벳새다: 로마 신전이 있음.)
2. 교회 다닌다고 안심하지 말고 회개하라.
   (가버나움: 예수님의 본 동네)
3. 회개하지 않으면 이 세상에서도, 오는 세상에서도 하나님의 심판을 피할 수 없다.
   (벳새다: 주후 70년 로마 1차 항쟁 때 파괴됨.)

27

신들의 전쟁터가 된 도시

# 빌립보 가이사랴

신약성경에서 딱 한 번 언급된 빌립보 가이사랴(보통 가이사랴 빌립보라고 부름)는 헬몬 산 남서쪽 기슭에 건설된 도시로 기독교인들에게 잘 알려진 곳이다. 지금은 바니아스(Banias)로 불리는 이곳은 본래 헬라의 판(Pan) 신을 섬기던 큰 동굴이 있어 '파니아스'(Panias)로 불렸다. 성 북쪽에 있는 바위로 된 절벽 아래 있는 동굴 안에 있는 큰 샘과 주변에 있는 작은 샘들로부터 섭씨 15도 정도의 찬물이 솟아나와 시내를 이루고, 좁고 가파른 협곡 사이로 흘러내려 단 샘에서 내려오는 물과 합쳐져 요단 강이 된다. 이 샘은 요단 강의 발원지로 알려진 세 개의 샘 중 하나이다. 숲이 우거져 있고 물이 풍부하며 풍광이 수려한 이곳은 이스라엘과 시리아를 연결하는 무역로에 위치해 있는 곳으로 4km 남쪽에는 고대부터 사람들이 정착해 살고 있던 부유한 도시인 단이 있다.

헤롯 왕이 죽은 후 이 일대는 그의 아들 빌립에게 주어졌다. 분봉왕 헤롯 빌립이 주전 2년 이곳을 확장하여 수도로 삼고, 로마 황제를 기리기 위해 이름을 '가이사랴'라고 부르면서 빌립이 만든 도시라는 의미로 빌립보 가이사랴라고 부르게 되었다. 헤롯 빌립이 수도를 삼은 후에 이곳은 많은 로마인과 이방인, 그리고 유대인들이 섞여 살던 곳으로 그의 통치 지역 가운데 가장 큰 도시가 되었다.

주후 34년 헤롯 빌립이 죽자, 주후 37년 그의 영토는 헤롯 왕의 손자로 아리스토불루스와 하스모니아 왕조의 공주 미리암네 사이에서 태어나 로마에서 어린 시절을 보

내면서 훗날 황제가 된 칼리굴라(Caligula)의 총애를 받았던 아그립바(Agrippa) Ⅰ세에게 주어졌다. 로마 황제 칼리굴라가 암살되고 글라우디오(Claudius)의 황제 등극에 도움을 줌으로써 황제는 그에게 아켈라오의 영토도 하사하였다. 그렇지만 주후 44년 아그립바 Ⅰ세는 극장에서 연설 도중 갑자기 죽었다. 황제 글라우디오는 주후 아그립바 Ⅰ세가 남긴 어린 아들인 아그립바 Ⅱ세에게 레바논에 있는 갈기스(Chalcis)를 하사하였고, 주후 53년에는 이 지역 대신 아빌라와 옛 헤롯 빌립의 영토를 주었다. 그는 네로 치하에서 베레아의 아빌라디베랴와 다르크아를 하사받았으며, 주후 95년 사망할 때까지 세력을 쥐고 있었다. 12세기 말 중세 십자군 시대 이후 이곳은 점차 쇠퇴하기 시작했으며 지금은 유적지만 남아 있다.

## 고고학적 발견

가나안 시대부터 바알 신을 숭배하는 신전이 있었던 빌립보 가이사랴는 예수님 당시에도 이방 신을 섬기는 중심지였다. 사시사철 많은 샘물이 솟아나는 동굴은 주전 3세기경부터 목동과 양을 보호하는 신으로 알려진 판(Pan) 신에게 제물을 바치는 곳이었고, 동굴 바로 앞쪽에는 주전 19년 헤롯 왕이 세운 아우구스투스 황제를 기념하기 위하여 대리석으로 지은 '아우구스투스 신전'이 있었다. 폭이 10.5m, 길이 20m의 직사각형인 신전의 뒤쪽은 동굴과 연결되어 있었다. 동굴에서는 이 신전의 모양이 새겨진 동전이 발견되었다.

아우구스투스 신전(또한 동굴) 우측 정면에 병풍처럼 펼쳐져 있는 천연바위를 파낸 자리(벽감)에 신상들이 놓여 있었다. 현존하는 벽감들 중 일부는 2세기 중반의 것들이다. 앞쪽으로는 15m×10m 크기의 판 신과 림프를 위한 신전 뜰(The Court of Pan and Nymphs)이 있었는데, 이것은 1세기 초반에 분봉왕 헤롯 빌립이나 아그립바 I세가 만든 것으로 보인다. 1세기 이후에는 신전 뜰 우측에 제우스 신전(Temple of Zeus)이 세워졌고, 네메시스 신전들, 염소의 무덤 신전 같은 이방 신전들이 세워졌다. 그러나 4세기 말에 기독교가 로마의 국교가 되면서 이러한 신전들은 모두 파괴되어 지금은 잔해만 남아 있다.

판 (Pan) 신과 림프를 위한 신전 뜰, 제우스 신전

팔레스타인 땅에 로마식으로 화려하게 건설된 도시 중 하나인 이

곳에는 아그립바 Ⅱ세의 궁전과 로마식 도로인 카르도(Cardo), 목욕탕, 회당을 비롯한 많은 공공건물의 유적들이 남아 있다. 주변에는 로마 때에 건설된 다리와 여러 시대에 걸쳐 망대처럼 사용되었던 건물의 유적도 남아 있다.

바니아스 샘과 아그립바 Ⅱ세의 궁전 사이에는 여러 건물들의 잔해로 이루어진 커다란 비잔틴 시대 교회의 유적이 있다. 현재 약 2,000㎡ 정도 발굴이 이루어진 상태이고, 발굴작업은 현재까지 계속되고 있다.

## 성서 이야기

**마 16:13~20** 예수님께서 빌립보 가이사랴에 이르러 제자들에게 사람들이 자신을 누구라 하느냐고 물으셨다. 그리고 그들의 대답을 들으신 후에 그들에게 "너희는 나를 누구라 하느냐"고 물으셨다. 시몬 베드로는 "주는 그리스도시요 살아 계신 하나님의 아들이시니이다"라고 대답하였고, 예수님은 그에게 "네가 복이 있다"고 하신 후에 "이를 네게 알게 한 이는 혈육이 아니요 하늘에 계신 내 아버지시니라"고 하셨다. 그리고 "너는 베드로라 내가 이 반석 위에 내 교회를 세우리니 음부의 권세가 이기지 못하리라. 내가 천국 열쇠를 네게 주리니 네가 땅에서 무엇이든지 매면 하늘에서도 매일 것이요 네가 땅에서 무엇이든지 풀면 하늘에서도 풀리리라"고 하셨고, 제자들에게 당신이 그리스도이신 것을 아무에게도 이르지 말라고 경고하셨다.

막 8:27~38 마태복음 16장 13~20절의 병행구절인 마가복음 8장 27~38절에서 예수님께서는 고난을 당하고 죽임을 당한 후에 사흘 만에 살아나실 것을 드러내서 말씀하셨다. 안타깝게도 이때 베드로가 예수님을 붙들고 항변하자 예수님은 그를 꾸짖으시며 "사탄아, 내 뒤로 물러가라. 네가 하나님의 일을 생각하지 아니하고 도리어 사람의 일을 생각하는도다" 하시고 무리와 제자들을 불러 이르시되 "누구든지 나를 따라오려거든 자기를 부인하고 자기 십자가를 지고 나를 따를 것이니라. 누구든지 자기 목숨을 구원하고자 하면 잃을 것이요, 누구든지 나와 복음을 위하여 자기 목숨을 잃으면 구원하리라. 사람이 만일 온 천하를 얻고도 자기 목숨을 잃으면 무엇이 유익하리요. 사람이 무엇을 주고 자기 목숨과 바꾸겠느냐"고 말씀하셨다.

## 말씀 묵상

▶ 스스로에게 물으라.

1. 나는 예수를 누구로 믿는가?
2. 나는 지금도 베드로와 같은 고백을 할 수 있는가?
3. 나는 하나님의 일을 생각하는 자인가, 아니면 사람의 일을 생각하는 자인가?

▶ 예수의 참 제자는

1. 자기를 부인하는 자이다.
2. 자기 십자가를 지고 예수를 따르는 자이다.
3. 예수와 복음을 위해 자기 목숨까지 내어놓을 수 있는 자이다.

28

지중해 연안의 유대인 항구

# 욥바

항만의 조건이 좋지 않은 이스라엘의 지중해변에 있는 성서시대의 욥바는 현재 텔아비브의 지중해 해안 남쪽지역을 말하는데 높은 절벽 위에 위치해 있으며, 이 절벽 바로 아래에 항구가 있다. 이 도시의 이름인 욥바는 히브리어 '요피'('아름다움' 또는 '예쁜 곳'이라는 뜻)에서 온 것으로 이 도시가 얼마나 아름다운 항구인지를 보여준다. 구약시대에 팔레스타인의 대표적인 항구였던 욥바는 솔로몬 왕이 궁궐과 성전을 건축하기 위하여 두로 왕 후람에게 요청하여 레바논 산지에서 벌목한 백향목을 예루살렘으로 가져올 때에 사용한 항구이다. 또 주전 8세기의 선지자 요나가 다시스로 도망하는 배를 탄 곳으로도 알려진 곳이며, 사도 베드로가 머물렀던 바닷가 무두장이 시몬이 살던 곳이기도 하다.

욥바에서는 주전 18세기 도시 성벽의 흔적이 발견되었는데 이것은 이곳이 아주 오래전부터 사람이 정착하여 살던 고대 도시였다는 증거이다. 주전 16세기에는 돌로 기초공사를 하고 진흙벽돌을 쌓아 만든 도시가 존재했었으나 그 위로 이집트의 흔적이 뒤덮인 것으로 보아 이집트가 도시를 점령했음을 추측할 수 있다. 주전 1440년쯤 투트모세(Thutmose) Ⅲ세는 가나안 정복 전쟁에 나섰다. 그는 욥바를 함락시킨 기록을 카르낙 신전 벽부조에 남겼다. 이때부터 이곳은 이집트의 지배를 받게 되었다. 람세스 Ⅱ세(주전 1290~1223년)는 이곳에 자신을 위한 화려한 궁전을 지었다. 그러나 얼마 지나지 않아 이집트는 당시 강력한 해양 민족이었던 블레셋에게 욥바를 빼앗긴다.

이스라엘 민족이 가나안 땅에 들어와 정착할 당시 이들은 욥

바를 정복하지 못했던 것으로 보인다. 그 이유는 여호수아가 '욥바 맞은편'(수 19:46) 경계까지만 단 지파에게 분배하였기 때문이다. 그나마도 단 지파는 팔레스타인의 지중해안 지역을 정복하지 못한 채 북쪽의 라이스 땅으로 이주하였다(삿 17~18장). 이 시대에 욥바는 블레셋의 지배 아래 있었다. 그 후 람세스 Ⅲ세(주전 1175~1144년)는 다시 욥바를 공격하여 이집트의 손에 넣었다. 지금도 욥바 공원에서는 그가 남겨 놓은 유적물들을 볼 수 있다.

예루살렘 서편 지중해변에 위치한 욥바는 솔로몬 왕 때 레바논 산지에서 벌목한 백향목을 예루살렘으로 가져오기 위해 이용한 항구이다(대하 2:16; 스 3:7). 이로써 욥바가 이스라엘의 도시라고 생각할 수 있겠으나, 대부분의 학자들은 이때 솔로몬이 사용한 항구는 현재의 욥바가 아니라고 본다. 왜냐하면 앗수르 왕 산헤립의 기록에 의하면, 히스기야 시대에도 욥바는 아스글론 영지였기 때문이다. 뿐만 아니라 최근 발굴에 의하면, 솔로몬이 사용한 항구는 현재의 욥바가 아니라 북쪽으로 5km 떨어진 작은 항구 텔 카실레(Tel Qasile)였을 확률이 더 높기 때문이다. 따라서 당시 성경에서 욥바라고 불린 항구는 오늘날 우리가 알고 있는 욥바가 아닐 수 있다.

블레셋의 욥바 지배는 아주 오랫동안 지속되어 8세기 초 앗수르 왕 산헤립이 가나안 땅의 46개 도시를 점령할 때까지 계속된 것으로 보인다. 주전 701년 앗수르에 의해 파괴된 욥바는 앗수르가 멸망하면서 바벨론의 손에 넘어갔다. 헬라의 알렉산더 대왕이 가나안 땅을 점령했을 때 욥바는 시돈과 두로와 함께 헬라 도시가 되었다(주전

332년). 헬라의 통치가 붕괴되자 욥바는 잠시 유대인들의 거주지가 되었던 것으로 보인다. 이집트의 통치자였던 프톨레미 I세(Ptolemy I Soter, 주전 367~283년)는 욥바에 수비병을 주둔시켰다. 주전 198년 수리아의 통치자 안티오쿠스 III세는 팔레스타인을 정복하였다.

주전 167년에는 수리아의 안티오쿠스 IV세에 대항하여 마카비(Maccabaeus) 일가가 반란을 일으켰다. 마카비는 항구를 불태우고 마침내 욥바를 점령하였다(마카비 1서 10:75, 12:33, 13:11). 이때 비로소 유대 혹은 이스라엘 사람들은 욥바를 차지할 수 있었다. 하시모니아 왕조의 이스라엘 통치기간 동안(주전 142~63년) 욥바는 유대인 거주지가 되었다. 특히 하스모니아 왕조의 통치자 중 하나인 알렉산더 얀네우스(주전 103~76년)가 해양 활동의 상징인 닻을 그의 화폐에 주조할 수 있었던 것은 욥바를 통해 바다로 진출할 수 있었기 때문이다.

주전 63년 로마 폼페이의 이스라엘 점령으로 욥바를 이방인의 손에 다시 넘겨줄 수밖에 없었으나 여전히 욥바에는 유대인들이 많이 살고 있었으므로 로마화되지는 않았다. 유대의 왕이 된 헤롯은 욥바를 통해 로마로 진출하고자 했으나 유대인들의 반대로 뜻을 이루지 못하고 새로운 항구인 가이사랴를 건설하였다(주전 30년쯤). 이후 욥바는 유대인들의 작은 항구로 오랜 기간 남아 있었고, 1세기 이후 기독교 도시로 성장했다. 이스라엘은 1948년 이곳 욥바에서 독립선언문을 선포하며 독립하였다.

## 고고학적 발견

오랜 역사를 가지고 있는 욥바는 오늘날까지도 많은 사람들이 살

고 있는 도시이기 때문에 고고학적인 흔적들이 많이 남아 있지 않다. 욥바에서의 발굴은 1950년대 캐플란(Y. Kaplan)에 의해 시작되었는데 그 결과 람세스 Ⅱ세가 세운 궁전으로 들어가는 문이 발견되었다. 사암으로 만들어진 문의 기둥에는 상형문자로 람세스 Ⅱ세의 이름이 새겨져 있다. 안타깝게도 그의 발굴은 출판물이 충분치 않아 결과물을 찾아보기가 힘들었다.

최근 마인즈 대학과 로스앤젤레스 대학, 그리고 이스라엘 유물청은 욥바 문화유산 프로젝트(The Jaffa Cultural Heritage Project)란 이름으로 1950년대의 발굴 결과를 조사, 정리하여 출판하는 한편 보다 확장된 발굴작업을 진행하고 있다. 그 결과 주전 2000년쯤 진흙을 빚어 만든 벽돌로 쌓아 올린 성문이 화재에 타 버린 모습으로 발견됨으로써 투트모세 Ⅲ세가 카르낙 신전의 벽 부조에 기록한 내용이 진실임이 증명되었다. 또한 이집트 왕 아멘호텝 Ⅲ세의 인장과 이집트 전통 토기들이 발견됨으로써 이곳이 이집트에 의해 통치되었다는 역사적 사실이 더욱 확고해졌다.

최근 욥바에서 발견된 주전 1600~1200년 무렵의 이집트인 거주 흔적.

고고학적 발굴을 통하여 이스라엘 자손들의 가나안 정착 당시 욥바는 블레셋 사람들의 영토였음이 확인되었는데, 블레셋의 토기와 흔적들이 발견되었기 때문이다. 발견된 블레셋의 신전은 비록 바닥만 남아 있기는 하지만 두 개의 기둥으로 지붕을 지탱하고 있었던 상당히 큰 규모로, 신전 바닥에서는 날카로운 이빨을 가진 사자 해골이 발견되어 '사자 신전'이라고도 부른다.

## 성서 이야기

**욘 1:2~3** 요나는 '니느웨로 가서 심판이 임박했음을 외치라'는 하나님의 명령을 어기고, 여호와의 얼굴을 피하여 다시스로 도망가려고 욥바에서 다시스로 가는 배를 탔다.

**행 10:4~6** 고넬료에게 나타난 천사는 '사람들을 욥바로 보내 베드로를 청하라'고 말하면서 그가 어디에 머무는지도 자세히 가르쳐 주었다.

## 말씀 묵상

▶ 요나로부터 배운다.

1. 하나님의 말씀에 순종하라.
2. 하나님의 말씀에 불순종하면 문제를 만난다.
3. 잘못을 깨달았으면 빨리 회개하고 돌이키라.

29

로마 황제에게 바쳐진 항구도시

# 가이사랴

신약시대 팔레스타인의 대표적인 항구인 가이사랴는 유대의 왕이 된 헤롯이 욥바를 통해 로마로 진출하고자 했으나 욥바에 거주하는 유대인들의 반대로 뜻을 이루지 못하고 다른 곳에 건설한 항구도시이다. 헤롯은 욥바에서 북쪽으로 40km 떨어진 지중해변에 있던 주전 3세기 베니게 사람(시돈)들이 사용하던 스트라톤의 탑이라고 불리던 작은 항구 자리에 주전 22~10년까지 12년간 한 번에 약 300여 척의 배를 정박시킬 수 있는 10만m² 규모의 아름다운 항구를 만들고 세바스토스(Sebastos) 항구라고 불렀다. 항구에는 콘크리트로 만들어진 두 개의 견고한 방파제가 있었는데, 두께가 약 40m나 되는 것들로 남쪽으로 500m, 북쪽으로 275m에 달하였다. 요세푸스의 기록에 의하면, 항구에는 여러 개의 탑들이 세워져 있었고, 항구 입구에는 가장 크고 아름다운 탑이 있었다고 한다. 이 탑은 가이사르의 요절한 아들 드루수스(Drusus)의 이름을 딴 두르이온 탑으로 학자들은

출처: 〈예수 시대의 생활 풍습〉

항구의 등대 역할을 했을 것으로 추정한다. 세바스토스 항구를 재현한 그림들은 대부분 항구 입구에 서 있는 등대를 묘사하고 있으나, 아직까지 이러한 등대의 흔적이 발견된 바는 없다.

헤롯 왕은 이곳에 심혈을 기울여 이집트의 알렉산드리아 같은 로마식 도시를 건설하였다. 연극을 관람할 수 있는 로마식 원형극장과 관중 2만 명을 수용할 수 있는 300m의 마차 경기장이 건설되었고, 도시의 남쪽 바닷가에는 크고 화려하게 로마의 건축양식으로 지은 자신의 궁전도 만들었다(행 12:19). 헤롯의 왕궁은 궁전 동쪽에 위치한 입구 쪽에 42×65m나 되는 넓은 안뜰이 있는 보통 상부 궁전으로 불리는 구역이 계단으로 아래쪽에 있는 하부 궁전으로 불리는 지역으로 연결되어 있다. 하부 궁전에는 사면이 기둥들로 되어 있는 바다를 볼 수 있는 수영장(35×18m)이 있다. 그는 이 항구 도시를 로마 황제 아우구스투스 가이사르(Augustus Caesar)에게 경의를 표하는 의미로 가이사랴로 명명하였다. 이후 이곳은 군단 규모의 로마 군대가 주둔하는 전략적 요충지가 되었다(참고. 행 10장).

헤롯 왕의 사후 그의 아들 헤롯 아켈라오(주전 4년~주후 6년)가

예루살렘과 가이사랴를 통치했지만 실정(失政)으로 물러났고, 로마의 총독이 파견되었다. 로마 총독들은 헤롯 왕의 궁전을 주로 거처로 사용하면서 유대 땅을 통치하였다. 주후 69년 베스파시아누스는 이곳에서 황제로 즉위했으며 이곳을 유대의 수도로 정하였다. 주후 70년 유대 지역과 예루살렘을 정복한 티투스(Titus, 디도)의 승리를 기념하기 위해 이곳에서는 검투사 경기가 열렸는데, 당시 경기에 투입되어 학살당한 유대인은 무려 2,500명에 달했다.

베드로는 이곳에 주둔하고 있던 이달리야 부대의 백부장 고넬료와 그의 가족과 친척, 친구들에게 복음을 전하고 세례를 베풀었다(행 10:1~31). 바울은 제3차 전도여행을 마치고 예루살렘으로 돌아와 성전에 기도하러 갔다가 일어난 소요로 예루살렘에 주둔하던 로마 군인들에 의해 가이사랴에 있는 총독 벨릭스에게 보내져 재판을 받았다(행 24장). 이때 바울은 헤롯의 궁전에 있었던 감옥에 억류되어 2년을 지낸다(행 23:35). 이후 총독 벨릭스의 후임으로 보르기오 베스도가 부임하고 재개된 재판에서 바울은 가이사에게 호소한다(행 25:11).

주후 200년경 이곳은 기독교인들의 중심지가 되었다. 초대교회 교부 오리겐은 이곳에서 성서주석과 신학 작업을 완성했으며, 유세비우스는 이곳에서 사역하였다. 지금도 가이사랴에는 주후 6세기에 건설된 교회의 흔적이 잘 남아 있다.

요세푸스는 그의 책에서 가이사랴 세바스토스

항구는 당시 가장 큰 규모였던 아테네의 피라에우스 항구만큼 컸으며, 어떤 바다의 위협에도 쓰러지지 않을 만큼 견고하고 형용할 수 없이 아름다웠다고 기록했다(《유대전쟁사 1권》, 408-415). 그러나 이 항구는 주후 1~2세기 사이 거대한 쓰나미의 공격을 받아 큰 손상을 입은 것으로 보이며, 주후 6세기 비잔틴 시대 이후 더 이상 사용되지 않았고 서서히 바다 속으로 가라앉았다. 그러나 초기 무슬림 시대(주후 683~1102년)에 쇠퇴했던 이 도시는 중세 십자군 시대에 다시 인구 12만 명 이상인 큰 도시가 되었으나, 12세기 말인 1291년 이집트의 마멜루크에 의해 완전히 파괴되어 지금은 유적지만 남아 있다.

## 고고학적 발견

1959년 가이사랴 해변을 탐사한 링크(Link) 부부를 시작으로 지금까지도 지속적으로 발굴작업이 이루어지고 있다. 1961년 헤롯의 상부 궁전의 안뜰 중앙에서 라틴어로 로마 총독 본디오 빌라도의 이름이 새겨진 석비가 발견되었다(마 27:1~66 등). "본디오 빌라도가 티베리우스 황제를 기념하고자 이 사원을 가이사랴 시민에게 바친다"라고 쓰여

진 이 헌정비는 빌라도가 가이사랴에 티베리우스 황제를 위한 신전을 지으면서 세운 것이다. 본디오 빌라도는 주후 26~36년 유대 지역을 통치했던 로마의 5대 총독으로, 신약성경과 역사가 필로와 요세푸스의 짧은 언급 외에는 거의 알려진 바가 없는 인물이다.

헤롯 왕은 샘이 없는 이곳에 도시를 건설하면서 물을 끌어오기 위해 갈멜 산 기슭의 수원지에서부터 21km 길이의 로마식 수로(도수교)를 건설하였다. 고대 로마식 수로는 진흙벽돌을 쌓아 만든 아치형 다리 위로 물이 지나가는 수관을 만들어 중력을 이용하여 물이 흐르도록 고안되었다. 주후 130년경 로마의 황제 하드리아누스는 탄니님 강에서부터 6km의 수로를 추가로 건설하여 헤롯의 수로와 연결하고 수로의 폭도 확장시켰다. 수로는 십자군 시대(주후 1099~1260년)까지 계속 사용되었다.

로마의 대표적인 건축물 중 빼놓을 수 없는 것이 극장인데, 가이사랴에 그가 건축한 극장은 관중석 중앙에 고위층들이 앉던 특별 좌석이 있는 것으로 한꺼번에 3,500명을 수용할 수 있었다. 요세푸스에 의하면, 이곳이 헤롯 아그립바가 앉아 있던 극장이라

고 한다. 헤롯 왕의 손자로 요한의 형제 야고보를 칼로 살해한 헤롯 아그립바 I세는 이곳에 주민들을 모아 놓고 '보랏빛 왕복을 입고 호화로운 왕관'을 쓰고 높은 단상에 앉아 연설하는 도중에 "이것은 신의 소리요 사람의 소리가 아니라"는 소리를 들었으나 영광을 하나님께 돌리지 아니하므로 주의 사자가 보낸 벌레에게 먹혀 죽었을 것이다(행 12:19~23). 현재 이 극장은 무대 단상과 관중석이 복원되어 매년 음악회나 연극 등이 공연되고 있다.

## 성서 이야기

**행 10:23~29, 44~48** 가이사랴에 주둔하고 있던 이달리야 부대의 백부장 고넬료는 경건하여 하나님을 경외하는 자였는데, 하나님의 사자가 환상 중에 '베드로를 청하라'는 계시를 받고 욥바에 사람들을 보내 베드로를 데려왔다. 베드로가 복음을 전할 때 오순절 날 예루살렘에서와 같이 이방인들에게도 성령이 임함을 보고 그들에게 침례를 주었다.

**행 12:19~23** 헤롯(아그립바 I세)이 유대를 떠나 가이사랴로 내려가서 머물렀다. 그가 왕복을 입고 극장에서 단상에 앉아 백성들에게 연설할 때에 백성들이 큰 소리로 "이것은 신의 소리요 사람의 소리가 아니라" 하였지만 그가 영광을 하나님께 돌리지 아니하므로 주의 사자가 치니 벌레에 물려 죽었다.

**행 23:31~35** 유대인들이 바울을 죽이려는 음모가 있다는 첩보를 접수한 예루살렘에 주둔하고 있던 로마의 천부장은 군사를 동원, 호송하게 하여 그를 안전하게 가이사랴에 있는 총독에게로 보냈다.

## 말씀 묵상

▶ 공짜는 없다(큰 복을 받은 이방인 고넬료).

1. 하나님이 기억하시는 것: 기도와 구제
2. 보상 1: 온 집안이 구원을 받게 되었다.
3. 보상 2: 온 집안이 성령세례를 받게 되었다.

▶ 하나님의 섭리

1. 헤롯 왕이 건설한 가이사랴가 훗날 기독교의 주요한 성지가 되었다.
2. 헤롯 왕이 건설한 가이사랴의 원형극장에서 그의 손자는 죽임을 당했다.
3. 예수를 죽이려 했던 헤롯 왕이 건설한 가이사랴에서 사도 바울은 복음을 들고 로마로 갔다.

30

성서시대 이후 유대교와 기독교의 중심이 된 도시들

# 디베랴와 펠라

갈릴리 호숫가에 건설된 갈릴리 왕국의 두 번째 수도 디베랴와 갈릴리 호수 남동쪽, 요단 강 동쪽에 위치한 펠라는 이스라엘 역사에서 중요한 도시들이다. 갈릴리 사람인 예수님은 한 번도 디베랴를 방문한 적이 없으시다. 그러나 주후 70년 예루살렘이 로마에 의해 멸망당하고, 로마에 대한 1, 2차 유대인의 반란을 거치면서 이곳은 유대교의 중심지가 되었고, 훗날 유대교의 거룩한 네 도시 중 하나가 되었다. 펠라 또한 예수님 당시 갈릴리 호수 인근의 10개의 헬라 도시인 데카볼리의 하나였으나 신약성경에서 이 도시에 대한 그 어떤 언급도 찾아볼 수 없다. 그러나 예루살렘 성이 로마군에 의해 멸망되기 전인 주후 66~68년 사이 예루살렘에 거주하던 초대 예루살렘 교회가 이곳으로 이주함으로써 이곳은 초기 기독교 역사에서 매우 중요한 도시가 되었다.

## 가. 디베랴(티베리야)

복음서에 딱 한 번 언급된 디베랴는 이스라엘의 북동부에 있는 갈릴리 남서쪽 호수와 산 사이의 약 300m의 평지 위 해발 200m에 세워진 도시이다. 해저 210m 아래 위치한 갈릴리 호수 변에 세워진 이 항구도시는, 로마 통치하의 갈릴리 분봉왕 헤롯 안티파스(안디바)가 주후 18년 찌포리에 있던 자신의 왕국의 수도를 이전하기 위해 건설한 곳이다. 요세푸스에 따르면, 이곳은 갈릴리의 최고 전략적 요충지이기도 하다. 여호수아 19장 락갓 유적지 위에 세워진 이 도시는 예수님이 한 번도 방문한 적이 없으신데 혹자는 공동묘지 위에 도시를 세운다는 것은 유대법(할라카 법)에 어긋나는 것이었기 때문이라고 주장한다.

헤롯 안티파스는 각종 진귀한 동물 그림의 모자이크 바닥과 금으로 장식된 천장이 있는 화려한 왕궁을 짓고 전형적인 로마식으로 도시를 건설한 후 당시 로마 황제이던 티베리우스의 이름을 따서 티베리아(티베리아스) 곧 디베랴라고 명명하였다. 이곳은 안티파스가 자신의 생일에 헤로디아와 딸의 춤을 보고 그에게 무엇이든지 소원을 들어주겠다고 맹세한 일로 그의 청을 받아들여 세례 요한을 참수한 곳이기도 하다(막 6:14~29; 마 14:1~12).

로마를 향한 제1차 유대인의 반란(주후 66~73년)은 베스파시안 황제의 아들 티투스가 이끄는 로마군에 의해 주후 70년 예루살렘의 성전과 성이 함락되고 불태워지고 철저히 파괴되었다. 일부 열심당원은 살아남아 마사다에서 항전을 계속하였으나 이마저도 주후 73년에 함락되어 종식된 후에는 갈릴리가 유대인 중심지가 되었는데, 그 주요 도시로 디베랴는 점점 중요한 역할을 하게 되었다.

예루살렘이 파괴된 직후 야브네로, 그리고 다른 여러 곳으로 전전하던 유대 민족 최고의 의결기관인 산헤드린이 제2차 유대인의 반란(주후 132~135년)이 실패한 이후 주후 200년 찌포리로 옮겨졌다. 주후 217년에는 다시 주요 유대교 학술기관들과 함께 이곳으로 옮겨 오면서 디베랴는 유대교의 중심이 되었다. 5세기에는 미쉬나의 주석으로 《탈무드》의 일부인 게마라의 팔레스타인판(또는 예루살렘 탈무드)과 구약성경(맛소라 사본)도 여기서 완성되었다. 이곳은 예루살렘과 같이 유대교의 네 개 거룩한 도시(성도) 중 하나가 되었다.

비잔틴 제국의 지배를 받던 티베리아스는 636년 아랍인들에게 점령되었으나 유대인 사회는 계속 번영을 누렸다. 현재 통용되는 히브리어 보음 발음법, 독특한 성서 영창법, 그리고 이 발음법과 영창법을 이용하여 오늘날의 구약성서 본문을 보존한 것 등은 모두 8~9세기 디베랴에서 개발된 것들이다.

주후 1187년 살라딘 왕이 기 드 뤼지냥이 이끄는 십사군을 히님(하틴) 전투에서 무찔러 팔레스타인에서 십자군 세력을 몰아낸 이후 아랍인들이 제파트를 갈릴리의 수도로 정하면서 디베랴는 점점 쇠퇴해 갔다. 1560년에는 술탄 슐레이만 I세로부터 티베리아스와 그 주변지역을 하사받은 유대 정치가이며 금융업자인 낙소스 공작 요세프 나시가 양잠업과 목양업을 바탕으로 이 지역에 정착지를 건설하려 했으나 실패했다. 1837년 지진으로 파괴되었다가 재건된 디베랴는 1882년에 유대인 농민들이 정착하기 시작하면서 꾸준히 발전했다.

1922년 영국의 위임 통치가 시작될 무렵에는 이미 유대인들이 주민의 대다수를 이루고 있었다. 이스라엘이 독립하기 전인 1948년 4월 18일 유대 방위군들은 아랍인 지역을 점령하고 아랍인들을 이주시켰다. 이곳은 유대인과 아랍인들이 함께 살던 도시 중에 유대 방

위군이 점령한 최초의 도시가 되었으며, 아랍·이스라엘 전쟁이 끝난 후 몇 년 동안 이스라엘로 온 새로운 이주민들이 많이 정착해 사는 도시가 되었다.

디베랴 남쪽에는 그 약효 때문에 2000년 이상 그 명성을 유지하고 있는 티베리아스 온천군이 있다. 따뜻한 겨울 기후와 온천욕, 호수와 산의 아름다운 경치가 어우러져 티베리아스는 이스라엘에서 가장 유명한 휴양 도시가 되었다.

## 고고학적 발견

헤롯 안티파스에 의해 전형적인 로마식으로 건설된 디베랴에는 왕궁을 비롯해서 경기장, 공공 건물, 로마식 포장도로인 카르도 등이 있었다. 유대인들이 회피하는 소재로 묘사된 모자이크로 장식된 회

당이 발견됨으로써 이 도시가 이방 문화의 중심지였음을 알 수 있다. 디베랴에는 이방인들과 자유를 얻은 노예들이 살았다.

유적으로는 1204년에 이집트에서 죽은 유명한 철학자이며 유대 율법학자인 의사 마이모니데스의 무덤과 《탈무드》 학자인 요하난 벤 자카이의 무덤과 아키바벤 요세프의 무덤이 있다. 1975~1976년의 고대 유적 발굴을 통해 아그립바 Ⅱ세가 세운 도시 남쪽 문과 전통적인 로마 양식의 하수도 망 및 배수관이 발견되었다.

**성서 이야기**

요 6:23 예수님께서 디베랴 건너편에 있는 벳새다 들판에 가셔서 기적을 행하셨다(6:1). 그러자 이튿날 예수에 대한 소문을 듣고 디베랴에 있는 배들이 예수님을 찾아 예수님께서 이적을 행하셨던 들판 부근까지 왔으나 예수를 찾지 못하자 가버나움으로 갔다.

## 나. 펠라

요단 강을 사이에 두고 동서를 연결하는 교통의 요지에 자리하고 있던 요르단의 펠라는 예루살렘에서 북동쪽으로 100km 정도 떨어진 곳으로, 요단 강 서편의 수구토볼리(구약의 벧산)에서 멀지 않은 곳이다. 펠라 지역은 다음의 세 구역으로 나누어진다. 키르벳 파힐, 키르벳 남쪽의 텔 엘히슨, 북동쪽의 제벨 아부 엘 카스 지역이다.

교회사가 유세비우스에 의하면, 예루살렘이 로마 군인들에 의해 함

락되기 전인 주후 66~68년 사이 유대 기독교인들은 예수님의 예언의 말씀(눅 21:20~21)에 따라 갈릴리 호수 남쪽 요단 강 동편의 데카볼리(Decapolis)의 한 도시인 펠라(또는 벨라)로 이주하였다. 유대 기독교인들의 펠라로의 이주는 교회와 회당의 분리에 중요한 사건이 되었다.

당시 펠라는 비유대인 도시였기에, 반로마 항쟁에서 살아남기에 적절한 도시였을 것이다. 예수님의 권고에 따라 유대 그리스도인들은 예루살렘을 빠져나와 요단 동편 펠라 지방에 정착했다는 사실이 4세기의 주교이자 역사가 '에피파니우스'에 의하여 확인된다. 이후 펠라는 로마와 비잔틴 시대에 강력한 기독교인 도시의 하나로 발전하였다. 이곳에는 주후 451년경까지 주교가 머물렀다.

두 개의 샘이 있어 항상 흐르는 물이 풍부하고 좋은 기후 조건을 갖추고 있어 고대로부터 거주 문명이 발전하기에 최적의 조건을 가진 펠라에서는 구석기 시대를 비롯하여 신석기 시대의 유적이 발굴되었다. 이곳은 투트모세 Ⅲ세의 원정 기록을 비롯한 고대 이집트 자료에 피힐루(Pihilu) 또는 펠렐(Pelel)로 언급되고 있는데, 구약성경의 기록에는 나타나지 않는다. 주전 13세기경의 파피루스에는 펠라가 이집트에 병거 부품을 공급하였다고 적고 있으며, 이집트 룩소르 카르낙 신전의 세티 Ⅰ세의 기록을 보면 이 도시가 이집트를 대항하여 벧산을 공격하였다가 세티 Ⅰ세의 공격을 받게

되었다고 기록되어 있다.

중기 청동기 시대의 무덤에서는 도시 거주자들의 유물이 발굴되었으며, 후기 청동기 시대부터 도시는 점차 쇠퇴한 것으로 밝혀졌다. 주전 332년 알렉산더 대왕에 의해 정복되면서 다시 헬라 도시로 재건되었다. 알렉산더 대왕은 자신의 출신지인 '마케도니아의 펠라(펠라)'에서 이름을 따서 이곳을 '펠라(펠라)'로 명명하였다.

펠라는 국제 무역의 중심지로 발전하였으며, 주전 64년 로마의 폼페이 장군에 의해 점령된 후에는 데카폴리스 연맹에 가담하였다. 잘 정돈된 집, 거리, 상가와 목욕탕 등이 건설되었으며, 주후 82년에는 도시의 이름이 새겨진 동전을 주조하기도 하였다.

주후 635년에 아르묵 전투에서 이슬람 군대에 패배함으로 쇠퇴하기 시작하였고, 747년에 있었던 큰 지진으로 파괴되었다. 한때 13, 14세기 마멜룩 이슬람 왕조의 통치를 받기도 하였지만, 거의 19세기에 이를 때까지 빈 도시로 존재하였다.

## 고고학적 발견

1967년 봄 오하이오 우스터 칼리지의 스미스에 의하여 발굴이 시작되었으나, 6일 전쟁으로 중단되었다가 1979~1981년 호주의 시드니 대학교와 함께 다시 발굴을 시작하였으며, 아직도 발굴 작업이 한창이다. 펠라 지역의 고대 이름은 그리스어로 '피힐루' 또는 '펠렐'이었다. 이것이 뒤에 '펠라'로, 아랍어로는 '파힐'로 바뀌었다. 이집트 중부 아마르나 지역에서 발굴된 중요한 고고학적 문서인 텔 엘 아마르나 문서 256에 의하면, 펠라의 영주 '무트 발루'(Mut-ba'lu)라는 이름이 등장한다. 주전 18~19세기의 이집트 저주 문서에는 이곳의 통치자 이름을 '아피루 아누'('Apiru -'Anu)로 적고 있다. 오늘날 로마식 기둥들과 고대 무덤, 비잔틴 극장 및 교회터 등 많은 유적이 발굴, 보존되고 있다.

## 성서 이야기

**눅 21:20~21** 예수님께서는 예루살렘 멸망을 말씀하시면서 제자들에게 다음과 같이 경고하셨다.

"너희가 예루살렘이 군대들에게 에워싸이는 것을 보거든 그 멸망이 가까운 줄을 알라 그때에 유대에 있는 자들은 산으로 도망갈 것이며 성내에 있는 자들은 나갈 것이며 촌에 있는 자들은 그리로 들어가지 말지어다"(눅 21:20~21).

## 말씀 묵상

▶ 예언과 성취

1. 우리가 믿고 섬기는 하나님은 역사를 주관하시는 분이다.
   (예언된 대로 행하신 예수)
2. 예루살렘 멸망에 대한 예언은 주후 70년에 성취되었다.
   (초대교회는 살아남았다.)
3. 세상 종말에 대한 예언도 성취될 것이다.
   (우리도 살아남는 자가 되어야 한다.)

# 내년에는 꼭 가야 할 도시 예루살렘(5)
## -헤롯 성전시대 이후

주후 4년에 헤롯이 죽자 로마 황제 아구스도(Augustus)는 그의 소원대로 헤롯 왕국을 그의 세 아들에게 분할해 주었다. 장자 아켈라오(Archelaus)는 유대인과 비유대인이 반반인 유대와 이두매와 사마리아를 통치하는 분봉왕으로 임명되었고, 둘째 아들 헤롯 안티파스(안디바, Herod Antipas)는 순수 유대인들이 살고 있던 갈릴리와 요단강 동편의 베레아의 분봉왕으로, 셋째 아들인 헤롯 빌립(Herod Philip)은 빌립보 가이사랴 빌립보(바니아스)와 가울라니티스, 바타네아, 드라고닛, 아우라니티스의 분봉왕으로 임명되었는데 이 지역의 주민들은 대부분이 비유대인이었지만 유대인들은 헤롯이 정착시킨 자들로 충성심이 강하였다. 헤롯의 누이 살로메(Salome)는 얍니아 아소도와 요단 골짜기의 바사엘리스를 받았다. 헤롯 통치에 불만을 품었던 가사와 가다라와 힙푸스의 여러 도시들은 수리아 주에 편입되었다.

분봉왕 헤롯 아켈라오는 과격한 통치를 하다가 주후 6년에 추방당하였고, 영토는 로마 행정관인 총독에게 인계되었다. 주후 34년 헤롯 빌립이 죽자, 주후 37년 그의 영토는 헤롯 왕의 손자로 아리스토불루스와 하스모니아 왕조의 공주 미리암네 사이에서 태어나 로마에서 어린 시절을 보내면서 훗날 황제가 된 칼리굴라(Caligula)의 총애

를 받았던 아그립바(Agrippa) Ⅰ세에게 주어졌다. 아그립바가 왕이 되자 이에 시기심을 느낀 헤롯 안티파스(안디바)는 주후 39년 헤로디아의 청에 따라 왕위를 요구하러 로마로 갔으나 아그립바가 황제에게 안티파스의 비리를 고발하여 리용으로 유배 보내졌고 거기서 죽었다. 칼리굴라 황제는 헤롯 안티파스의 영토도 아그립바에게 주었다. 또한 주후 41년 칼리굴라가 암살되고 뒤를 이어 황제가 된 글라우디우스(Claudius)는 자신의 황제 등극에 도움을 준 그에게 아켈라오의 영토도 하사하였다. 그는 주후 44년 예루살렘의 북쪽 경계를 확장하여 제3 성벽을 쌓고 성문도 만들었다. 그렇지만 주후 44년 아그립바 Ⅰ세는 가이사랴의 원형극장에서 연설 도중 갑자기 죽었다.

황제 글라우디우스는 주후 48년 아그립바 Ⅰ세가 남긴 어린 아들인 아그립바 Ⅱ세에게 레바논에 있는 갈기스(Chalcis)를 하사하였고, 주후 53년에는 이 지역 대신 아빌라와 옛 헤롯 빌립의 영토를 주었다. 네로 황제는 그에게 베레아의 아빌라디베랴와 다르크아를 하사하였으며, 그는 주후 95년 사망할 때까지 세력을 쥐고 있었다.

유대의 독립을 위해 무장 투쟁을 계속해 오던 열심당원들에게 바리새인들이 합류하면서 로마에 대한 반역이 일반화된 가운데 가이사랴에서의 유대인과 헬라인들의 충돌은 예루살렘으로 번져 나가 폭동이 일어났다. 헤롯 아그립바 Ⅱ세는 성난 군중들을 진정시키려 했으나 실패하였다. 주후 66년 제사장 엘리아살(Eleazar)이 황제의 건강을 위하여 매일 드리는 희생제사를 중지하라는 명령으로 로마와의 싸움으로 번져 나갔다. 이렇게 시작된 로마를 향한 제1차 유대인의 반란(주후 66~73년)은 예루살렘과 유대, 그리고 유대인들이 많이 모여 살던 이두매, 베레아, 그리로 북부 갈릴리로 번져 나갔다.

수리아 총독 갈루스(Gallus)는 반란을 진압하기 위해 휘하의 제12

군단을 급히 투입하였으나 반란군에게 패하여 막대한 피해를 입고 퇴각하였다. 다음 해인 67년 네로 황제는 베스파시안(Vespasian)에게 3개 군단을 주어 반란을 진압하도록 했다. 베스파시안은 로마군 제10군단과 제12군단을 이끌고 안디옥에서 돌레마이이에 도착하였고, 그의 아들 티투스(디도)는 이집트에서 제15군단을 이끌고 합류하였다. 그가 이끄는 로마군은 세포리스(찌포리)를 공격하여 함락시킨 후 점차 갈릴리에 있는 유대인들의 요새를 점령해 나갔고, 결국 갈릴리 전역은 로마인의 수중에 들어갔다. 베스파시안은 가이사랴로 본부를 옮기고 로마군을 욥바에 보내 유대 해군의 선박들을 파괴하였다. 주후 68년 봄에는 가이사랴에서 유대로 출정하여 베레아 지역을 정복하였고, 엠마오를 점령하고 제5군단을 주둔시키는 한편, 제10군단을 보내 여리고를 점령하고 제10군단을 주둔시켰다. 로마에서는 네로 황제가 자살하고 세 명이 황제에 오르는 격변의 기간 동안 그는 전투를 중지하고 반란군의 수도인 예루살렘을 고립시키는 일에 힘썼다. 주후 69년 봄, 그는 고푸나 산지 지역을 점령하였고, 그의 휘하 장군에 의해 헤브론도 장악하였다. 7월 베스파시안은 가이사랴에서 알렉산드리아와 가이사랴 주둔군에 의해 황제로 추대되어 로마로 돌아갔고, 남은 작전은 그의 아들 티투스에게 맡겨졌다. 그는 주후 70년 봄 로마에서 황제의 보위에 올랐다.

티투스는 가이사랴에서 제12군단과 제15군단을 이끌고 예루살렘으로 진격하였고, 엠마오에 있던 제5군단과 여리고에 있던 제10군단이 합세하였다. 이렇게 주후 70년 예루살렘 성은 로마군의 주력부대인 4개의 군단과 상당한 보충병력을 포함하여 약 8만여 명에게 포위되었다. 티투스는 예루살렘 주위에 공성을 위한 토성을 쌓고 예루살렘을 공격하였다. 로마군에 의해 아빕월 9일(8월 28일경) 예루살렘 성

전은 불살라졌고, 30일에는 아랫 성이 점령되었고, 한 달 뒤에는 윗 성과 헤롯 궁전도 점령되고 시민들은 포로가 되었으며 예루살렘 성에 있는 모든 건물이 파괴되었다. 주후 73년 5월에는 유대 반란군의 최후 항전지였던 마사다(Masada)가 실바(Silva) 장군이 이끄는 로마군에 의해 함락됨으로써 유대인의 1차 반란은 종결되었다.

유대인의 1차 반란의 실패로 갈릴리 지방과 유대 지역은 큰 피해를 입었고, 팔레스타인의 많은 땅이 로마인들의 손에 넘어갔지만 제2세기 초까지 살아남은 유대인들은 팔레스타인에 살고 있었다. 일부 유대인들은 폐허가 되다시피 한 예루살렘에 남았고, 예루살렘과 주변은 제10군단의 감시 아래 들어갔다. 유대인의 산헤드린 공회는 얌니아(얌네)에서 재건되었다. 예루살렘의 기독교인들은 주후 66~70년 초 예루살렘이 로마 군대에 의해 포위되기 전에 그곳에서 빠져나와 요단 강을 건너 펠라(Pella)로 피신하였다. 전쟁이 종결된 후 그들 중 일부는 그곳에 남았고, 일부는 예루살렘으로 돌아왔다.

주후 130~131년경 로마의 하드리아누스(하드리안, Hadrian) 황제가 무너진 예루살렘을 방문하였다. 그는 예루살렘을 주피터 신에게 바치는 '엘리우스의 도시'라는 뜻으로 '엘리아 카피톨리나'라고 부르고 전형적인 로마 도시를 건설하면서 예루살렘 성전 자리에는 주피터 신전을 세웠다. 이 일은 유대의 독립과 예루살렘 성전의 복원을 갈망하던 유대인들의 가슴에 불을 지폈고, 유대인들은 무기를 충분히 준비하고 지방 여러 곳에 요새를 만들고 하나가 되어 주후 131년 가을 다시 반란을 일으켰다. 바르 코크바 반란(2차 유대인의 반란, 주후 131~135년) 때의 여러 사료를 종합해 볼 때 바르 코크바(Bar Kokhba, Bar Kosiba)는 '이스라엘 왕 코시바의 아들 시므온'이다. '메시아'로 간주되었던 그가 카팔-하룹에서 봉기를 시작한 후 유대 반란군은 로마 10군단이 주둔하고 있던 예루살렘 주변에 집결하였다. 갑작스러운 반란으로 로마 총독 티니우스 루푸스(Tinius Rufus)가 비유대계 주민들과 예루살렘에서 철수하여 가이사랴로 물러남으로 예루살렘은 다시 유대인의 손에 넘어오게 되었다. 유대 반란군들은 그해를 '이스라엘 해방 원년'이라 불렀다.

유대에서의 반란이 성공하자 바르 코크바는 반란을 갈릴리까지 확대시키려 했다. 그러나 갈릴리 지방의 유대인들 대다수는 반란에 가담하지 않은 것으로 보인다. 황제는 집정관 줄리어스 세베루스(Julius Severus)에게 반란 진압을 맡겼고, 그는 유대에 주둔하고 있던 2개 군단(제6군단과 10군단) 외에 파노니아와 레티아 등 여러 지역에 주둔하고 있던 기병대와 보병, 그리고 수리아 아라비아, 무시아, 이집트 등지에 주둔하고 있던 군대를 팔레스타인에 집결시켰다. 로마군은 서두르지 않고 바르 코크바와 그의 추종자들을 사면으로 둘러싸고 한 고을씩 차례차례 점령해 나갔다. 반란 제3년에는 반란군이 예루살렘을 포기하였으나 반란군은 계속해서 로마군과 싸우면서 이들을 괴롭혔다. 그러나 반란 제4년인 주후 135년 봄, 바르 코크바와 그의 부하들은 예루살렘의 서남방 벧델(Bethther) 요새로 쫓겨 가게 되었고, 세베루스와 군의 군대는 그들을 뒤쫓아와 공성을 위하여 이 요새를 둘러 토성을 쌓았다. 주후 135년 늦은 여름, 로마군은 마침내 요새의 성벽을 돌파하여 바르 코크바를 비롯한 모든 반란군을 살육하였다.

하드리아누스 황제는 유대 반란을 진압하면서 유대 지역의 이름을 블레셋 평원의 로마 이름인 '필리스티아'(팔레스티나)라고 불렀다. 현재 이스라엘 땅을 부르는 영어 이름인 팔레스타인(Palestine)은 이 로마 이름에서 기원한 것이다. 그는 유대인들은 물론이거니와 기독교인들도 예루살렘 방문을 금지했다. 1년에 한 번 바벨론이 예루살렘 성전을 무너뜨린 날이면서 동시에 로마가 헤롯의 성전을 허문 날인 '티샤 베아브'[아빕(Ab)월 아홉째 날, 8월 28일경]에만 예루살렘 서쪽 벽(통곡의 벽)에서 기도할 수 있는 시간을 주었다.

주후 325년 로마가 기독교를 공식화하면서 기독교인들이 예루살렘을 출입할 수 있게 되었다. 예수 부활을 기념하는 성묘교회가 예루살렘에 세워졌다. 비잔틴 시대(주후 313~636년)에 예루살렘에는 성경에 등장하는 장소마다 교회가 세워졌다.

주후 638년 예루살렘은 무슬림 아랍인들이 점령했다. 무슬림들은 예루살렘 성전이 있던 자리에 '암석의 돔'이라는 모스크(오마르 황금사원)를 세웠다. 예루살렘의 아랍 지배는 1099년까지 계속되었다. 주후 1071년 무슬림들이 예루살렘을 점령하고 성지 순례자들을 학대하자 교황 우르바누스 Ⅱ세는 클레몬트 종교회의에서 십자군을 조직하여 성지를 탈환토록 하였다. 1096년 30만 명의 십자군들이 먼 원정길에 올랐고, 1099년 7월 15일 십자군들이 예루살렘을 점령하고 고드프로

와가 왕이 되었다(1차 십자군 전쟁). 이때 예루살렘 성을 보수하면서 예수께서 예루살렘에 입성하실 때 이용했던 것으로 알려진 동쪽 성벽 중앙에 있는 문(황금문)도 멋지게 보수하였는데 지금까지 원형 그대로 보존되어 있다. 주후 1187년 예루살렘은 다시 무슬림의 지배 아래 들어갔고, 여러 번의 성지 회복을 위한 십자군 전쟁(8차)이 있었으나 성공하지 못했다.

예루살렘은 1291년부터 1517년까지 이집트 지역에 전쟁 노예들인 '맘루크'들이 세운 맘루크(Mamluk) 왕조의 지배를 받았다. 주후 1517년 오스만 투르크(터키)에 의해 맘루크 왕조가 멸망되면서 예루살렘은 오스만 제국의 지배를 받게 되었다. 슐리만 대제는 1537~1547년까지 10년 동안 예루살렘을 증축하면서 기존의 성벽 위에 자신들의 문화적 색채를 담은 돌을 더 쌓았다. 그는 또 당시의 8개의 성문을 보수하거나 재건했는데 이것이 오늘날까지 예루살렘에 남아 있게 되었다. 오스만 투르크 사람들은 1530년에 예루살렘 동쪽 중앙에 있는 황금문으로 메시아가 입성할 것이라는 예언(겔 44:1~2) 때문에 이 문을 돌로 막아 봉쇄하였다.

세계 각국에서 일어난 시온주의 운동으로 세계 각처에 흩어져 살고 있던 유대인들이 1882년부터 팔레스타인으로 이주하기 시작하였다. 1917년 11월 영국 외상 밸푸어가 발표한 밸푸어 선언(Balfour Declaration)으로 팔레스타인에 유대인 국

가 건설이 승인되면서 이곳은 영국의 위임 통치령이 되었다. 1948년 3월 팔레스타인에 유대민족 신국가 건설 준비를 위한 국민의회가 창설되었고, 5월 15일 UN이 영국의 통치를 끝내라고 결정하자 국민의회는 즉시 바이즈만을 대통령으로 선출하고 독립을 선언하였다. 1967년 6일 전쟁 때 이스라엘군이 동예루살렘을 점령함으로써 성전산은 이스라엘이 관리하게 되었다.

※ 예루살렘 멸망 이후 예루살렘의 주인: 로마 - 유대 - 로마 - 비잔틴 - 무슬림(아랍) - 십자군 - 무슬림(맘루크-오스만 투르크) - 유대 - ?

## 고고학적 발견

예루살렘 구시가지 밖의 남서쪽에 위치해 있는 시온 산 경사면에는 주후 457년에 세워진 통곡기념교회가 있다. 베드로의 통곡을 기념하는 이 교회는 1931년에 재건축되었는데 교회의 돔 형태 지붕 하나에는 수탉 모형이 있다. 지하에는 감옥터가 남아 있는데, 대부분의 학자들은 석회석 바위를 뚫어 만든 감옥과 주변의 가옥 흔적, 그리고 주후 1세기경의 것으로 보이는 예루살렘 성전을 향하는 경사면에 놓인 돌계단으로 이곳을 가야바 대제사장의 집으로 추정한다.

1994년부터 지금까지 895개의

유골함이 발견되었는데, 가장 유명한 것은 대제사장 가야바의 가족 무덤으로 보이는 곳에서 발견된 '요셉, 가야바의 아들'로 새겨진 유골함이다. 이 유골함에는 상당히 아름답고 정교한 문양이 새겨져 있다. 흥미로운 것은 이 유골함에서 6명의 유골이 함께 발견되었다는 것이다. 다른 유골함에서는 한쪽이 구부러져 있는 대못이 박혀 있는 발뒤꿈치 뼈도 발견되었다. 이 유골함에는 '학콜의 아들 요하난'의 이름이 새겨져 있는데, 요하난은 유대인으로서 20대에 십자가 형으로 숨진 것으로 보인다. 최근 예루살렘 도시 남서쪽의 작은 무덤에서 '예수'라는 이름이 새겨진 유골함도 발견되었는데, 이 이름은 1세기뿐만 아니라 현대 유대인들 사이에도 흔한 이름이다.

예수님 당시 예루살렘 성의 제2성벽 서쪽으로 가는 문에서 욥바로 가는 도로 곁에 위치해 있는 성묘교회의 지하에서는 고고학적 발굴 결과 비잔틴 시대에 세워진 교회가 발견되었다. 아울러 로마 하드리아누스 황제가 세운 비너스 신전의 흔적도 발견되어 골고다 언덕과 무덤의 위치가 전통적으로 알려진 성묘교회일 수 있다는 주장이 더 힘을 얻고 있다.

1979~1984년까지 계속된 발굴로 현재 예루살렘 구시가지의 북쪽에 있는 다메섹 문 혹은 세겜 문이라고 불리는 문 아래에서 로마 시대의 성벽과 성문의

흔적이 발견되었나. 3개의 아치 형태로 되어 있는 이 문은 1537~1541년 오스만 투르크의 슐리만 대제가 '엘리아 카피톨리나'의 북쪽 성문을 개조해서 세운 것이다. 성문 안쪽에서는 바서이 깔린 광장의 일부도 발견되었는데 이는 반원형 광장의 일부로 보인다. 주후 6세기의 유적인 요르단의 메다바 교회 바닥에 남아 있는 모자이크로 지도(메다바 지도)에 보면 예루살렘의 북쪽 성문과 광장, 그리고 카르도의 모습이 그려져 있기 때문이다.

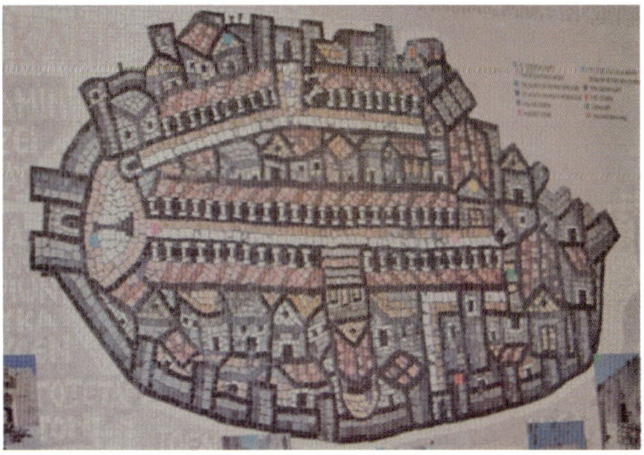

## 성서 이야기

마 23:37~39 (병행, 눅 13:34~35) 예수님은 예루살렘의 멸망을 예언하셨다.

“보라 너희 집이 황폐하여 버려진 바 되리라”(마 23:38).

마 24:2 (병행, 눅 21:6; 막 13:2)

“돌 하나도 돌 위에 남지 않고 다 무너뜨려지리라”(마 24:2).

겔 44:1~2 선지자 에스겔은 예루살렘 성의 동문이 장차 닫히게 될 것을 예언하였다.

## 말씀 묵상

▶ 막을 수 없다.

1. 세상을 구원하러 오시는 예수님을 아무도 막지 못했다.
2. 예루살렘 성전이 무너지고 버려지리라는 예언이 성취되었다.
3. 세상을 심판하러 다시 오시는 주님을 아무도 막지 못할 것이다.(닫힌 황금문)

▶ 역사의 아이러니

1. 빈 무덤(성묘교회인 동시에 부활승천교회)
2. 가야바의 유골함: 예수를 죽여야 한다고 주장했던 그의 유골이 예수 십자가의 사건이 진실임을 증언
3. 성전-신전-성전-모스크/ 신전-교회-모스크/ 신전-교회/ 교회-모스크/ 회당, 모스크, 교회

# 참고문헌

김성. 《김성 교수의 성서 고고학 이야기》. 서울: 엘맨, 2010.

변태섭, 오금성, 유경준, 최훈성. 《역사부도》. 서울: 금성교과서, 1996.

에릭 H. 클라인. 《성서 고고학》. 류광현 역. 서울: CLC, 2013.

요하난 아하로니, 미카엘 아비요나. 《아가페 성서지도》. 문창수 역. 서울: 아가페, 1983.

이영헌. 《교회의 발자취》. 서울: 대한예수교장로회총회교육부, 1987.

———. 《교회의 발자취》. 류광현 역. 서울: CLC, 2013.

이요엘. 《고고학자들의 카리스마를 클릭하라》. 서울: 평단, 2006.

이진희. 《성지에서 본 성서》. 서울: 쿰란, 2003.

정인석. 《역사와 함께 배우는 성경》. 대전: 세광, 2000.

기독교대백과사전편찬위원회 편저. 《기독교백과사전》. 서울: 기독교문사, 1983.

R. 레어드 해리스, 글리슨 L. 아처 2세, 브루스 K. 월트케 편저. 《구약원어신학사전》. 서울: 요단출판사, 1986.

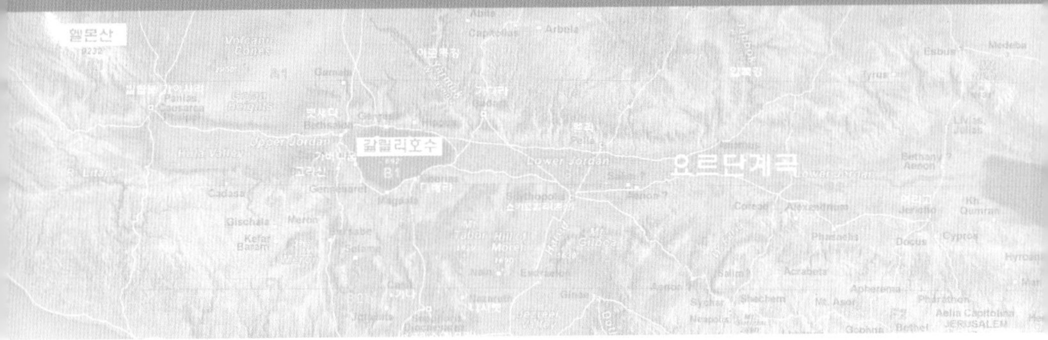


게르하르트 킷텔, 게르하르트 프리드리히 편저, 제프리 W. 브라밀리 편역. 《신약성서신학사전》. 서울: 요단출판사, 1986.

홍순화. 《GPS 성경지명사전》. 서울: 한국성서지리원, 2012.

W. E. Vine. Vine's Expository Dictionary of Old and New Testament Words. New York, Fleming H. Revell, 1981.

Edward Campbell, et al. The Holy Land Satellite Atlas. Vol. 1, 2. Niclsia, Cyprus: Rohr Productions, 1999.

신상목. "한국 발굴단, 3000년 전 '르호보암 성벽' 첫 발견," 〈국민일보〉 2015년 7월 28일자, 25.

______. "한국 발굴단, 블레셋 '가드 성벽' 첫 발견," 〈국민일보〉 2015년 8월 14일자, 25.

임미영, 김진산. "고고학으로 읽는 성서" 시리즈, 〈국민일보〉 2012년 9월 7일자부터 2014년 4월 11일자, 33.

# 바이블 게이트

1판 1쇄 인쇄 _ 2016년 8월 1일
1판 1쇄 발행 _ 2016년 8월 5일

지은이 _ 정인석
펴낸이 _ 이형규
펴낸곳 _ 쿰란출판사

주소 _ 서울특별시 종로구 이화장길 6
편집부 _ 745-1007, 745-1301~2, 747-1212, 743-1300
영업부 _ 747-1004, FAX 745-8490
본사평생전화번호 _ 0502-756-1004
홈페이지 _ http://www.qumran.co.kr
E-mail _ qrbooks@gmail.com / qrbooks@daum.net
한글인터넷주소 _ 쿰란, 쿰란출판사
등록 _ 제1-670호(1988.2.27)
책임교열 _ 박은아 · 김영미

© 정인석 2016 ISBN 978-89-6562-896-5 93230

책값은 뒤표지에 있습니다.
이 출판물은 저작권법에 의해 보호를 받는 저작물이므로 무단 복제할 수 없습니다.
파본(破本)은 구입처에서 교환해 드립니다.